땅값의 비밀

알면 부자되는

땅가의 여신 비급

이인수 ｜ 코랜드 연구소 소장

NN
도서출판

토지 공부 방법에 대하여

작금의 많은 동호회원들이 토지투자 입문과 관련하여 찾아오거나 질문을 하는 경우가 많아 다음과 같이 답변한다.

카페는 토지도서관이다.

10여 년의 시간과 노력으로 쌓인 토지투자와 관련한 정보의 보고(寶庫)이다. 이를 잘 활용하기만 해도 투자에서 성공할 수 있는 기회가 여러분 앞에 열려 있다. 물론 토지투자와 관련 정보를 활용하기 위해서는 등업과 활용법에 대한 이해와 공부가 선행되어야 한다.

등업이 상업화되어 있다고 폄하하는 회원도 있지만, 이는 지속 가능한 토지투자 콘텐츠의 발굴과 생산을 위해서는 불가결한 조치임을 여러 차례 밝혔고 많은 회원들이 그에 동조하고 있는 줄 안다.

현재 자가 학습을 하는 회원에게 나누어드리고 있고, 코랜드아카데미의 학습교재로도 사용하고 있는 자가학습시리즈(풀-팩)는 카페 DB의 일단이며, 초보자가 투자에 눈을 뜨게 하는 개안(開眼)과도 같은 기본서이다.

많은 회원들, 특히 코랜드아카데미에 참여하는 수강생들조차도 토지에 대해 무척 왜곡된 정보를 가지고 찾아오는 경우가 허다하다. 이는 토지에 대한 편견과 선입견 그리고 몰이해 혹은 잘못된 교육프로그램 수강 때문이라고 생각한다.

토지가 경매나 특정지목(예컨대 농지), 재건축, 재개발 혹은 시행과 관련한 부분 등을 통해서만 파악할 수 있는 투자 대상 종목이 아님에도 불구하고, 많은 회원들이 그렇게 생각하고 있음을 강의와 온라인에서 실감하고 있다.

(그간 필자를 찾아오거나 필자와 교류하고 있는 건축설계사, 감정평가사, 토목기사, 변호사, 세무사, 개발 관련 시공 기술자 등등도 직접적으로는 어느 면에서 토지에 전문성을 확보한 분들이긴 하나 이들 역시 토지의 부분을 말할 뿐 전체를 말한다고 볼 수는 없다.)

토지는 모든 부동산의 최고봉이며, 그 기저(基低)이다. 토지를 마스터하면 모든 부동산 투자 종목에서 모두를 앞서갈 수 있다. 허나 시장에서 그러한 가르침을 줄 수 있는 전문가를 만나기란 하늘의 별 따기와도 같은 형국이다. 왜냐하면 토지를 섭렵하기란 이론적인 지식체계를 갖추는 것은 물론이거니와 복마전과도 같은 유통 시장과 실전에서의 경험을 필수적으로 겸비해야만 하기 때문이다.

그렇다면 그토록 어렵다는 토지투자도 한방에 쉽게 끝내는 묘책이 있을까? 물론 있다. 여러분은 그저 잘 차려진 '토지밥상(카페 DB)'에서 '숟가락(토지공부비책)'으로 떠먹으면 된다. 현재 코랜드아카데미를 거친 많은 회원들이 이(개념원리)를 잘 활용하여 자가학습 형태로 투자에 활용하고 있는 것으로 안다.

강의 서두에 필자는 항상 검색 알고리즘을 강조한다. 인터넷으로 토지공부를 시작하는 회원들에게 검색 키워드(정보수요자)와 태그(정보공급자)가 한 몸통이 되어, 모든 정보가 투자이익으로 이행하려면 발품 〉 손품 〉 시간품 〉 머리품으로 단계가 있다고 늘 강조하여 왔다. (사실 아무 기초도 없는 회원이 웹서핑만으로 토지공부를 한다는 것은 매우 무모하고 비효율적인 공부방법이다. 필자도 2008년부터 그렇게 돈키호테 식으로 토지 공부를 시작해서 현재에 이르렀지만, 체계적이지 않은 이런 방법 때문에 시간과 노력이 너무 많이 소모되었다고 자인한다.)

이는 토지의 매도 매수의 관계에서뿐만 아니라, 매도와 매도 혹은 매수와 매수 관계, 아니면 입문투자자 간의 관계에서도 '정보의 비대칭성'이라고 하는 토지투자 이익의 심각한 불균형, 즉 어느 일방이 이익을 보고 손해를 보는 그러한 투자의 오션(레드-블루-퍼플)을 야기한다고 강의 때마다 힘주어 강조한다.

멀리 제주에서, 부산에서, 당진, 평창, 충주, 전주, 청주 등 지방곳곳에서 필자를 찾아오는 투자회원들을 보면서 안타까운 마음에서 주말시간을 쪼개 이러한 아카데미 형태의 강의를 진행한 지도 벌써 8년을 훌쩍 넘겼다. 그러나 아쉽게도 아직도 정보만을 탐하는 회원들이 많은 것으로 알고 있다. 토지투자는 본인이 알고 있는 지식만으로는 성공하기 어렵다. 잘못하면 오히려 더 큰 패착과 투자손실을 감내해야 한다.

강의가 끝날 때 필자가 항상 강조하는 말이 있다. 토지투자에 있어서 "공부는 공부일 뿐 혼자 하지 말자." 실전에 중요성을 더 부여하고, 자문을 구할 수 있는 휴먼 네트워킹, 즉 토지투자 멘토링과 '땅이 아닌 사람' 투자에 집중해야 한다. 지식은 돈을 주고 살 수 있지만 사람은 살 수 없기 때문이다.

마치 과거 중국의 '여불위'라는 거상이 생각나는 대목이기도 한다. 다시 한번 강조한다. 토지공부는 우선 공부 방법에 대한 이해와 기초가 선행되어야 한다. 이는 '토지비책 세미나'에 참석하면 쉽게 해결될 아주 간단하고 명쾌한 일이다.

현재는 스마트폰으로 언제 어디서든 투자정보와 자료에 접속하여 '자가종신학습'을 할 수 있는 기회와 여건이 마련되어 있다. 공부를 하려면 지식을 암기하거나 보기만 하던 시대는 끝났다. 개념을 이해하고 원리를 학습해야만 투자의 블루오션, 아니 투자의 퍼플오션을 발굴해 내고 성공할 수 있다.

카페 메인 화면의 좌측은 토지도서관의 서고이다. 우측 웹페이지는 책이며 제목과 본문(텍스트/이미지/동영상) 그리고 태그(색인)로 구성되어 있다. 현재 서고에는 4만 권의 장서와 단편 투자지침서들이 보석처럼 쟁여져 있다.

그중에는 각종프로그램(토지전용양도세계산기, 농지전용계산기, 토지보상프로그램수식, 토지감정평가프로그램 등등)들뿐만 아니라 각종 개발정보, 개발도면, 인허가규제, 세무 정보 그 외에도 각 지자체, 공공연구소 등에서 발간한 파일 형태의 장서목록이 가득하다. 물론 다 보기에는 무리가 있다. 따라서 각기 본인의 투자종목에 집중해서 섭렵할 필요가 있다.

즉 투자전략으로서의 선택과 집중이 필요한 대목이다. 일단 입문자라면, 초타시리즈로 기초를 닦고, 수요회(아카데미)에 참석해서 투자의 개념원리를 배우고, 스마트폰이나 태블릿 PC로 카페도서관에 접속하여 짬짬이 공부하면서, 카페답사 모임에도 참여해서 실전기초를 다지고, 모의투자(혹은 작은 실전) 형식의 실전투자모임에 참여하기를 강력하게 추천한다.

돈은 먼저 보는 사람이 임자이다. 땅 투자로 성공하려면 '진정한 땅꾼'이 되는 길에 동참하면 된다.

"돈 버는 땅을 찾아 떠나는 즐거운 개미들의 모임"
(http://cafe.naver.com/korland1212)

카페 '땅개미모' 운영자가

 서문

저금리 시대의 장기화, 아파트 등 수도권 주택에 대한 강도 높은 규제, 부동산 세제의 강화, 지역균형발전을 위한 지방도시의 활발한 개발정책으로 인하여 일반인의 비도시 지역 토지투자에 대한 관심이 점차 증대되고 있다. 그러나 토지, 특히 지방 토지(비도시 농촌지역)에의 투자는 결코 단순하지 않다.

토지는 전문적인 상품으로 공법법규 등 사전에 알아야 할 사항이 많다. 토지를 증권이나 아파트쯤으로 생각하고 제대로 알지도 못한 채 매입했다가는 땅을 잘못 살 리스크가 크다. 거액이 드는 토지투자는 장기적으로 내다보고 투자에 대한 기초지식을 단단히 다져 놓는 것이 좋다. 이 책에서는 토지투자와 관련하여 토지 재테크에 관심 있는 분들이 유의하여야 할 기본사항을 정리하였으니 투자에 잘 활용하기를 바란다.

토지는 부동산의 꽃이다. 하지만 지어진 건물만 보고 살아온 도시사람들에게 토지는 낯설고 어렵다. 그러니 배워야 한다. 진짜 부자들은 토지에 투자한다. 지금부터 이야기하는 내용은 토지투자의 맛보기다. 실제 여러분이 토지에 투자할 때는 다양한 변수가 있을 것이다. 그래서 매 과정마다 이 길이 맞는지 확인하는 작업이 필요하다.

먼저, 어떤 목적으로 토지투자를 할 것인지를 분명히 하자. 목적에 따라 선택할 토지가 달라진다.

땅값은 집값과 다른 성질을 가졌다. 집값은 집주인이 일방적으로 함부로 올릴 수 없는 구조이기 때문에 투명한 편이다. 집값은 나름대로의 기준이 있기 마련이다.

건설사와 정부가 그 선을 만들 수 있는 구조라고 본다. 그러나 땅값은 기준이 없어 큰 문제이고 투자에 어려움을 겪는다. 집은 완성된 부동산이지만 땅은 비완성된 부동산이다.

이런 특징 때문에 집은 가격이 이미 정해진 상태에서 거래시장에서 그 존재감을 알리는 입장이지만, 땅은 그렇지 않다. 가격 미정 상태에서 토지시장에 나온다. 지주가 일방적으로 정해도 뭐라고 말할 사람은 없다.

이윤 동기가 별로 보이지 않는 주거, 상업, 공업, 녹지지역과 같은 도시지역에서 보다는 가수요자로서 큰 투자수익이 기대되는 비도시 농촌지역(녹·관·농·자)에서 이 책을 통해 기회를 잡길 바란다. 모쪼록 이 책을 통해 토지를 쇼핑하듯이 투자할 수 있는 과학적인 가격 판독력을 키우고 토지도 제조, 도소매가 있는 유통 관점에서 투자에 임하였으면 한다.

강의를 통해 많은 카페 회원들에게 토지 최유효 활용에 대해 힘주어 강조했던 내용들을 한 권의 책으로 엮어 내게 되어 후련함이 느껴지며, 그동안 열심히 공부해서 투자에 성공하고, 필자에게 조력을 아끼지 않은 동호회원들에게 감사의 말을 전한다.

코랜드 연구소 소장
이 인 수
2018년 4월

Contents

PART 2 SUBJECT

토지 투자 가치판단의 제 문제들

PART 3 CONCLUSION

토지 리모델링과 세금이 수익을 담보한다

PART 01

Introduction
토지 투자도 쇼핑하라

Chapter 01

땅값의 의미

1 땅값은 귀신도 모른다(?)

땅 가격을 알아보는 과정이 만만치 않다. 쉽지 않다. 부정확하다. 소모전 일색이다. 해당지역 부동산에 알아본들 정확한 가격을, 답을 얻을 수가 없다. 비도시 농촌지역에서 미래가치를 두고 땅값을 판독하는 일은 마치 깜깜한 밤 길을 걷는 것과도 같은 형국이다.

중개업소가 주장하는 가격은 뒤죽박죽, 들쭉날쭉하다. 기준이 애매모호하 기 때문이다. 차라리 이럴 바에는 내가 직접 기준을 정해 가격을 정하는 편이 훨씬 유익하고 유리하다. 개발 이슈로 인한 효과(긍정의 효과와 부정의 부작 용 등)에 따라 내가 감정평가하는 게 낫다. 중개인들의 여러 목소리보다 자체 평가에 심혈을 기울이지 않으면 안 된다.

일부 투자자는 지번 공개를 요구한다. 문제는 가격을 알아보기 위해 지번 공개를 요구하다 보면 부정확한 과정을 밟기 마련이다. 토지물건의 지번 공개 가 바로 거래에 있어 토지의 취약점인 가격경쟁력이라든지, 입지 또는 흠결을 노출하기 때문이다. 토지투자가 쉽지 않은 상황이다. 차라리 개발에 대해 알 아보면 나으련만 가격 알아보는 데 집중하다가 시간만 허비하기 일쑤다.

토지의 정확한 가격은 없다고 볼 수 있다. 개발 종류는 단순하지만(가격 대 비) 가격 종류는 다양하기 때문이다. 토지 가격은 금세 변하기 때문에 가격을 알아보는 일 자체가 무리다. 심지어는 가격을 알아보는 중에도 가격이 변한다. 정확한 가격은 존재할 수가 없다. 원하는 가격을 접할 수가 없는 것이다. 개발 종류는 단순하지만(가격 대비) 가격 종류는 다양하기 때문이다.

또한 가격은 위치에 따라 예민한 반응을 보이기 마련이다. 상황과 위기, 분위기에 따라 가격이 붕괴되기도 하고 기사회생하는 사례가 부지기수인 것도 사실이다. 실제로 가격이 매일 변하는 곳도 있어서 폭등과 속락을 반복할 수 있는 게 땅이다.

가격에 대한 감정평가 방도를 모른 채 투자 기행에 나서지 않는 것이 낫다. 안전 기행이 될 수 없다. 과거와 비교했을 때 농촌은 많이 변했다. 생각과 달리 순수하지 않다. 때가 많이 묻었다. 특히 개발 모형이 그려진 곳에서 중개인들과 이장, 주민 등을 만나보면 땅값에 몹시 예민해 과민 반응을 보인다.

지주가 강조하는 가격과 중개인이 주장하는 가격이 격차가 심해 투자자 입장에서는 결정하기가 쉽지 않다. 가격경쟁 구도가 심하다. 개별성이 너무 강해서 문제다. 객관성이 심히 결여된 지경이다. 개발사안과는 다른 것이다.

② 땅값의 가늠

땅을 보고 땅 크기가 얼마나 되고 땅값이 얼마나 되는지를 정확히 안다면 돈을 벌 수 있다. 어떤 사람이 길을 가다가 빈 땅을 보고 땅의 가치를 즉시 판단할 수 있다면 우리는 그 사람을 훌륭한 부동산 컨설턴트로 인정할 것이다.

정확하고 빠르게 땅의 가치를 판단할 수 있는 방법은 없을까? 지금부터 그 요령을 알아보자.

먼저 그 땅 주변에 최근에 지은 건물이 있는지를 본다. 그 건물이 몇 층인지, 각 층의 용도는 무엇인지도 살핀다. 신축건물을 보면 이 지역에서 어떤 용도의 건물을 짓는 것이 최선책인지를 개략적으로 알 수 있다. 또 건물을 얼마나 크게 지을 수 있는지도 알 수 있다.

두 번째로 신축건물 1층의 분양 가격과 임대가격을 알아본다. 물론 분양이나 임대가 잘 되는지도 점검한다. 1층의 분양 가격 또는 임대가격을 알면 다른 층의 가격은 쉽게 추산할 수 있다. 2층은 1층 가격의 80%, 지하 1층은 70%, 중간층은 50%를 반영하면 된다. 임대가격은 분양 가격으로 환산할 수 있다. 전체를 더해 보면 총 분양 가격이 나온다.

다음으로 공사비를 생각해 본다. 공사비는 평당 250만 원에서 300만 원을 기준으로 한다. 신축건물의 용적률과 건폐율을 기준으로 그 땅의 연건평과 총 공사비를 계산해 본다.

위와 같은 과정이 끝났다면 자연스럽게 땅값을 계산할 수 있다.

즉 땅값을 X, 공사비 등을 Y, 총 분양 가격을 Z 라고 한다면,

X(땅값) = Z(총 분양 가격) − Y(공사비 등)가 돼야 한다.

이때 총 분양 가격은 분양이 100% 완료됐을 때를 가정한 값이다. 이러한 요령이 숙달되면 땅값을 쉽게 알 수 있다. 이러한 판단은 부동산 리모델링에도 적용할 수 있다. 땅값을 알면 허름한 집을 구입해서 다른 용도로 개조가 가능한지도 알 수 있다.

부동산은 가격이 비싼 만큼 여러 가지 요인에 의해서 투자가치가 결정된다. 그러나 이처럼 쉽고 빠르게 부동산의 가치를 한눈에 알 수 있다면 당신에게도 부동산으로 돈 버는 기회가 많아질 것이다.

3 비도시 지역 땅값은 왜 들쭉날쭉할까

땅값에 관한 기준이 없다는 말들을 많이 한다. 옆의 땅과 붙어 있는데도 두 땅의 가격이 큰 차이가 나는 경우도 있다. 아파트의 경우, 옆 동의 아파트와 나의 아파트 시세는 거의 일치한다. 허나, 내 땅과 옆의 땅의 가치는 차이가 날 수 있다.

● 비도시 지역의 토지 가격을 평가하는 방법은?

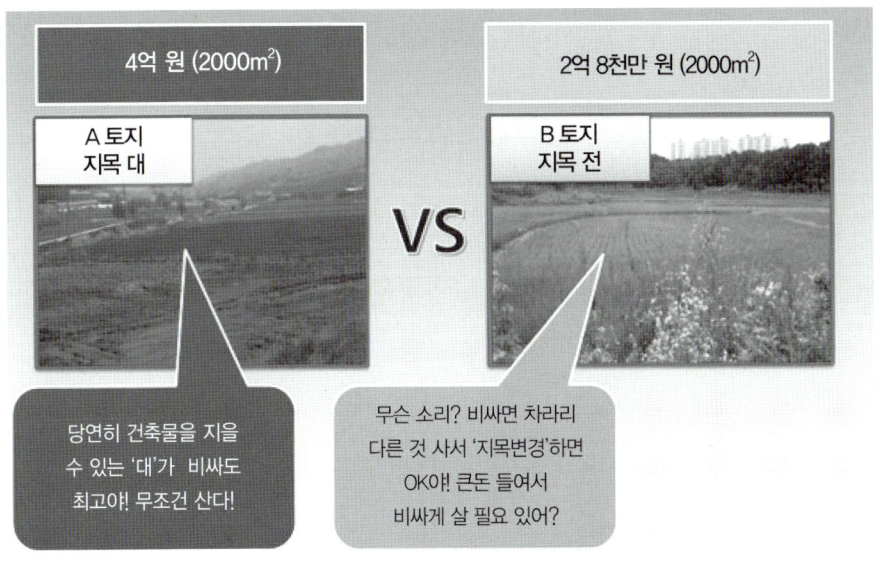

4억 원 (2000m²)

A 토지
지목 대

2억 8천만 원 (2000m²)

B 토지
지목 전

VS

당연히 건축물을 지을 수 있는 '대'가 비싸도 최고야! 무조건 산다!

무슨 소리? 비싸면 차라리 다른 것 사서 '지목변경'하면 OK야! 큰돈 들여서 비싸게 살 필요 있어?

자연녹지 옆엔 보전녹지가 존재할 수 있고 일반 상업지역 옆에도 보전녹지지역이 존속할 수도 있으니까 말이다. 부동산 배치도의 미완성도, 즉 자연의 모습인 것이다.

땅의 시세가 없는 이유가 여기에 있다. 다시 말해, 가격이 정해지기 전의 모습인 것이다. 즉 가격이 정해지는 과정을 밟고 있는 것이다.

땅에 비해 아파트의 시세는 존재한다. 제2, 3종 일반 주거지역이라는 용도지역이 일률적으로 정해진 상태이기 때문이다. 대규모 아파트단지가 대형 필지의 땅보다 유리한 이유가 여기에 있다. 불투명한 땅에 비해 투명성이 높기 때문이다.

대형 필지의 땅을 매입할 때는 분할이라는 과정을 거쳐야 한다. 왜냐하면 건설업자나 개발업자가 아닌 개인이 대형 평수를 매입하는 경우는 거의 없기 때문이다. 개별적으로 분할이 힘들기도 하고 말이다. 특히, 대규모로 분포되어 있는 임야의 경우는 악산 형태로 규제의 온상이기 십상이다. 여하튼, 땅값이 중구난방 기준이 없는 것은 용도지역의 다양화에서 이유를 찾아야 한다.

아파트는 현재(현재의 가치)에 투자를 하는 것이지만 땅은 미래(미래 가치)에 투자를 하는 것이다. 그래서 난해한 것이다. 내 땅이 지금 보전녹지 상태이지만 옆이 자연녹지라면 그 영향으로 내 땅이 추후 자연녹지가 될 수도 있고, 내 땅이 현재 자연녹지라서 공동주택을 짓지 못하나 차후에 주거 및 상업지역으로 업그레이드되는 경우도 왕왕 있다.

잠재력만큼은 그 어느 부동산 투자종목 못지않은 마력을 지난 것이 바로 땅이다. 이 점이 땅 투자의 큰 강점이라 할 수 있겠다. 그렇기 때문에 땅은 행운도 많이 따라야 한다. 그 행운에 의해 가격이 책정되기도 한다. 하지만 여전히 감정평가 기준이 애매모호하다.

땅값은 집값과 다른 성질을 지녔다. 집값은 투명한 편인 데 반해, 집주인이 일방적으로 함부로 올릴 수 없는 구조이다. 그래서 집값은 나름대로의 기준이 있다. 그러나 땅값은 기준이 없어서 큰 문제다. 집은 완성된 부동산이지만 땅은 미완성된 부동산이라고 할 수 있다.

이런 특징 때문에 집은 가격이 이미 정해진 상태에서 거래시장에서 그 존재감을 알리는 입장이지만, 땅은 그렇지 않다. 가격 미정 상태에서 토지시장에 나온다. 지주가 일방적으로 가격을 정해도 뭐라고 말할 사람이 없다.

④ 땅값은 없는 걸까

땅은 '여러 가지 가격'을 가지고 있다. 정부가 조사해 발표하는 공시지가에서부터 감정가, 기준가, 매도호가, 매수호가, 급매가, 흥정 가격, 실거래 가격 등에 이르기까지 적어도 10여 가지는 된다.

이처럼 땅값의 종류는 많지만 일반적으로 시장에서 통용되는 정확한 실거래 가격을 파악하기는 쉽지 않다. 아파트는 그래도 어느 정도 통일된 가격을 형성하지만 땅은 그야말로 부르는 게 값이기 때문이다. 때문에 노련한 전문가조차도 호가에 땅을 잡았다가 낭패를 보는 경우가 많다. 정확한 땅값 파악은 투자의 기본이며 이에 따라 투자 수익률이 좌우된다.

호가에 잡았다가 낭패 보기도

기본적으로 땅값에는 호가와 실거래가가 있다. 호가는 말 그대로 땅 주인이 부르는 가격, 실거래가는 실제로 매매되는 가격을 말한다. 호가가 '꿈'이라면 실거래가는 엄연한 '현실'이다.

하지만 거래가 드문 시골 땅에선 호가와 실거래가를 구분하는 것이 사실상 어렵다. 특히 호가와 실거래가가 뒤섞인 개발예정지 주변에서는 판단력이 흐려져 호가에 땅을 매입했다가 속앓이를 하는 투자자들이 간혹 나온다. 따라서 정확한 가격을 파악해 매수나 매도에 나서는 게 투자의 기본이 된다.

땅값을 정확하게 파악하기 위해서는 현장답사가 필수다. 이때 땅의 모양, 고저, 경계 등도 기본적으로 조사해야 할 사항이다. 현지에서 땅값을 파악하는 방법으로는 이장 등 현지인을 통하는 방법과 현지 중개업소를 통해 확인하는 방법이 있다. 하지만 둘 다 절대적이지는 않다.

일단 수도권지역의 이장이라면 이미 웬만한 부동산중개업자 못지않은 이력이 붙었다고 간주해야 한다. 그동안 이 지역에 개발이 집중됐던 만큼 수많은 경험과 학습을 통해 전문가 뺨치는 지식과 정보를 축적했기 때문이다. 때문에 자신들의 재산 가치를 좌우하는 동네 땅값을 낯선 사람에게 정확히 말해 줄 리가 없다. 대개 땅을 사러 왔다고 하면 시세보다 상당히 높게 부르는 게 일반적이다.

현지 부동산중개업소도 땅값을 정직하게 말해 주지 않는 편이다. 이는 중개업소 사장들이 부도덕해서가 아니다. 시세를 정확하게 말해 줬다가는 현지 주민이나 동업자, 심지어 고객들로부터 따돌림을 당하거나 미움을 살 수 있기 때문이다.

이처럼 투자를 위해 땅을 매입하려는 사람들이 자주 토로하는 어려움 중의 하나가 자신이 매입하려는 땅값이 적정한 것인지 판단하기 힘들다는 것이다. 도심지에 비해 주변에 유사한 거래사례가 드문 데다 접근 통로도 제한돼 정확한 시세를 매기기가 어렵다는 얘기다.

현지인 통해 파악하는 것도 요령

공시지가나 감정평가 역시 전적으로 신뢰할 만한 것이 못 된다. 공시지가는 그야말로 감정평가사들이 합리적인 수준이라고 판단하는 이상적인 가치에 불과하다. 때문에 시장에서 거래되는 실거래 가격과 엄연히 차이가 난다. 토지 감정평가의 경우 땅이 거래되고 있는 주변 시세를 감안해 값을 매기게 된다. 이른바 매매사례 비교법이다.

하지만 임야나 농지 등은 막상 현장에 가더라도 비교할 만한 거래사례 자체가 거의 없어 정확한 시세를 파악하기 힘들다. 이 경우 대부분의 감정평가사들이 공시지가에 의존하게 되는데, 공시지가는 지역에 따라 들쭉날쭉해 정확하게 시세를 반영하지 못한다. 특히 임야의 경우에는 소유주조차도 자기 땅의 정확한 위치와 가격을 몰라 평가 자체가 어려울 때가 많다. 도로개통 등 향후 개발계획이 땅값에 큰 영향을 미치는데 이와 같은 요인이 무시되는 경우가 적지 않다.

그렇다면 땅값을 정확히 파악할 방법은 없을까?

솔직히 뾰족한 수는 없다. 노련한 전문가들조차도 감으로 판단하는 경우가 많다. 가장 기본적인 방법은 현장답사를 통해 동네주민들에게 대략적인 시세를 알아보는 것이다. 이때 신뢰도에 따라 땅값의 정확도 역시 차이가 나게 마련이다. 아는 사람을 동원하는 것이 그래도 확실하지만 그조차 쉬운 일은 아니다.

따라서 꼭 매입하고 싶은 땅이 있다면 먼저 옷차림을 수수하게 하고, 솔직한 태도로 찾아가 인사를 한다. 가장 접근하기 편한 사람은 동네마다 있는 구멍가게 주인이다. 구멍가게를 통해 1차 정보수집이 끝나면 그 다음은 동네 이장을 만나보는 것이 순서이다.

현지 주민을 통해 대략적인 가격이 나왔다면 현지 중개업소에 땅을 사려는 손님처럼 행세해 시세를 물어본다.

객관적인 주변 여건 감안해 파악하기도

그 밖에 나름대로 땅값을 산정해 보는 방법도 있다. 땅값은 대개 물리적인 거리에 따라 매겨지는 특성을 가지고 있다. 해당 토지가 도로변에 위치해 있다면 도로와의 대략적인 거리를 산정해 이를 땅값에 반영해 본다. 도로변 토지는 매매사례가 많아 어느 정도 정확한 시세를 파악할 수 있다. 일반적으로 도로에서 1㎞ 정도 멀어질 때마다 땅값은 5~10% 정도 떨어지는 것으로 산정하면 무난하다는 게 전문가들의 조언이다. 마찬가지로 읍·면사무소 소재지 등이 있는 지역 중심지에서 벗어나면 땅값 시세가 현격하게 떨어지게 마련이다.

일반적으로 땅값은 대상 토지의 위치, 지형, 주변 환경, 용도, 지목, 땅의 형태, 지질, 경사도, 도로에서의 거리 등 주변 여건을 종합적으로 평가해 결정된다. 하지만 같은 지역이라도 접해 있는 도로의 폭, 주 진입로인지 간선도로인지에 따라 땅값이 천차만별이기 때문에 섣불리 판단해서는 안 된다. 동일 지역이라도 향(向), 강 또는 바다 조망 여부, 혐오시설 존재 여부, 개발계획 등에 따라 가격이 다르게 형성되기도 한다.

경사도의 경우 전원주택지일 때 10% 미만이라면 오히려 장점이 되지만 그 외 목적의 땅일 경우에는 오히려 땅값 형성에 불리하게 작용하기도 한다.

설령 비슷한 조건을 가진 땅이더라도 개발 예정지는 지주에 따라 부르는 가격에 차이가 크다. 또 가격변동의 폭도 크기 때문에 매입이나 매도 시 각별한 주의가 필요하다.

대개 개발지역 땅값은 개발 소문이 나면서 움직이기 시작해 계획이 발표되기 전에 한차례 손바꿈이 일어난다. 그러고 나서 갑자기 매수 주문이 급격히 늘어 호가가 가파르게 급등하는 것이 일반적이다. 이때는 그야말로 호가와 실거래가가 뒤섞여 구분하기가 힘들게 된다. 때문에 특정 세력에 의해 부풀려진 호가 위주의 담합가격을 실거래가로 잘못 판단해 손해를 볼 수도 있다.

다양한 경로 통해 교차 확인 필요

도심지 땅이야 인근지역 거래사례가 많고, 공시지가가 비교적 정확하게 매겨져 어느 정도 시세에 근접한 가격을 파악할 수 있다. 하지만 시골 땅은 기본적으로 어느 지역에, 어떤 조건의 땅이, 얼마의 가격에 매물로 나왔는지 확인해 볼 수 있는 방법이 생각보다 적다. 막상 현장에 가더라도 거래 자체가 워낙 드물어 시세를 파악하기가 매우 힘들다. 때문에 정확한 땅값 파악을 위해서는 다양한 방법과 경로를 통해 여러 번 교차 확인하는 것이 좋다. 시세를 제대로 파악하지 못하면 쓸모없는 땅을 시세보다 훨씬 비싸게 살 수도 있기 때문이다.

입문자를 위한
토지 가격 판독법

요즘 전원주택 건축비가 평당 350~400만 원 정도는 든다던데, 땅값은 과연 어떨까? 궁금한 것이 참 많은데 주변에 공인중개사 사무실도 없고, 스마트폰으로 검색해도 확실한 정보를 찾을 수가 없다. 고민하는 투자자를 위해 그 지역의 땅값을 알 수 있는 좋은 방법을 함께 찾아보기로 한다.

토지 특성을 알아야 땅값이 보인다

토지마다 가격이 다른 이유는 무엇일까? 바로 '부동성'과 '개별성'이라고 하는 토지의 특성 때문이다. 토지의 부동성이라고 하는 것은 움직이지 않고, 한 곳에 고정되어 있는 성질을 말하는데 이 때문에 각 토지마다 지형, 지세, 면적 등이 달라지고 행정, 사회, 문화적인 가치가 상이하여 상당한 가격 차이가 발생한다.

예를 들어 보자. 같은 단지에 있는 토지라고 해도 대로가 있는 앞부분의 토지와 뒷부분의 외진 토지는 쓰임새가 다르고 가격이 다를 수밖에 없다. 이런 토지의 특성을 일컬어 개별성이라고 한다. 이런 특성 때문에 토지는 거래를 위한 가격정보를 구축하는 데 상당한 노력이 필요하다. 또 토지 가격은 매우 유동적이기 때문에 가격정보도 지속적으로 업데이트해야 한다.

반면, 부동산 상품 중에서도 아파트는 쉽게 가격을 확인할 수 있는데 이미 규격화되어 제반정보가 잘 갖춰진 상품이기 때문이다. 어느 정도 노력을 들여야 알 수 있는 토지 가격정보와는 확실히 다르다고 할 수 있다.

지방 외진 곳의 임야, 전, 답 같은 토지의 경우에는 가격정보를 얻을 수 있는 곳이 한층 더 제한적이다. 관심을 가진 시장 참여자의 수가 적기 때문인데 이럴 때는 토지를 용도지역으로 분류하는 방법을 사용하면 대략적인 토지의 가격을 가늠하는 일이 조금 더 쉬워진다.

땅값이 궁금하다? 토지 용도를 확인하자!

일반적으로 토지는 용도지역으로 분류된다. 토지의 경제적, 효율적 이용과 공공의 이익을 위해서는 토지의 쓰임새와 건축물의 건폐율, 용적률, 높이 등을 제한해야 하는데 그 제한의 기준이 되는 것 중 하나가 바로 용도지역이다. 이런 지역 구분은 도시개발계획을 통하여 결정된다.

● 용도지역 체계와 구성

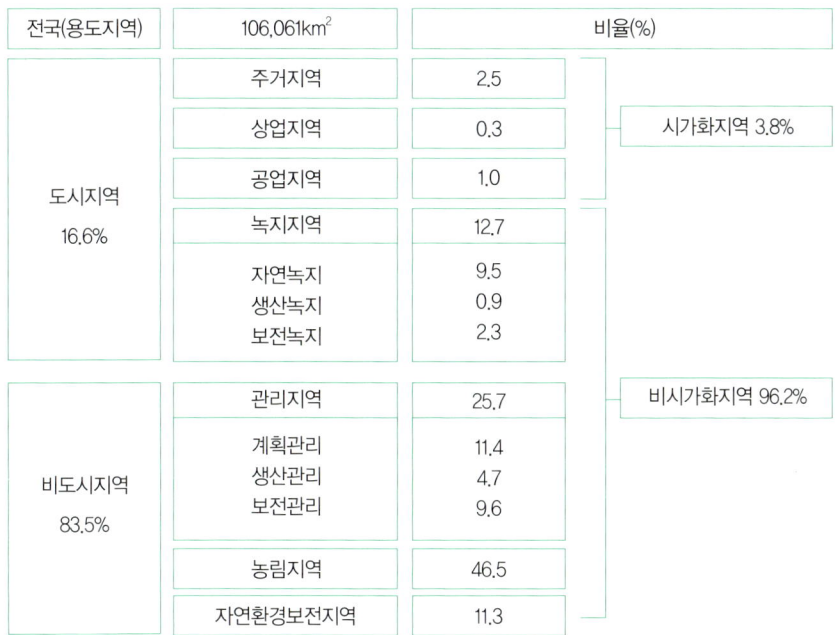

전국(용도지역)	106,061km²	비율(%)	
도시지역 16.6%	주거지역	2.5	시가화지역 3.8%
	상업지역	0.3	
	공업지역	1.0	
	녹지지역	12.7	
	자연녹지 생산녹지 보전녹지	9.5 0.9 2.3	
비도시지역 83.5%	관리지역	25.7	비시가화지역 96.2%
	계획관리 생산관리 보전관리	11.4 4.7 9.6	
	농림지역	46.5	
	자연환경보전지역	11.3	

● 용도지역의 구분과 지목

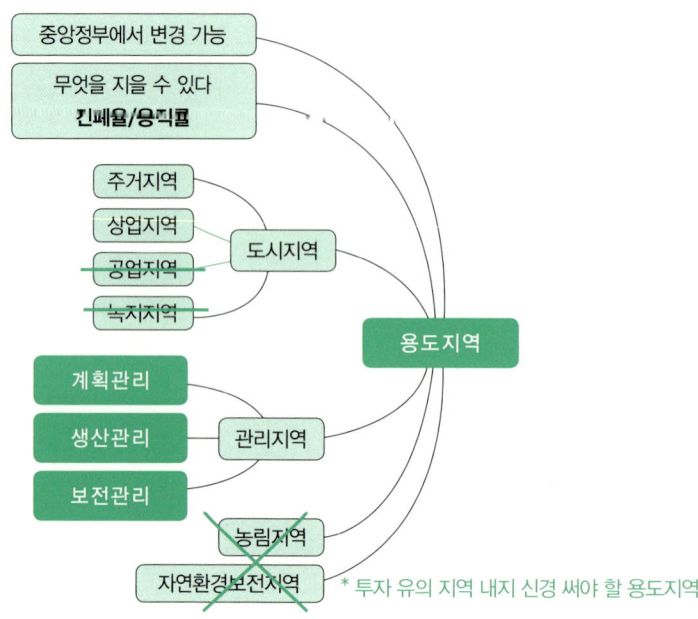

중앙정부에서 변경 가능

무엇을 지을 수 있다
건폐율/용적률

주거지역
상업지역
공업지역
녹지지역
도시지역

계획관리
생산관리
보전관리
관리지역

농림지역
자연환경보전지역

용도지역

* 투자 유의 지역 내지 신경 써야 할 용도지역

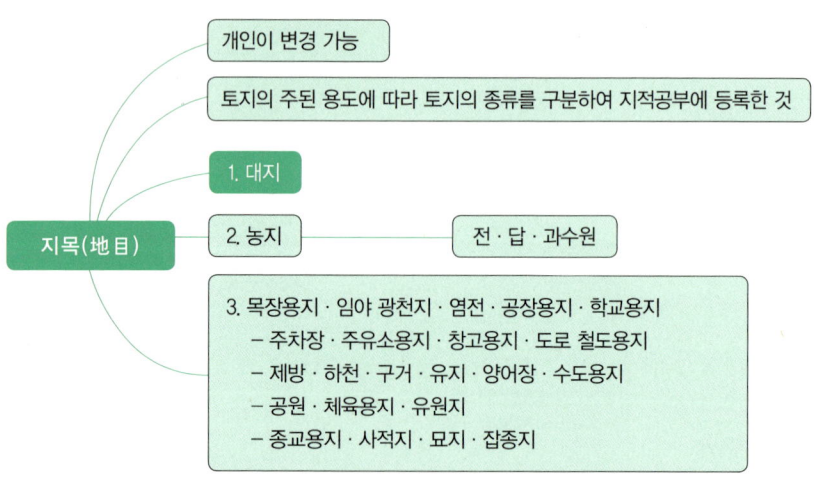

개인이 변경 가능

토지의 주된 용도에 따라 토지의 종류를 구분하여 지적공부에 등록한 것

지목(地目)

1. 대지

2. 농지   전 · 답 · 과수원

3. 목장용지 · 임야 광천지 · 염전 · 공장용지 · 학교용지
   － 주차장 · 주유소용지 · 창고용지 · 도로 철도용지
   － 제방 · 하천 · 구거 · 유지 · 양어장 · 수도용지
   － 공원 · 체육용지 · 유원지
   － 종교용지 · 사적지 · 묘지 · 잡종지

용도지역은 크게 도시지역, 관리지역, 농림지역, 자연환경보전지역으로 나뉜다. 여기서 도시지역은 다시 주거지역, 상업지역, 공업지역, 녹지지역 등으로 나뉘어 세분화된다.

이 중 주거지역이 일반적인 지역의 토지시장가격을 가늠하는 일종의 기준이라고 할 수 있다. 주거지역의 가격은 주변 공인중개사 사무실 또는 인터넷 부동산 정보 사이트를 통해 비교적 쉽게 파악할 수 있다는 사실, 아마 다들 경험해 봤을 것이다. 그렇다면 이 '주거지역'이라는 기준을 통해 각기 다른 용도지역들의 토지시장가격을 가늠해 보자.

● 용도지역별 토지 가격 비교

용도지역			가격
도시지역	주거지역		100%
	상업지역	상업지 형성 초기	300%
		상업지 활성화 시	600%
	공업지역	전용공업지역	20~25%
		일반공업지역	30~40%
		준공업지역	80~90%
	녹지지역	보전녹지지역	15%
		생산녹지지역	25%
		자연녹지지역	40%
관리지역	보전관리지역		15% 정도
	생산관리지역		25%
	계획관리지역		40%
농림지역	–		20%

첫째, 그 지역 토지시장에서 주거지역의 가격을 100%로 하여 기준을 잡는다면, 인근의 허름한 상가의 가격은 그 세 배인 300% 정도의 가격으로 예상할 수 있다. 그리고 이 상가지역이 활성화되어 권리금이 붙을 정도로 활기를 띠면, 주거지역의 여섯 배인 600%까지도 가격 상승을 예상할 수 있다.

둘째, 임야가 있는 녹지지역은 어떨까? 주거지역 대비 15~40% 정도의 가격 수준으로 생각할 수 있다. 녹지지역은 성격에 따라 보전녹지지역, 생산녹지지역, 자연녹지지역으로 나뉜다. 보전녹지지역은 주거지역 가격의 15%, 농업생산을 위해 개발이 유보된 생산녹지지역은 주거지역 가격의 약 25%, 자연녹지지역의 경우 주거지의 약 40% 정도로 반영한다.

셋째, 농림지역의 가격은 보통 주거지역의 20% 정도 수준으로 본다. 그러나 농지정리가 안 된 지역이라면 주거지역의 40% 정도까지 가는 곳도 있다. 이럴 경우 향후 변화를 꼼꼼하게 살펴봐야 한다.

● **용도지역의 구분과 지목**

주거지역 100
상업지역 → 300~700%
공업지역 → 0.4~0.9%
녹지지역 → 0.2~0.7%

주거지역
▶ 5±2% → 지가 상승 … 보통이다.
일반상업 · 중심상업
▶ 3±1% → 지가 상승 … 높다.
준 주거 · 근린상업
▶ 4±1% → 지가 상승 … 매우 높다.
전용 공업지역
▶ 10±3% → 지가 상승 … 매우 낮다.
일반 공업지역
▶ 8±2% → 지가 상승 … 낮다.

넷째, 쓰임새가 모호하여 구분하기에 애매한 곳을 지정해 놓은 토지도 있다. 바로 관리지역으로 이 지역은 후에 개발이 될 수도, 안 될 수도 있는 지역이다. 이 관리지역은 보전관리지역, 생산관리지역, 계획관리지역으로 나뉘는데, 이 중 가장 인기 있는 지역은 바로 계획관리지역이다. 정부가 개발에 대한 규제를 완화하면 계획관리지역의 가격은 두 배 이상으로 껑충 뛰어오를 가능성이 있고 토지 가격은 주거지역 대비 40% 정도이기 때문에 토지 투자가들이 선호할 수밖에 없는 지역이다.

마지막으로 공업지역은 어떨까? 공업지역은 전용공업지역, 일반공업지역, 준공업지역으로 나뉘는데 전용공업지역은 통상적으로 중화학공업 및 공해성 공업단지 조성 등을 위해 필요한 지역이다. 일반공업지역의 경우는 환경을 저해하지 않는 공업단지의 수용을 위해 필요하다. 또 준공업지역은 경공업 등을 위한 지역이다.

이런 공업지역의 가격은 전용공업, 일반공업지역보다 준공업지역으로 갈수록 높아지는데 그 이유는 바로 용적률 때문이다. 경공업을 배치하는 준공업지역일수록 용적률이 높기 때문에 가격 또한 높아진다.

공업지역의 토지시장가격을 주거지역 기준으로 가늠해 본다면 준공업지역은 주거지역의 80~90%, 일반공업지역은 30~40%, 전용공업지역은 20~25% 정도로 볼 수 있다.

물론 이러한 계산법으로 시세를 알아봤을 때 정확한 가격을 알기는 힘들다. 그러나 대략적인 판단 기준으로 활용한다면 아주 유용한 계산법이 될 것이다. 눈여겨본 장소의 토지 가격이 궁금하다면 잊지 말고 활용해 보자.

Chapter 02

토지 매수도
쇼핑이 필요하다

토지 매수도 쇼핑이 필요하다

①의 매매가격이 1억 5,000만 원(대지: 평당 30만 원×200평=6,000만 원+ 농지: 평당 22만 원×400평=9,000만 원)이었을 때, 농지 400평을 대지로 전환할 때 필요한 세금 및 인허가비 등등 부대비용 약 1,600만 원(농지전용비는 공시지가의 30%)+인허가비용 약 400만 원+세금 등을 산출하고, 여기에 택지 토목공사비가 평당 10만 원 정도 예상된다. 그러므로 ①의 매도금액은 주변 시세 대비 저렴한 매물이 아니게 된다.

②는 ①보다 땅 모양이 좋지 않기 때문에,

①: 600평의 매매금액 1억 5,000만 원은 평당 25만 원이 되지만,

②: 600평의 매매금액 1억 3,000만 원이라 할 때 평당 금액은 21만 원이나 지적도 모양상 부동산 가치 평가 금액이 ①이 더 높을 수도 있다.

그리고 ①의 평당 가격이 25만 원이기에 ①농지 600평의 평당 가격이 평당 20만 원이라서 1억 2,000만 원에 매수한다면 ③이 ①보다 좋은 매물이라 생각할 수 있으나, 앞서 말한 대로 농지를 대지로 전환하는 데 따른 부대비용이 상당히 높은 경우 (공시지가가 ㎡당 4만 원이라면 100평당 농지전용비는 약 4만 원 + 세금 등으로 평당 5만 원 정도의 예상비용을 감안), ③의 매도 평당 가격 20만 원은 ① 대비 저렴하지 않다는 사실 또한 계산에 넣어야 한다.

땅을 구하러 다닐 때 주변 시세 대비 평당 가격이 낮기 때문에 좋은 매물이라는 소개자의 추천을 받는다면 진짜 주변 시세 대비 저렴한 땅인지 스스로의

기준을 세워야 한다는 말이다.

　매수하고자 하는 땅의 일부를 집터로 생각하고 땅을 보러 다니는 분들이라면 때로는 집터만 보러 다닌다 생각하고 현지답사를 다니는 것이 실수할 확률을 낮추는 방법이다.

　어찌 보면 시골 땅을 구하러 다닐 때 가장 평당 가격이 높은 토지이기 때문이다. 좀 넓은 땅을 매수할 자금이 되어 집터를 기준으로 땅을 보러 다니면 집터로 쓰고 남은 땅이 택지용 땅일 때가 가장 좋다.

　평당 가격이 대지보다 낮다는 이유만으로 농지나 임야를 전용해서 대지로 지목변경하여 건축 행위를 하려고 한다면 최종 대지로 변경할 때까지의 부대비용을 산출할 수 있는 지식을 쌓는 것이 바람직하다.

　집을 짓는 데 토목공사비가 드는 땅이라면 예상 토목공사비도 평당 가격으로 배분해 봐야 한다.

● 토지도 쇼핑하라

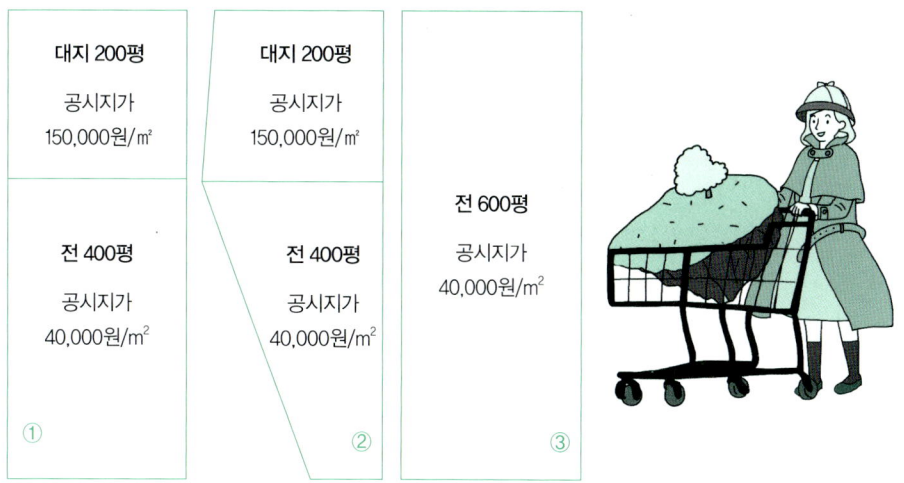

⑦ 과연 이 땅값이 싼 것일까

많은 사람들이 자신의 집을 짓겠다는 결심을 하고, 처음 접하게 되는 것이 바로 땅이다. 어떤 땅을 어떻게 사야 하는지는 관련 카페에 자료가 이미 넘칠 대로 많다.

그래서 여기서는 조금 다른 이야기를 하고자 한다. 예를 들면, 우리 동네는 그 위치에 따라 조금씩 다르지만, 단지가 조성되어 있는 경우 평당 약 130~150만 원 정도이다. 전기, 도로, 상수도 또는 지하수가 모두 들어와 있고 축대도 쌓여 있어서 말 그대로 집만 지으면 된다.

우리 동네지만, 호숫가를 조금만 돌아가면, 평당 80만 원짜리 땅들도 많이 나와 있다. 이렇게 말하면 대부분의 사람들은 "와! 싸다!"면서 그곳이 어디냐고 빨리 알려 달라고 한다. 바로 인접한 곳이 130만 원 이상인데, 80만 원이라니, 사기만 하면 바로 돈을 버는 거라고 생각하는 것 같기도 하고, 상대적으로 싸다고 느낄 만한 것이다.

그럼 다시 땅값이 왜 저렇게 차이가 나는지 얘기해 보자.

앞에서 잠깐 언급했지만, 필자가 살고 있는 곳은 집만 지으면 되는 곳이다. 하지만 가격이 상대적으로 저렴한 평당 80만 원짜리 땅은? 부동산에서는 아무런 말도 안 해 준다. 그냥 싸게 급매로 나왔으니, 빨리 사라고만 할 게 뻔하다.

먼저, 이런 땅은 전용비가 약 평당 15만 원 내외이다. 농지로 되어 있기 때문에 도로를 확보하고 필요 시 포장 공사를 해야 한다. 상수도가 들어와 있지 않아 상수도를 연결해야 한다. 이 금액도 만만치 않다. 아니면 지하수를 파야 한다. 우리 동네는 물이 귀해서 최소 150m 이상은 파야지 나온다고 한다. 전기는 한전에 신청하면 크게 비용이 들지는 않는다. 기초 토목 공사도 새로 해야 한다.

300평짜리 땅도 나와 있고, 600평짜리 땅도 나와 있다. 600평짜리 땅을 기준으로 말하면, 그 땅을 세 가구가 분할해서 산다고 할 경우 가구당 200평 정도 된다. 도로 면적을 제외하면 실제도 180평 정도가 집을 지을 수 있는 공간이다.

임의로 금액을 정리해 보겠다.

- 도로 포장비: 600만 원
- 지하수 공사: 1,800만 원
- 기초 토목 공사: 1,050만 원
- 전기: 150만 원
- 가구당 공사비: 총 공사비 3,600만 원/3=1,200만 원
- 평당 기초공사비: 1,200만 원/200평=평당 6만 원
- 토지 평당 80만 원+전용비 15만 원 내외+기타 기초공사비 평당 6만 원 =101만 원

대략 100만 원이 조금 넘으니 130만 원보다는 저렴하다. 저렴한 가장 큰 이유는, 첫째, 세 가구로 계산했기 때문이다. 아니면 혼자 저 넓은 땅을 다 사야 한다. 가장 어려운 현실적인 문제다.

둘째, 위 공사들을 본인이 직접 해야 한다. 생각보다 일이 복잡하고 많다. 하나하나 풀어 가면 별거 아니라고 생각할 수도 있지만 실제로 쉬운 일은

아니다.

셋째, 주택단지에 인접한 곳이기는 하나, 실제로 그곳의 주변은 다 논이다.

넷째, 주택단지에서 보는 것만큼 경치가 아름답지 않다.

다섯째, 나중에 되팔 때도 주택단지의 조건이 더 낫다.

이것이 바로 평당 50만 원이나 저렴함에도 불구하고, 사람들이 80만 원짜리 땅을 사지 않는 이유이다.

집을 지으려고 하는 사람들이 가장 잘 범하는 실수 중 하나가 "땅만 사면, 그 다음에 바로 집만 지으면 된다"라는 생각이다. 땅을 샀다고 전부가 아니다. 그게 시작이고, 그 땅을 제대로 못 샀다면, 집을 짓기도 전에 한 3년은 늙고 시작하게 된다.

평당가의 착시 현상

경사가 심한 산자락이나 구거(인공적인 수로나 관련 부지)에 편입된 땅, 기형의 땅은 등기 면적보다 실사용 면적이 크게 줄어 실제 가격은 크게 높아진다. 전원주택 터를 구할 때는 가격이 싸게 느껴지는 이른바 '평당가의 착시 현상'에 주의해야 한다.

전원생활을 소망하는 이들이 가장 궁금해하는 점은 바로 돈이다. 이에 대한 구체적인 답을 내놓기는 어렵다. 땅만 하더라도 수도권과 지방, 관리지역과 농림지역 등 위치(입지)와 용도에 따라 천차만별이기 때문이다.

최근 각종 귀농·귀촌 자료와 개별 상담을 통해 가늠해 보면, 예비 귀농·귀촌인들이 땅(대지+농지)과 집 마련을 위해 고려하고 있는 예산은 대략 1억~3억 원 수준인 것 같다. 물론 개인 형편과 집·농지의 크기에 따라 이보다 적을 수도, 크게 늘어날 수도 있다.

만약 예산을 더 늘릴 수 없다면 전원생활의 기본 토대인 땅부터 저렴하게 구해야 한다. 어떤 방법이 있을까?

"정말 싼 땅이 나왔으니 남들이 채가기 전에 빨리 잡아라"라는 부동산업자의 말에 2010년 강원도 땅 1000㎡(300여 평·등기부 면적)를 평(3.3㎡)당 15만 원에 매입한 K씨(55)는 처음에는 대단히 만족했다. 당시 주변 시세가 3.3㎡당 20만 원 선이라는 걸 잘 알고 있었기 때문이다. 하지만 값이 싸다는 생각에 지적도와 인터넷 위성사진만 보고 서둘러 산 것이 실수였다.

나중에 현장을 확인해 보니 땅의 4면 중 2면이 급경사지여서 K씨가 실제로 사용할 수 있는 면적은 절반에 불과했다. 게다가 땅을 평탄하게 만드는 작업을 위한 석축과 토목공사에도 평당 5만 원의 추가 비용이 발생했다. 실사용 면적(500㎡)을 기준으로 토목비용까지 감안하면 K씨는 그 땅을 평당 15만 원이 아닌 35만 원에 산 셈이다.

땅 매입비용을 계산하는 데 있어 중요한 잣대 중 하나가 바로 평당 가격이다. 땅을 사는 사람 입장에서는 가격이 낮으면 낮을수록 좋다. 평당가는 등기부상 면적이 아니라 실사용 면적을 기준으로 계산하는 게 맞다.

땅의 경사가 너무 급하거나 호우로 유실된 땅, 구거나 도로에 대거 편입된 땅 등은 등기부상 면적보다 실사용 면적이 크게 줄어든다. 불구의 땅, 기형 땅들이 이런 유형의 땅들이다. 이를 사용 가능한 땅으로 만들기 위한 토목비용도 만만찮다. 배보다 배꼽이 큰 경우도 있다.

시골 땅을 저렴하게 마련하기 위해서는 등기면적 기준으로만 싸게 느껴지는 '평당가의 착시 현상'을 제대로 꿰뚫어 볼 줄 알아야 한다. 시골 부동산 특히, 땅의 최대 단점은 환금성인데, 실사용 면적으로 따져본 평당가가 높은 땅은 나중에 불가피하게 처분해야 할 일이 생겼을 때 손실을 보고 되팔 수밖에 없다. 평당가의 착시 현상에 현혹되지 않고 저렴하게 매입하는 방법으로 경매에도 관심을 가져 볼 만하다.

사실 가장 적은 비용으로 전원행을 실행할 수 있는 방법은 땅과 집을 빌리는 것이다. 귀농·귀촌 선배들은 한결같이 "덜컥 땅부터 사기보다는 농가와 농지를 임차해 살면서 농사를 지어 보고 자신이 생기면 그때 가서 매입해도 늦지 않다"라고 충고한다.

지역별로 다르겠지만, 강원도 시골에서 농지(밭) 3,300㎡를 빌리는 데 연간 임차료(도지)는 보통 50만~100만 원 수준이다. 심지어 농지은행을 통해 밭 1만㎡(3,000평)를 연간 50만 원에 빌릴 수도 있다.

매입하든, 임차하든 좋은 땅을 구하려면 발품은 필수다. 또한 손품도 필요하다. 먼저 인터넷과 모바일을 통해 개별 땅에 대한 각종 정보를 사전에 파악한다. 토지 관련 정보는 한국토지정보시스템(KLIS·시도별 제공)이나 온나라 부동산정보(www.onnara.go.kr)를 활용하면 좋다. 기본적으로 살펴야할 토지이용계획(해당 토지의 특성과 규제 명시), 지적도, 토지면적, 소유권 변동사항, 공시지가 등의 자료를 한눈에 볼 수 있다. 또 농지은행(www.fbo.or.kr)에 들어가면 농지 매물과 지역별 시세를 조회할 수 있다.

9 싼 땅과 비싼 땅의 기준은 무엇일까

　장고 끝에 악수 대신 호수 두는 일은 부동산에서만 일어날 수 있는 기현상이다. 부동산은 개별성도 강하고, 개변성도 강한 재목이다. 싼 게 장점으로 비화될 수 있는 게 부동산(특히 땅)이다. 싼 땅 옆엔 항상 비싼 땅이 있다.

　실수요자가 아닌, 투자자의 바른 행동과 행보는 따로 있다. 개발청사진이 있는 지역의 가격 책정 기준이 용도지역이 되면 안 된다. 용도지역, 용도 구역, 용도 지구보다는 땅 위치가 가격의 기준이 되어야 마땅하다. 용도지역이 괜찮다고 위치와 무관하게 가격에 거품이 들어간다면 문제다. 실수요 입장과 다른 것이다.

　실수요자는 용도지역에 예민하지만 투자자는 용도지역의 위치와 개발청사진 위치가 중요한 것이다. 가격에 집중한다면(비교적 저렴한 가격으로의 접근 과정), 용도지역 위치보다는 개발청사진 위치가 더 중요하다.

　컨설턴트가 가격을 책정하는 과정에서 투자자에게 땅을 권할 때 용도로 가격을 책정하는 과정을 밟는다면 문제가 있다. 왜냐하면 개발청사진 위치를 가격에 반영하지 않았을 가능성이 크기 때문이다.

　설령, 개발 위치를 가격 책정 시 가격 기준표로 삼는다 해도 용도지역을 포함한 가격이라면 이 역시 문제가 있다. 평당 200만 원에 매수해도 될 걸 250만 원에 매수할 수도 있기 때문이다.

매수자: 가격이 좀 비싼 것 같습니다.

투자자의 질문에 대한 우답 하나.

업자: 용도지역이 계획관리지역이기 때문입니다.

따라서 땅을 살 때는 투자자의 이해도가 중요하다. 개발 이슈와 더불어, 가격 상황에 대한 이해도가 중요한 것이다. 이해력이 곧 투자 행보의 힘이다. 잠재력에 관한 이해력이 높다면 투자가 가능한 것이다. 투자를 결정하는 힘이 이해력인 것이다. '싼 땅'에 관한 '잠재력'의 이해력이 높을 때 싼 땅에 투자가 가능한 법이다.

싼 게 비지떡이라는 사고도 문제지만 비싼 땅이 무조건 명품 땅일 가능성이 높다는 의식도 바뀌지 않으면 안 된다. 개발지역에서의 싼 땅을 고집하는 행동이 무모한 행동인 것처럼 싼 게 비지떡이라는 관념도 무모한 사고다. 장기간 레이스를 펼칠 각오로 들어가면 무난할 것이다. '싼 땅'에 관한 오해와 '비싼 땅'에 관한 큰 기대감을 이해하지 못한다면 투자가 힘들 것이다.

그렇다면 나쁜 땅(싼 땅)과 좋은 땅(비싼 땅)을 구별하는 기준은 뭘까?

여러 가지 기준이 있겠지만, 대표적인 잣대가 바로 환금성이다. 부동산의 최대 단점은 바로 환금성이 나쁘다는 것인데, 이런 단점이 없거나 덜 하다면 좋은 땅, 비싼 땅이다. 반면 땅을 팔려고 내놓았지만 거들떠보는 사람이 없다면 이는 나쁜 땅, 싼 땅이다. 다시 말해, 내가 산 땅을 손해 보지 않고 바로 되팔 수 있다면 좋은 땅이란 것이다.

그럼 환금성이 높은 전원주택용 땅은 어떤 땅일까?

먼저 배산임수, 남향 등 자연적인 조건을 갖춰야 한다. 그리고 시골이지만 의료, 교육, 생활편의시설이 어느 정도는 갖춰진 곳이라야 한다. 외

따로 떨어진 곳이 아닌 읍과 면 중심지나 그 인근지역, 아니면 최소한 동네가 형성되어 있는 곳이 좋다. 여기에 주변에 고속도로 IC 신설, 관광단지 조성 등 개발호재가 있는 땅이라면 금상첨화다.

이런 땅은 가격이 계속 오를 뿐 아니라, 높은 가격에 매물을 내놔도 거래가 잘 된다. 즉 환금성이 좋다.

좋은 땅과 나쁜 땅을 구별하는 또 하나의 기준은 평당가(3.3㎡=1평의 가격)다. 땅 소유자나 파는 사람 입장에서는 평당가가 높으면, 그래서 비싼 가격에 팔 수 있다면 좋은 땅이요, 평당가가 낮으면 나쁜 땅이라고 할 수 있다. 반대로 사는 사람 입장에서는 비슷한 입지 조건이라면 평당가가 낮은 땅이 좋은 땅이다. 여기서 지역 간 평당가의 높고 낮음은 서울과 수도권을 중심으로 놓고 판단해야 한다.

예를 들어 A지역에서 계곡을 끼고 풍광이 좋은 터가 3.3㎡(1평)당 40만 원에 매물로 나와 있다고 하자. 하지만 서울과 수도권 접근성이 A지역보다 더 나은 B지역에서 비슷한 입지조건(계곡을 끼고 풍광 좋은)의 땅을 30만 원에 살 수 있다면, A지역의 평당가는 비싸다고 볼 수 있다.

서울과 수도권을 기준으로 지역 간 평당가를 판단해야 하는 이유는 전원주택용 땅의 매수 주체는 결국 전 국민의 절반 이상이 모여 살고 있는 서울 및 수도권 거주자이기 때문이다. 따라서 이들 시각에서 평당가의 적정성 여부를 판단하는 게 객관적이다.

그렇다고 무조건 평당가가 싼 매물이 좋은 땅이라는 얘기는 아니다. 싼 맛에 임야를 샀다가 나중에 택지 조성비가 눈덩이처럼 불어나 결국 실제 평당가는 매수가의 두 배 이상이 되는 경우도 흔하다. 그러므로 진짜 평당가는 매물로 나온 땅의 가격에 집을 짓기 위한 통상의 토목비 외에 추가비용이 들어간다면 이를 더해서 산출하는 게 맞다.

경사가 심하고 돌이 많은 임야에 집을 짓거나 농지를 개간하는 경우 포클레인 등 중장비를 동원해야 하는데 이 비용이 만만치 않다. 진입로가 좁아 인접 땅 일부를 사거나 사용승낙을 받아야 한다면 실제 평당가는 그만큼 높아지게 된다.

가격이 아닌
가치에 투자한다

가치와 가격의 차이

우리가 "이거 얼마예요?"라고 물을 때는 가격을 묻는 것이다. 하지만 우리가 사는 것은 그 물건의 가격이 아니라 가치다. 예를 들어, 식당에서 비빔밥을 사 먹을 때 비빔밥에 매겨져 있는 것은 가격이다. 어떤 식당은 5,000원일 수도 있고, 어떤 식당은 1만 원일 수도 있다. 하지만 5,000원의 가치가 있다고 해서 반드시 5,000원의 가격이 매겨지는 것은 아니다. 3,000원의 가격이 매겨질 수도 있고, 1만 원의 가격이 책정될 수도 있다.

가격이란 그 물건의 몸값, 즉 가치를 반영하는 숫자다. 5,000원이라면 5,000원의 가치가 포함돼 있어야 소비자가 만족한다. 어떤 물건은 5,000원 이상의 가치를 가질 수도 있고, 어떤 물건은 3,000원의 가치밖에 하지 않을 수도 있다. 만약 어떤 가격이 가치보다 훨씬 못하다면 그 물건은 더 이상 소비자들의 관심을 받지 못하게 된다. 가격을 내리든지, 아니면 가치를 올려야 소비자들의 관심을 되돌릴 수 있다.

정상적인 가격이란 가격만큼의 가치가 반영돼 있는 것이다. 가치가 좋은 물건은 그 가치 이상의 가격을 인정받을 수 있다. 가치가 좋은 물건은 대부분 비싸다. 하지만 가격이 비싸다고 해서 가치도 좋은 건 아니다. 가격은 비쌀지 몰라도 가치는 형편없는 물건도 많다. 이런 물건의 가격은 정상적인 가격이 아니기 때문에 거품이 끼어 있다고 판단된다. 따라서 소비자들은 그 물건의 가격을 볼 것이 아니라 가치를 볼 줄 알아야 한다. 가격은 싼데 가치가 좋다면 금상첨화다. 그런 물건을 저평가되어 있다고도 한다.

가격에는 가치 외에 물가도 반영된다. 가치가 높아야 가격이 오르는 것은 아니다. 가치는 높아지지 않고 똑같은데도 물가가 오르면 가격은 오르게 된다. 짜장면 값이 오르는 것은 짜장면의 가치가 올라서가 아니다. 인플레이션에 의해 화폐가치가 추락하면 짜장면 값은 오른다.

지하철 요금도 마찬가지다. 지하철의 가치, 예를 들어 지하철의 의자가 소파로 바뀌었다거나 지하철의 서비스가 더 좋아져서 요금이 오르는 게 아니다. 순전히 화폐가치 추락에 의해 가격이 오르는 것이다. 그걸 가치가 좋아져서 가격이 올랐다고 착각해서는 안 된다.

토지도 마찬가지다. 가령 물류창고부지로 임대보증금 2억 원에 2년을 사용했는데 주인은 임대료를 4,000만 원 올려달라고 한다. 임대하던 땅의 가치가 좋아져서 우리가 4,000만 원을 더 내야 하는 것은 아니다. 땅은 2년간 임대했던 바로 그 땅이다. 물가가 오르면 땅값도 오르는 법이다. 하지만 공급에 비해 수요가 많아져서 토지공급이 모자라게 되면 땅값이 오를 수도 있다. 이때는 가치가 올라서 가격이 오른다고 할 수도 있다.

그 물건의 가치가 좋으려면 공급과 수요의 법칙에서 공급보다 수요가 많아야 한다. 수요가 많기 위해서는 우수성, 희소성, 영속성 등을 갖춰야 한다. 다이아몬드나 금이 가치 있는 물건인 이유는 바로 이런 세 가지 특성을 모두 갖추었기 때문이다.

부동산에서도 가격과 가치는 존재하는데, 비례하지는 않는다. 어떤 부동산의 가치가 높으면 그 부동산의 가격은 비쌀 수밖에 없다. 하지만 가격이 비싸다고 해서 가치도 높은 것은 아니다. 따라서 좋은 부동산이란 가치는 높은데 가격은 높지 않은 것이다. 하지만 이렇게 저평가된 물건을 쉽게 발견할 수는 없다. 안목이 높아야 하고 발품을 팔아야 한다. 게다가 운도 따라야 한다.

부동산 투자에서 돈을 벌려면 시세차익을 실현해야 한다. 싸게 사서 비싸게 팔아야 하는 것이다. 과거에는 아파트를 사 두기만 하면 쉽게 시세차익을 실현할 수 있었다. 하지만 토지 공급과잉에 저성장시대로 접어들면서 사 두기만 하면 오르는 시대는 끝이 났다. 경기불안과 조기정년이 심화되면서 땅을 사려는 사람보다는 땅을 팔려는 사람들이 늘고 있어 땅값이 오르기는 점점 힘들어지고 있다.

오히려 물가를 반영한다면 가격이 올랐다고 해도 손해를 보는 경우가 태반이다. 물가는 인플레이션에 의해 오르기도 하는데 화폐가치가 추락하기 때문에 가격이 올랐다고 해도 물가가 오른 것을 감안하면 매년 3.5% 이상 가격이 올라야 실질적인 인상이 됐다고 볼 수 있다. 게다가 기회비용을 감안해 시세차익을 실현하려면 매년 6% 이상은 가격이 인상되어야 손해를 보지 않는다.

기회비용이란 내가 이 땅을 살 돈으로 다른 곳에 투자했을 때 벌어들일 수 있는 수익을 포기한 비용을 뜻한다. 기회비용 4%는 6억 원으로 매년 2,400만 원의 수익을 벌어들일 수 있는 것을 포기하고 이 땅을 구입했다는 뜻이 된다.

예를 들어, 평당 50만 원에 농지 1,200평을 사서 보유하고 있다고 치자. 6억 원의 기회비용 4%와 물가인상률 3.5%를 포함하면 매년 7.5%, 즉 6억 원×7.5%=4,500만 원은 인상이 되어야 본전이 된다. 5년간 보유했다면 8억 2,250만 원이 되어야 본전이다.

그렇지 않다면 상당한 보유비용을 지출한 셈이 된다. 토지를 싸게 사서 오른 다음 판다고 해서 무조건 시세차익을 거둘 수 있는 것은 아니다. 따라서 진정한 시세차익을 거두려면 가치가 오를 수 있는 물건에 투자해야 한다. 가치가 오른다면 가격은 당연히 오르는 것이고 기회비용과 물가인상률을 제외하고도 상당한 수익을 달성할 수 있다.

지금부터 5년, 10년 후에도 토지공급보다 수요가 많은 부동산 종목이 무엇인지 스스로 연구하고 분석해 보자. 리모델링을 통해 가치를 높일 수 있는 것, 개발을 통해 가치를 배가할 수 있는 것, 사용가치가 꾸준히 상승하는 수익형 부동산 등 가치가 증가할 수 있는 부동산은 아직도 많다.

아직도 물건을 살 때 싼 가격에 관심을 갖는가. '싼 게 비지떡'이란 말은 틀린 말이 아니다. 진정한 부동산 고수는 '비쌀 때 사서 더 비싸게 판다'고 한다. 그러기 위해서는 가치를 증식할 수 있는 '가치투자'를 해야 한다. 시세차익 투자는 부동산 경기에 민감하게 반응하지만 가치투자는 부동산 경기와 상관없이 가치가 영속적이다.

부동산 경기가 하향 안정세로 접어들면 토지투자는 실수요목적 시장으로 정착된다. 수익을 창출할 수 있는 부동산이 가치투자의 요체가 될 수 있다. 지금부터라도 가격보다는 그 가격 뒤에 감춰진 가치에 투자하라.

큰 땅과 작은 땅,
어느 것이 수익 면에서 유리할까

부동산 투자의 과정은 선택과 결정의 연속이다. 특별히 자신의 경제 높이에 맞게 눈높이를 맞추기 쉽지 않아 자신의 취지에, 처지에 맞는 변별력이 요구되는 것이다.

평수가 큰 땅을 선택할 것인지 평수가 작은 땅을 선택할 것인지 일단 빠른 결정이 필요하다. 그렇지 않으면 장기투자로 돈이 묶이는 지경에 빠질 수 있어 결과적으로 투자를 포기하기에 이를 수 있는 것이다. 가능하다면 빨리 결정을 내리는 것이 본인에게 유리할 수 있다. 눈치를 보는 사이에 땅값은 움직이기 때문이다.

평수가 큰 땅과 평수가 작은 땅은 결과적으로 경제적 부담률이 거의 비슷하다. 현재 우리나라는 큰 땅보다 작은 땅이 훨씬 많다. 개발 목적으로 땅을 매입하는 사람보다는 소액투자자가 대부분을 차지하고 있기 때문이다. 실상은 놀고 있는 땅이 많은 것이다. 외부에서 느낄 수 없는 개발계획의 땅들이 많아서다. 개별적으로 개발하는 경우는 극소수다. 땅을 사서 개인적으로 개발하는 일은 경제적으로나 정신적으로 큰 부담이 아닐 수 없다.

평수가 작은 땅은 평당가가 저렴하지 않다는 특징이 있다. 왜냐하면, 분할과정 등 '작은 개발' 과정을 거친 땅일 수 있기 때문이다. 땅 리모델링 여정을 거친 땅은 비싸다. 땅의 영혼에 지주의 노력과 열정이 포함되어 있기 때문이다.

평수가 넓은 땅은 평당가가 저렴한 편이다. 작은 개발과정이 없는 자연 상태이므로 보호 대상일 확률이 높다. 분할작업이 버거울 수 있기 때문에 저렴한 것이다. 물론, 지주의 의지나 역할에 따라 가격을 책정하기 때문에 가격은 금세 변할 수 있다. 빠른 환금화를 위해 평당가를 싸게 결정할 수도 있다. 그러나 큰 평수로 말미암아 결과적으로 총 분양가가 저렴할 수는 없다. 우선, 개발 명분이 없다면 큰 평수의 땅을 분할하는 것 자체가 힘들다. 결국, 총 매입 비용은 거의 비슷하다.

평당 200만 원의 땅을 100평 사는 것과 평당 20만 원짜리 땅을 1,000평 사는 것의 경제적 비용 부담은 그 수준이 비슷할 것이다. 그러므로 환금성 면에서 더 유리해 경제적 가치가 높은 작은 평수 매입을 선택하는 것이 더 낫다고 볼 수 있다. 가격 측면보다는 상대적으로 가치 측면에서 훨씬 유리할 수 있기 때문이다.

큰 평수의 땅을 장기간 보유할지, 분할이 가능한 개발계획이 들어 있는 비교적 환금성이 높은 작은 땅을 선택할지, 개인의 경제적 역량에 맞춰 움직여야 한다.

큰 땅보다 작은 땅이 유리하다

작은 땅이 절대적으로 유리한 상황이다. 땅 투자자의 90% 이상이 땅을 통해 돈을 벌려는 소액투자자이기 때문이다. 현금을 다량 보유 중인 자는 대부분 빌딩투자자이다. 유동자금 800조 원이 갈 길을, 갈피를 잡지 못한 가운데 소액투자자는 땅으로, 현금 부자들은 강남 소형빌딩으로 기수를 돌리는 건 당연지사다.

큰 땅은 당연히 환금화에 적색등이 켜지기 마련이다. 총 분양가 부담이 커서 소액투자자는 엄두도 못 낸다. 큰 땅은 거래금액 단위가 커서 매각이 힘들기 때문에 평당가에 신경 쓸 겨를조차 없는 상황이다.

또 하나의 변수가 있다. 만약, 분양가 부담에 따라 분할을 원한다고 할 때의 문제다. 대형 평수의 땅을 분할할 때는 피해자가 발생할 수밖에 없는 구조이다. 분할과정 속에 맹지가 출현할 가능성이 크기 때문이다. 이 과정에서 업자의 꼼수가 늘 문제가 되고 있다. 개발범주에 들어가기 때문에 맹지일지라도 가치가 높다고 주장하기 일쑤다. 이는 아주 위험하고 무책임한 발언이 아닐 수 없다.

땅을 팔기 위해 자꾸 사기를 치려 든다. 얼굴색 하나 변하지 않고 말이다. 평창지역은 땅이 넓다. 전국에서 땅 넓이가 홍천(1위)에 이어 세 번째로 크다. 군 단위에서는 광활하다고 할 수 있다. 그런데 이런 땅을 개별적으로 구입하게 되면 분할과정은 언제나 발생할 수밖에 없다.

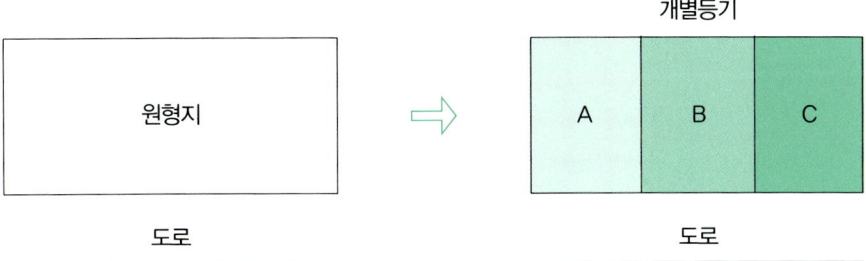

● 원형지 분할

개별등기

| 원형지 | | A | B | C |

도로 ⇨ 도로

업자의 농간은 용서가 안 된다. 임야로 대규모 분포되어 있는 상황에서 대규모 개발이 이어져 맹지 구입도 상관없다는 투로 브리핑한다. 상업 예정지로서 투자수익률이 높다는 거짓말을 일삼는다. 오지 속 광활한 땅이 상업지라니! 지나가는 강아지들이 웃을 일 아닌가?

수도권지역, 인구분포도가 넓은 지역도 상업지가 되기 쉽지 않은데, 강원도 오지에서 무슨 상업지 타령이란 말인가. 무늬만 상업지도 많은 형국 아닌가. 즉 공실률 높은 상업지역이 많은 상황이라는 것이다. 유동 및 고정인구가 유입되지 않아 발생한 사단이리라. 아무튼, 대형 평수의 땅은 한꺼번에 다 매수하는 게 정칙이다.

상대적으로 맹지가 지역 애물로 잔존할 수밖에 없기 때문에, 그를 사전에 방지한다는 차원에서 강조한다. 평당 가격을 저렴하게 만들어 개인적으로 개발하는 것이, 실수요 목적으로 매수하는 것이 안전하다. 개인 외 개발(예: 민간투자자, 지자체 자체 개발)은 믿기지 않는다. 개발계획만 잔뜩 세워 두면 뭐하나. 개발비용, 예산 확보가 안 된 상태에서는 개인투자자와 개미들은 차후에 홍역을 단단히 치를 가능성이 높다.

자연 속 대형 평수의 땅으로 구성된 지역은 실수요 목적으로 들어가는 게 정례이다. 왜냐하면 투자처로 들어가기는 불안하기 때문이다. 자연을 개발하는 작업은 너무 오랜 시간을 요하기 때문이다. 기약이 없어 소액투자자들에게는 고역이다. 강원도 오지 속 땅 주인은, 땅 투자자는 거의 다 땅 거지 일색이다. 되팔기 쉽지 않아서다.

강원도를 투자처로 여길 사람이 얼마나 될까? 동계올림픽이 열리는 평창 역시 투자처라기보다는 휴양처로 각광받기에 딱 맞다. 즉 (평창과 같은) 자연의 이치를 수용하고자 하는 곳은 부자들의 휴양지로 적격이다. 고정인구 유입이 안정적이 되기 이전까지는 부자들의 전유물일 수밖에 없다.

동계올림픽이 얼마 남지 않은 지금까지도, 여전히 자연 개발이냐, 자연보호냐를 두고 티격태격, 옥신각신 중이다. 이는 설령 개발이 되더라도, 올림픽 이후의 썰렁한 분위기를 걱정하는 마음이 크기 때문일 것이다. 결국, 대자연은 광활한 면적의 땅과 관련되어 있어 개발과정에서 찬바람이 부는 건 당연하다. 이를 겸허히 받아들이지 않는다면 자연파괴나 개미들의 피해 같은 또 다른 피해가 우려된다.

대형 평수(분할과정 없는 지목) 인근지역은 맹지 천국일 확률이 높다. 주변 지목 분포상황을 체크해 보면 임야투성이다. 농지(전답, 과수원)로만 구성되어 있어 현장감이 떨어진다. 그런데도 하수, 개미들은 현장답사를 다녀온 후에 '위치'가 좋다고 말한다. 일시적으로 자연경관에 매료되어 착각한 것이다.

업자는 답사 시 인근 관광시설을 보여주고 환심을 산 후 정계약을 즉시 종용한다. 해당 땅도 저렇게 개발될 것이라고 강조하면서 말이다. 현장에서 계약서 쓰기를 종용하는 이유는 단 한 가지이다. 맹지이기 때문이다. 접근성을 무시하고 개발청사진과 수익률에 집중하는 하수는 기획부동산의 영원한 먹잇감이 될 수밖에 없다.

하수는 지목에 집중한다. 농지, 임야에 예민하고 연연하는 습관을 못 버린다. 쓸데없이 엉뚱한 것에 집착한다. 접근성과 가격보다는 외부에 비친 허상에 몹시 예민한 반응을 보인다. 특히 강원도 평창, 경기도 양평 등지의 넓은 땅이 분포된 곳에서 실수를 많이 저지른다. 양평 역시 31개 경기 지자체 중 땅이 가장 넓은 곳이다. 문외한 입장에서 실수할 확률이 높은 지역이다. 주변이 임야로만 구성된 곳이 많기에 주의가 필요하다.

현장 접근성과 평당 가격에 신경 쓰지 않는다면 일단 첫 단추부터 잘못 꿴 것이다. 하수의 맹점 중 하나는, 가격은 차치하고 접근성 정독이 미약하다는 것이다.

양평군 양동면 주변에 있는 현장감이 떨어지고 접근이 수월하지 않은 곳의 땅도 백만 원을 훌쩍 넘는 경우가 다반사이다. 예쁘게 지은 전원주택단지나 펜션단지의 위용에 혹해 평창 등지나 양평에서 실수를 저지르는 하수를 종종 발견한다. 지금이 아무리 전원시대라지만, 오지 속 전원 풍광 하나에 혹하는 일은 절대로 없어야겠다.

농지 매입 시 전(田) 한 마지기(300평), 논 한 마지기(200평)에 집중할 필요가 있다(농지 역시 너무 넓으면 구입하기가 쉽지 않은 상황이다). 주말농장용으로 사용하면 그만이다(300평 기준). 과욕 없이 자연스럽게 매수하면 (소형화 바람에 따라) 더 이상의 시행착오는 없다.

토지 최유효 활용으로 가격을 판독한다

우리나라의 30%가량의 땅 주인 중 일부가 공통적으로 불만을 토로하는 점은 지가의 이동일 것이다. 왜 땅값이 안 오르지? 개인적인 노력을 기울이지 않은 탓이다. 토지이용을 위해서는 노력할 필요가 있다?

토지이용에 관한 공부가 미약한 상태에서는 땅 투자로 수익을 창출하기가 요원하다. 보유 중인 자신의 땅에 손을 대라. 토지이용을 활용하라.

토지의 이용에 관한 종류는 다음과 같다.

형질변경

형질변경은 토지의 형상을 변경하는 행위다. 형질변경에는 절토와 성토(복토), 정지작업, 각종 포장작업이 상존한다.

절차는, 설계측정-설계-허가신청-전용허가-착공신청-준공신청순이다. 절토는 보기 흉하게 나온 땅을 잘라내는 포장작업이며, 성토는 푹 파인 땅을 메우는 작업이다. 도로보다 내려앉은 땅은 활용하기 힘들기 때문에 복토작업에 신경 써야 땅의 가치를 인정받을 수 있다. 정지작업은 못생긴 땅을 장방형으로 만드는 것이다.

▶형질변경 비용(2016년 기준)

임야를 전으로 형질변경한다면 얼마나 비용이 들까?

[산지개간의 경우]

1. 산지전용 허가신청/개간지 대상신청 동시에 진행

필요한 것

· 임목축척 조사/평균 경사도 조사 (21일 소요, 170만 원)

· 현황 측량/실시설계 (약 2주 소요, 370만 원: 신청 시 50%, 준공검사 후 잔금)

2. 개간지 대상선정 공고

3. 개간지 허가신청

· 대체산림복구비 (농림지역 m^2당 3,320원, 임업인 50% 감면, 농업인 100% 감면−개간 대상인 경우, $3,320 \times 3,300m^2 \times 0.5 = 4,930,200$, 지자체 수수료 547,800, 총액 5,478,000원)

· 복구 예치금(산지구분, 위치구분, 경사도에 따라 다름)

보전산지 경사도 12.49도

$0.33ha \times 103,757,000 = 34,239,810$원

· 보증보험으로 대체 소요비용 350,000원

· 면허세 8,000원

4. 허가 후

· 벌목: 본인 실행 예정 (공구는 기구입 연료비 휘발유 50리터)

· 경지 정리: 포클레인 임대/구입 본인 실행

· 임대 시 1개월 (임대료 200만 원, 운송료 80만 원, 보험료 추가)

· 연료비 (1일 경유 20리터)

· 기타 (수리 예비비 50만 원)

5. 준공검사

6. 취득세 납부

· 현공시지가: 4,990원

· 변경 후 공시지가: 37,000원 (추정)

· 형질변경 취득세율: 2%

· 예상금액: $(37,000-4,990) \times 3300m^2 \times 0.02 = 2,112,660$원

7, 등기 이전: 수만 원 예상

현재 예상 총 소요 비용: 13,760,000원 + 등기비용

위에 예시한 내용은 행정구역별, 축척별, 면적별, 필지별, 업무종목별에 따라 많은 형질변경 비용이 차이를 보인다.

지목변경

지목변경 대상은 관계법령에 의해 인허가를 받은 사업의 수행으로 형질 변경이 되거나 건축물의 공사가 완료된 토지가 그 대상이며 또한 건축물 용도가 다른 용도, 목적으로 변경되는 경우도 지목변경의 대상이다. 변경 신청은 60일 이내에 해야 한다.

준공 절차가 없는 형질변경인 때는 그 원인을 증명하는 서류를, 준공 절차가 있는 형질변경인 때는 완료 상태의 모습을 증명하는 서류를 각기 첨부한다. 수수료는 필지당 1,000원이다.

▶지목변경 비용

일종의 토지이동을 신고(등록전환 및 지목변경)하는 데 드는 비용이다. 예컨대, 아파트 등 지상물을 이전할 때 생기는 '이사비용'인 셈이다. 지목변경은 형질변경 등의 공사가 준공되어 있을 때 작업이 가능하다. 1필지당 1,000원의 인세가 든다.

지목변경은 시, 군, 구청 지적과에 지목변경 신청서를 제출하면 된다. 지목변경 자체는 돈이 들지 않지만, 건축행위와 등록전환을 위한 측량비가 수

● 농지전용 사례 예시(농지전용 산출 내역)

	구분	면적(수량)	단위	단가	금액	산출근거
1	토지비용					
	토지구입비	872	평	960,000	837,120,000	인근 공장용지의 실거래 금액의 약 60%
	중개수수료	1	식	7,534,080	7,534,080	매수 금액의 0.9%
	취득세	1	식	30,973,440	30,937,440	매수 금액의 약 3.7%(등기비용 포함)
	소계				875,627,520	
2	전용비용					
	농지전용부담금	2,883	m²	19,770	56,996,910	₩65,900원(개별공시지가의)×30%
	개발행위허가비	1	식	3,000,000	3,000,000	토목설계비용 및 인허가대행비용(300평 미만: 270~450만 원/300평 이상: 평당 1만 원)
	측량비	1	필지	400,000	400,000	대한지적공사 홈페이지 참조
	토목공사비	1	식			현황에 따라 비용 편차 심함
	공사이행예치금					보증보험증권 대체
	지역개발공채	872	평	1,000	8,720,000	
	개발부담금	2,883	m²	57,730	166,435,590	2,700m² 이하 수도권 57,730원 기준 (183m² 기부체납)
	지목변경에 따른 취득세	1	식	14,363,106	14,363,105	(변경 후 공시지가−변경 전 공시지가)×2%
	소계				257,067,606	
3	지목변경	872	평	1,600,000	1,395,200,000	
	소계				2,395,200,000	
4	차액				262,504,874	지목변경완료−토지비용

조건)
* 현재 농림지역이며 지목은 '답'인 상태
* 구입 후 현재의 지목인 '답'에서 '공장용지'로 전용
* 현재 인근 공장용지는 경매물건을 토대로 평당 1,600,000원으로 판단
* 현재 구입하고자 하는 토지는 평당 800,000원으로 매입

십만 원 든다. 지자체마다 비용의 차이가 심해, 관할 토목측량 설계사무소에 들러 문의해야 한다.

집을 짓거나 건축을 하려면 '대'로 되어 있어야 수월한데 다른 지목으로 되어 있다 해도 영영 집을 못 짓는 것은 아니다. 앞에서 설명한 대로 지목을 변경하면 된다. 해당 토지의 전체적인 성격을 정하는 용도지역을 바꾸기가 어렵지 지목변경은 사실상 특수한 경우를 제외하고는 비교적 수월하다.

토지(임야) 합병 수수료: 필지당 1,000원
토지(임야) 분할 수수료: 필지당 1,400원
등록전환 수수료: 필지당 1,400원

소로개설

소로란 고속국도, 일반국도, 특별시도, 광역시도, 지방도, 시도, 군도, 구도 등 도로법과 상관없는 비법정 도로를 말한다. 즉 이면도로나 마을 안길, 농로 등이다.

맹지도 개발한다. 길 없는 상태의 도로를 맹지라고는 하지만, 절망적인 상태가 아니라면 희망은 있다. 주위의 모습을 자세히 보고 나서 판단하라. 인근에 공단이 건설 중이거나 계획되어 있다면 맹지에 관한 도로계획을 세울 수가 있다.

땅값 미동시키는 등록전환

땅을 사 놓고 그냥 방치하지 마라. 구입 후 3~5년이 지나도록 그냥 놔두지 말라는 뜻이다. 게을러빠진 땅은 돈이 안 될 확률이 높다. 게으른 지주는 아이를 낳기만 하고 양육권을 포기하는 부모와 마찬가지다. 지주의 안일한 생각은 땅의 행동반경을 제한하는 직무유기다. 지주가 해야 할 최소한의 움직임, 노력은 등록전환이다.

대부분의 땅이 등록전환이 되어 남아 있는 땅을 임야도에 계속 존치하는 일이 불합리한 경우에 등록전환이 가능하다. 작은 노력으로 충분히 등록전환이 가능하다. 명분은 무슨 수를 써서라도 만들면 그만이다.

임야도에 등록된 땅이 사실상 형질변경이 되었으나 지목변경을 할 수 없는 경우도 등록전환을 할 수 있다. 도시계획선에 따라 땅을 분할할 수 있는 경우 또한 등록전환의 대상이다.

등록전환은 축척이 작은 임야도의 등록지를 그보다 축척이 큰 지적도로 옮김으로써 땅의 정밀도를 높여 지적관리를 합리화할 수 있게 한다.

등록전환을 신청할 때는 등록전환 사유를 기재한 신청서를 시청, 군청에 제출하면 된다. 임야대장과 임야도에 등록된 땅을 토지대장과 지적도에 옮겨 등록하기 위해서는 지적측량을 실시해야 한다. 측량성과도에 따라 토지대장에 새로운 토지 표시사항, 즉 경계, 좌표, 면적 등을 등록한다. 도면상, 축척을 1/6000에서 1/1200으로 표시한다.

*일반적으로 등록전환에 따르는 각종 비용은 지목변경 비용 및 형질변경을 말한다.

지적측량

지적측향은 토지를 지적공부에 등록하거나 지적공부에 등록된 경계를 지표상에 복원하기 위해 각 필지의 경계, 좌표, 면적을 새로 정하는 작업이다. 소관 관청의 직권 또는 이해관계인의 신청에 의해 행해진다.

1. 등록전환을 해야 할 토지가 생긴 경우 – 등록전환측량
2. 토지 분할이 필요한 경우 – 분할측량
3. 토지구획정리사업으로 인한 토지이동의 경우 – 확정측량
4. 축척변경이 필요한 경우 – 축척변경측량
5. 지적공부상의 등록사항을 정정할 경우 – 등록사항정정측량

6. 토지 경계를 좌표로 등록할 경우 – 수치측량

7. 경계를 지표상에 복원할 경우 – 경계복원측량

8. 지적공부 복구의 경우 – 복구측량

9. 신규등록의 경우 – 신규등록측량

10. 지상물, 지형물 등 점유한 위치 현황을 지적도와 임야도에 등록된 경계
    와 대비해 표시하기 위한 경우 – 현황측량

▶ 리모델링해서 되팔기

되팔기 위한 리모델링 작업을 해야만 안정적인 수익이 보장되는 법이다. 땅을 사서(1단계) 건축허가 부지(인허가 받은 주택지)로 만들어 놓고 예비건축주(100% 실수요자)에게 되팔아라. 땅 구입액(초기 투자자금)은 평당 5~10만 원으로 책정하거나 그 이상으로 정한 후, 되파는 가격은 60만 원대 또는 그 이상으로 잡는다.

여기에는 5년 정도 시간을 투자해야 한다. 필수 코스다. 보통 5년이 지나면 자신의 땅 주위의 환경이 변하면서 지가도 변한다(1차 변화). 그리고 본인이 개발허가를 위한 몸부림을 치면 또 땅이 움직인다(2차 변화). 땅이 이사를 한다.

양평이 고향인 이 씨는 33,000㎡가량의 선조 땅과 본인이 직접 현지답사를 통해 구입한 땅(서종면 문호리)으로 돈을 굴렸다. 땅을 포장했다. 강남의 모 컨설팅회사에 의뢰해, 박람회를 통해 평당 5만 원짜리 땅을 50만 원으로 격상해 매도할 수 있었다.

전원주택 부지로 판매한 것이다. 이 씨의 땅은 거의 건부지 수준이다. 필지 주위에 건물이 들어서 있다. 아직 미완의 건물이지만, 곧 준공 승인이 나온다고 한다. 물론 도로 닦기도 끝난 상태다. 강이 보이는 주말농장 옆의 땅은 평당 150만 원에 팔았다. 역시 당장 전원주택을 지을 수 있는 그런 땅이다.

이 씨는 인허가 사항을, 컨설팅회사는 마케팅을 전담해서 만족스러운 결과를 얻을 수 있었다. 평소 전원주택에 관심이 많았던 이 씨가 부지런히 알아본 결과물이다. 이 씨가 인허가 문제를 비교적 수월하게 풀 수 있었던 것은, 양평이 이 씨 고향인지라 평소 친분이 있는 동네 유지나 절친한 학교 동창이 군청공무원으로 재직하고 있기 때문이었다.

이 씨처럼 여유가 있다면 땅의 인허가 사항을 꼼꼼히 알아보고 도로 닦기 작업 정도는 한 후 되파는 작업을 하면 좋은 재테크가 될 것이다. 5년 후에 되팔 계획이라면, 4년이 지난 후에는 공사를 시작해야 한다.

▶ 목조주택 건축비

33㎡ 정도의 주말용 목조주택은 순수건축비 명목으로 2,000~2,500만 원이 든다(평균적으로 계산된 것임).

지하수 개발비용은 150~200만 원, 정화조 설치와 오수처리시설 비용은 120~200만 원, 전기공사비는 100만 원 정도로 책정할 수 있다. 기타 추가비용은 별도로 계산해야 한다.

투자가치로 비교하는 농지와 임야

우리나라 국토면적의 20%는 농지이며 65%는 임야다. 농지와 임야의 비율을 합치면 85%로서, 전 국토의 대부분이 농지와 임야라고 해도 과언이 아니다. 지방 토지의 대부분은 농지와 임야에 집중되어 있고, 여기에 대지와 특수용도 대지(공장, 창고, 종교, 주차장용지 등)를 중심으로 거래된다.

투자가치 측면에서 농지와 임야의 중요한 차이를 간략하게 살펴보자.

보존과 개발

농지의 기능은 식량생산이 주이지만 그 외에도 대기정화, 토양보전, 오수정화, 수자원 함양의 기능과 함께 근래에는 재해예방, 농촌관광의 기능이 중시되고 있다.

반면에 임야는 사람과 동식물의 생태보전, 대기보전, 수질보전, 재해예방 기능이 강조되고, 사람들을 위한 산림휴양과 임산물 생산은 오히려 부수적으로 인정된다. 이러한 주 기능의 차이에 따라 임야는 개발보다는 보존 위주다.

반면에 농지는 농업생산이 주이지만, 국제자유무역 기조에서 식량의 수입이 보편화되면서 농지보존의 중요성은 퇴색되고 있다. 지금 농지는 필요하면 도시용지, 공장용지 등 타 개발용도로의 전환이 많이 느슨해졌다.

자경의무

우리나라는 전통적인 농업국가로서, 농민과 농산물이 국가경제의 주를 이루었기 때문에, 농지는 농민에게 돌아가야 한다는 농지개혁이 이루어진 후 헌법에 경자유전(耕者有田)의 원칙이 선언되었다. 농지법에서는 자경(自耕) 의무가 농지의 대원칙으로 자리 잡고 있다. 이러한 자경의무 원칙에 따라 농지법에서는 농지취득자격증명, 농지임대차 제한, 농지원부(農地原簿), 농지의 사후관리의무, 농지전용 제한, 농지은행제도 등을 규정하고 있다.

토지취득 시 등기에 별도의 증명서(농지취득자격증명)를 제출하는 것은 농지 외에는 없다. 그리고 농민의 보호와 장기 종사를 유도하기 위해, 자경의무를 지원하는 각종 세금 혜택이 있다. 8년 자경 양도세 면제, 3년 자경 양도세 면제 특례, 농업법인에 대한 세제 혜택이 이에 해당한다. 임야에는 자경의무가 없으며 이러한 세금혜택도 없다.

개발규제

산림은 인간에게 끼치는 영향이 중대하기 때문에 환경보존과 관련해서는 그 규제가 까다롭다. 임야는 그 이용과 활용도가 많지만 이러한 보존 의지에 따라 개발규제가 심한 편이다. 따라서 산지개발에 적용되는 산지전용허가의 심사기준을 보면, 산지개발이 전면 금지되는 산지전용제한지역이 존재하고, 보전산지 중 공익용 산지는 개발을 엄격하게 제한하고 있다. 산지개발 시에는 경사도, 입목축적, 고도 등의 제한을 두고 있다.

농지는 원래 목적인 농사에의 활용을 그 기본목적으로 한다. 국토계획법과 농지법은 이에 따라 농지를 농업진흥지역과 그 밖의 지역으로 구분하여 농업진흥지역 내에서는 대기와 수질오염 등의 행위를 엄격히 금하고 농업인 또는 농사 관련 행위만을 허용한다. 농지전용에 의한 농지의 타 목적 활용은 예외적으로만 허용한다.

양자를 비교하는 하나의 예로 개발 시 경사도 제한을 보자. 농지의 경우 평균경사도가 15%를 넘으면, 한계농지(영농여건불리농지)로 판정하여 농사의무를 완화해 주고 있다. 그러나 임야에 있어서는 반대로 평균경사도가 25도를 넘으면 개발을 할 수 없다. 산지와 생태계를 보존하기 위함이다.

개발규제

임야는 농지에 비해 구입 평당 단가와 개발 시 국가에 내는 부담금인 대체산림자원조성비도 대략 3.3㎡(1평)당 13,000 ~ 15,000원 수준으로 상대적으로 싸지만, 반면에 산지를 다 사용할 수는 없고 쓸 수 없는 부분이 상당하다. 따라서 임야는 구입 시 단순히 평당 단가만을 볼 것이 아니라 구입 후 실제로 사용 가능한 면적이 얼마인지를 평가해서 가격을 매겨야 한다.

반면에 농지는 농지개발 시 내는 농지보전부담금이 개별공시지가 합계의 30%로서 꽤 부담스럽기는 하지만, 거의 모든 농지를 100% 다 사용할 수 있다는 장점이 있다.

농지 · 임야 투자 시 고려사항

경매나 중개로 농지나 임야를 취득하여 전매 차익을 얻고자 투자하려고 한다면, 앞에서 말한 사항들을 중심으로, 활용 개발 시기를 상정해야 할 것이다. 또한 장차 땅값이 오르거나, 잘 팔릴 수 있는 땅을 고르려면, 입지분석과 장기도시계획도를 통해 대상지의 현재를 보는 동시에 장래를 내다보아야 한다. 책과 교육을 통해 개발에 관한 전문적인 지식을 갖춘다면 금상첨화다.

● 농지의 투자가치 판독법

항 목	내 용
인허가위험도	허가대상이므로 적법요건을 갖추어도 허가가 나지 않을 위험성이 있다. 농지의 분류별 위험률을 나타내면 다음과 같다. 농업진흥지역농지 〉 농업보호구역농지 〉 농업진흥지역 외 농지
농지전용부담금	공시지가 x 30% (최고 상한 50,000원/㎡)
토목공사비	대지 조성, 토목공사비 등 제 비용(절토, 성토, 옹벽 축조, 도로개설 등)

실무에서는 농지의 투자가치 = 인근 대지가격 × 농지효용비율이 된다. 대도시 인근 농지의 효용비율은 아래와 같다.

● 대도시 인근 농지의 효용 비율

구 분		효용비율	비 고
농업진흥지역	농업진흥구역	30%	본 비율은 대상지의 지역요인이나 대상지의 개별요인에 따라 가감될 수 있으며, 개인적 경험치이므로 참고자료로 활용하기를 바란다.
	농업보호구역	40%	
농업진흥지역 외 농지		60%	

15 맹지의 가격은 어떻게 판독하는가

내 땅과 붙은 맹지를 사고자 할 때 적정 가격은 얼마일까? 정답은 없다. 생긴 모양, 용도지역, 면적에 따라 다르고 소유자가 누구인지에 따라 다 다르다. 통상 다른 필지를 통해 도로를 확보할 수 있는 맹지는 도로에 붙은 땅의 50~60%를 계산하면 적정하다고 한다.

그것을 근거로 부동산공법에서 흔히 계산하는 방식은 다음과 같다.

도로
A = 200평 40만 원/평
B = 100평 A의 50%

내 땅을 A라 하고, 상대방의 땅을 B라 하자. 내 땅의 가치는 현재 200평×40만 원 = 8천만 원이 된다. B의 가치는 현재 100평×20만 원=2천만 원이다.

내가 B를 인수하면 내 땅의 미래 가치는 300평×40만 원=1억 2천만 원이 된다. B의 순수한 가치는 2천만 원이었는데 그 땅이 내 땅과 합해지니 4천만 원짜리가 되는 것이다. 두 필지의 소유권이 한 사람한테 넘어가니 땅의 가치가 높아지는 것이다.

그럼 초과수익을 나 혼자만 독식해도 될까? 수익을 면적 비율로 나누는 게 합리적인 방법이다. B땅 소유자에게 지불할 적정금액은 B의 처음 금액인 2천만 원에, 면적 비율로 나눈 금액(2천만 원×100/300평=666만 6,666원)인 666만 6,666원을 더한 금액인 2,666만 6,666원이다.

위의 공식은 필자가 마음대로 정한 것이 아니라 학교에서 배운 것이다. 서로 조금 손해 본 듯한 거래가 좋을 수 있다. 상대방의 땅이 맹지라고 터무니없는 금액으로 깎고 자만한다면 맹지에 가축을 키우겠다거나, 거름을 뿌려서 서로 피곤하게 할 수도 있는 것이다.

다음 경우도 한번 계산해 보자.

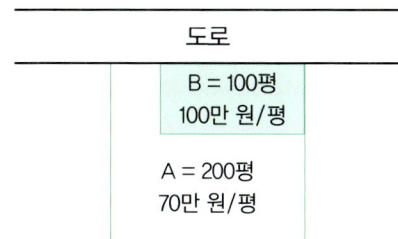

부동산 사이트의 임야 매물을 살펴보다 보면 의외로 맹지인 물건을 많이 발견하게 된다. 맹지란 도로와 연결되어 있지 않은 땅을 의미하고, 이러한 맹지인 임야는 차량통행이 불가능해 건축허가는 물론 개발행위를 할 수 없기 때문에 도로와 접한 다른 토지들에 비해 가격이 상대적으로 낮게 형성되는 것이 사실이다.

이로 인해 맹지 임야는 일반 투자자의 기피대상(정확하게 말하면 관심을 못 받는) 물건이기에, 저렴한 시세로 연접 지주에게 팔리곤 한다. 하지만 몇년 전부터 '맹지 전문가'들이 워낙 휩쓸고 다니는 바람에 최근 임야시장에서는 황금덩어리 맹지를 찾아보기 힘들게 되었다.

사실 토지개발의 수많은 노하우 중에서 맹지개발은 의외로 간단하다. '도로' 문제 하나만 해결하면 된다. 즉 도로와 얼마나 접해 있는지가 투자의 포인트라는 이야기다. 부동산 투자전문가, 일명 '고수'들은 남들이 모두 외면하는 이러한 맹지에 많을 관심을 가지고 투자한다는 사실에 귀 기울일 필요가 있다.

앞서 살펴 본대로 도로에 붙어 있지 않으면 개발 가능성도 떨어지고 그 활용 가치도 떨어지는데 왜 도로가 없는 맹지에 투자하는 것일까? 그 이유는 매우 간단하다. 도로에 바로 접해 있는 토지는 가격이 높다. 도로에 얼마나 접해 있느냐에 따라 토지 가격은 천차만별이 된다. 이로 인해 도로에 접해 있지 않은 맹지는 도로에 접한 토지에 비해 상대적으로 가격이 낮을 수밖에 없다.

전문가들은 이러한 토지를 매입하여 출입로를 개설하여 가치 있는 땅으로 변화시킨다. 따라서 맹지인 농지를 가치 있는 물건으로 만들기 위해서는 해당 농지로의 출입로를 확보하는 것이 우선이다. 실제로 도로와 접해 있는 토지는 이미 가격이 상승할 때로 상승했고, 이 가격에는 심지어 미래에 발생할 가치까지 포함되어 있을 수 있다. 다시 말하면 도로와 접해 있는 토지로는 더 이상의 수익을 내기가 어렵기 때문에 고수들은 더 큰 투자수익이 예상되는 맹지에 관심을 갖는 것이다.

맹지는 일반적으로 도로에 접해 있는 토지에 비해 50% 정도로 가격이 형성되어 있다고들 한다. 물론 지역에 따라 다소 차이는 있겠지만 이러한 관점에서 가격을 평가하는 것이 좋을 것이다. 하지만 맹지를 싸게 구입했다고 해서 곧 투자수익이 보장되는 것은 아니다. 즉 맹지가 가진 단점을 극복해야만 투자수익을 낼 수 있는 것이다.

따라서 맹지에 투자하기 위해서는 사전에 여러 가지 준비가 선행되어야 한다. 도로를 어떻게 확보할 것인지, 도로를 확보하기 위해 인접한 토지소유주와 어떻게 협의를 이끌어낼 것인지, 협의가 이루어지지 않는다면 어떤 대안을 갖고 접근할 것인지 등에 따라 성공투자 여부가 달려 있다.

맹지란 말 그대로 길이 없어서 차량통행이 불가능한 토지를 말한다. 이러한 토지에 투자한다는 것은 그만큼 위험을 안고 투자한다는 것임을 명심하자.

특 A급 맹지의 조건은 다음과 같다.

① 물건의 연접(뒷면, 양 측면) 부분이 광범위한 맹지로 구성되어 있을 때,

② 다리(공사비 1억~2억 범위)를 놓으면 되는 하천 건너의 최소 1만 평 이상인 토지,

③ 전면은 도로와 접한 타인 소유의 토지가 있고 중간에 물건(맹지)이 있고, 후면 토지는 타 방향에서 도로개설이 가능하며, 개발최적인 입지의 토지가 후면부에 위치해 있을 때,

④ 임야의 경우, 사유림(도로 사용이나 매입 불가 시)보다 국, 공유림의 도로통행이 가능성이 높다.

※ 구거는 특별한 사유가 아니면 점용하여 도로로 사용할 수 있음.

Chapter **03**

토지 가격의
결정

토지 가격의 결정원리

일반적으로 호가와 실거래가의 차이는 약 15~20% 정도이다. 가장 정확한 가격은 인근지역의 유사 토지를 거래한 사례를 비교해서 산출해야 한다.

필자가 강의와 칼럼에서 여러 차례 언급했듯이 내가 많이 알아야, 많이 관심을 가져야, 애초에 마음먹었던 목적대로 실패하지 않고 토지를 구입할 수 있다.

첫째, 호가와 실거래가의 차이를 알아야 성공한다.

정부 정책으로 진행되는 신도시 건설지역이나 투자가 횡행하는 아파트지역 등은 거래사례를 비교하기 쉽다. 이러한 도시지역의 부동산 가격은 단기간의 꾸준한 개발로 인하여 지가상승 폭도 높으며 호가와 실거래가가 그리 많은 차이를 보이지 않는다. 계획에 의한 인구유입과 도시의 성장속도가 눈에 보이기 때문에 얼마든지 부동산 가격상승의 폭을 예측할 수 있다.

하지만 투자목적이 여러 가지 패러다임의 변화에서 오는 삶의 질을 충족시키기 위한 투자라면 그 용도지역은 대부분 관리지역이나 농림지역의 전원 주택지 용도의 토지일 것이다. 이러한 용도지역의 토지는 대규모의 개발이 이루어지는 도시개발지역과는 다르게 호가와 실거래가가 다소 많은 차이를 보인다. 두 가격이 차이가 나는 이유는 간단하다. 그것은 토지가 갖는 개별성이 너무 크기 때문이다. 또한 그 토지의 개발 여부에 따라서도 차이가 많이 난다.

또 한 가지 이러한 토지의 가격을 결정짓는 요인이 있다. 바로 수요다. 소득수준이 높아지면서 생활 패턴의 변화에 따라 복잡한 도심보다는 전원을 찾는 사람들이 많아졌다. 또한 각종 법령에 제한사항이 많아 전체적으로 일반주택과 농가주택, 창고 등 이외에는 건축할 수 있는 유형이 거의 없다. 그 때문에 전원주택지의 수요가 늘면 가격이 오르고 수요가 적어지면 가격이 오르는 것이 멈추고 보합세를 유지하게 된다.

이러한 전원주택지는 개인의 생활 패턴과 취향에 따라 선호하는 유형이 여러 형태로 나뉜다. 이 중 가장 많은 수요층을 기준하여 1) 강변형, 2) 계곡형, 3) 산지전망형, 4) 농촌형으로 순위가 정해진다.

가격은 외부요인(호재, 악재 등 기타요인)이 반영된 부동산이 거래가 성립되면 정해지는데 이때 소문이 퍼져 고정 시세로 자리 잡게 된다. 호재 발표에 따라서 매도인이 가격을 올린다 하여도 실제 거래가 성립되어야 시세로 인정받을 수 있다.

이렇게 정해지는 거래가격이 가끔 호가에 거래되기도 한다. 그렇다면 시세를 어떻게 실거래가와 호가로 구분할까? 확실한 방법이 있는 것은 아니지만 조금만 노력을 들인다면 충분히 판단할 수 있다.

'호가'와 '실거래가'는 어떤 차이가 있을까?

'호가'라는 것은 '실거래가'와 상관없이 토지소유자들이 [구입비+관리비+경제적 가치+미래 가치]를 더하여 부르는 것이다. '실거래 가격'은 [구입비+관리비+경제적 가치]만을 적용하여 산출한 가격으로 보면 된다. 현 상태의 경제적 가치를 넘어선 장래의 미 실현 부분의 경제적 가치까지 적용하여 부동산을 매입한다면 호가에 매입하였다고 보아야 할 것이다. 하지만 호가에 매입하는 것이 반드시 잘못된 투자는 아니다. 복잡한 것이 싫고 현재 그 위치가 마음에 든다면 그 가격에 매입하면 된다. 단지 장래에 투자 수익률이 줄 뿐이다.

토지를 답사한 후 판단하는 적용 기준이 몇 가지 있다.

1) 시세원가 계산 + 경제적 가치를 합산하여 가격을 산정한다.
2) 여기서 시세원가는 인근의 개발되지 않은 토지를 비교 분석하여 추측
   한다.
3) 현재 평균 거래가격을 기준으로 역산하여 개발 비용과 판매 수수료 등
   기타 비용을 공제한 원가를 계산하여 본다.
4) 현재 부동산 경기의 흐름을 반영한다.

어려운 얘기 같지만 이왕 부동산을 구입할 거라면 본인이 관심 있는 지역
을 많이 다녀 봐야 한다. 그리고 현장 분위기를 파악해야 한다. 중개업소도
두서너 곳 정도 단골을 만들어 두면 좋다. 건축 설계 사무실에도 직접 가서
인허가 관계도 직접 알아 봐야 한다. 인허가 관청도 직접 가 봐야 한다. 단
지 돈만 투자하는 투자가 아니라, 내가 직접 거주할 수도 있는 땅을 고르는
것이다. 그 정도의 수고가 귀찮다면 땅에 투자하지 마라.
　　땅의 가격은 위치(Location)의 가격이다. 자주, 많이 다니다 보면 위의 몇
가지 사항을 머릿속으로 계산할 수 있게 된다. 초보자의 경우 아주 쉬운 방
법도 있다(100% 적용될 수 있는 것은 아니지만).
　　관심지역에서 유사한 토지를 몇 개 답사하여 가격을 들어보면, 높고 낮은
두 개의 가격이 나오게 된다.

1) 낮은 가격은 부동산을 구입하여 개발 비용(매립, 복토, 도로개설, 지상
   물 철거 등)을 들여야 하는 토지의 가격을 기준으로 한다.
2) 높은 가격은 하나도 손댈 것 없는 개발완료 토지의 가격을 기준으로
   한다.

이 중에서 적당한 가격은 두 가격의 중간인 중간 가격으로 이것을 실거래 가격으로 보면 된다. 투자나 매입 관심지역의 토지가 이 가격 이하로 나온다면 그러한 물건은 급매이다. 철저하게 권리분석을 한 후 바로 매입하는 것이 좋다.

토지 가격은 어떻게 결정되는가

여기서는 가격과 가치의 개념을 알아보고, 부동산 가격의 의의와 부동산 가격은 왜 발생하는지 가격 발생요인을 살펴보며, 부동산 가격의 종류, 부동산 가격의 특징, 부동산 가격 형성요인, 부동산 가격 원칙, 공시지가제, 공시가격제 등을 정리해 보자.

가격이란 재화나 용역 한 단위를 구입하는 데 지불하는 화폐금액으로 정의되는데 이를 절대가격이라 하고, 물물교환경제에서는 한 재화가 다른 재화와 교환되는 비율을 말하며 이를 상대가격이라 한다.

또한 잠재가격이란 어떤 재화 한 단위를 얻기 위해 그 대가로 희생해야 하는 다른 재화의 단위 수를 말한다. 이와 같은 가격은 시장에서 사는 사람 수요자와 파는 사람 공급자의 의사가 일치할 때 이루어지며 이를 균형가격 또는 시장가격이라 한다.

그런데 어떤 재화의 가격이 성립하는 것은 그 재화의 경제적 가치가 존재하기 때문이라고 생각하고 그 경제적 가치가 무엇에 의해 결정되는지를 설명하는 것이 가치이론이다.

가격과 가치의 차이점은 가격은 특정 재화에 대한 교환의 대가로서 매수인이 지불하는 금액이고, 가치는 장래 기대되는 편익을 현재가치로 환원한 값이다. 가치는 가격에 오차를 더한 값이며 가격은 재화에 대한 과거의 값이지만 가치는 현재 미래의 값이고 주어진 시점에서 가격은 하나지만 가치

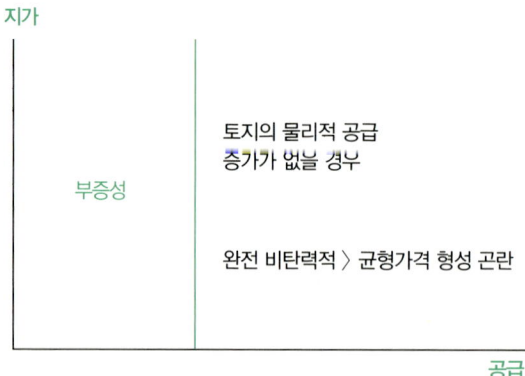

● 대도시 인근 농지의 효용 비율

지가

부증성

토지의 물리적 공급
증가가 없을 경우

완전 비탄력적 〉 균형가격 형성 곤란

공급

는 무수히 많다.

부동산 가격은 다의적인 개념으로 부동산 그 자체의 가격과 그 부동산을 둘러싸고 있는 환경의 가격이 합해진 것이다. 토지의 가격을 지대 수입의 관점에서 보면 토지의 소유 및 기타 권리이익으로부터 발생되는 장래수익에 대한 현재가치(A. Marshal 주장)라고 할 수 있는데, 장래가치의 현재적 묘사의 성격으로 부동산 가격은 그 본질이 추상성을 내포하고 있으며, 부동산 가격은 부동산의 수요와 공급에 의해 결정되고 일단 부동산 가격이 결정되면 그 가격은 부동산의 수요와 공급에 영향을 미쳐 수급을 조절하는 가격의 이중성을 갖고 있다.

부동산 가격이 발생하는 요인은, 첫째, 부동산을 주택용, 상업용, 위락용, 공업용, 기타 용도로 사용하는 효용성(유용성)과 수익성에 의해 발생한다. 둘째, 부동산은 일반 경제재보다 유한성의 정도가 강하여 상대적 희소성이 크기 때문이다. 셋째, 부동산을 구입할 의사와 대가를 지불할 능력을 갖춘 수요, 즉 부동산에 대한 유효수요에 의해 부동산 가격이 발생한다.

부동산 가격의 종류는 시장가격, 사용가치, 투자가치, 보상가격, 담보가격, 보험가격 등 무수히 많다.

부동산 가격은 소유권, 기타 권리이익의 가격이고 장기적인 배려하에 형성되며 개별적 사항에 의해 형성되고 지역성을 갖고 있으며 연년 수익성이 있다는 특징이 있다. 또한 부동산 가격은 상한선의 법칙이 적용되며 사회적, 경제적 제요인의 변화에 따라 완만하게 변화하는 연속성과 개발계획 착수, 신도시개발 등으로 지가가 급등하는 불연속성도 동시에 갖고 있다.

이러한 부동산 가격의 형성요인은 일반적 요인, 지역적 요인, 개별적 요인으로 구분할 수 있다. 일반적 요인으로는 인구 가구수, 공공시설, 토지거래 관행, 교육 및 복지수준 등이 있다. 일반적 요인 중 사회적 요인과 경제적 요인으로는 소득 및 소비수준, 물가수준 및 통화량, 금융 재정정책, 기술혁신 및 산업구조, 경제성장과 국제수지 등이 있다. 일반적 요인 중 행정적 요인으로는 법적, 행정적 조치, 정책결정 등 공적 규제, 토지소유 및 거래에 대한 규제, 토지이용에 대한 규제와 완화, 부동산 세제의 상태, 부동산 가격의 통제, 토지의 선매제 등이 있다.

부동산 가격을 형성하는 요인 중 지역적 요인은 앞에서 설명한 일반적 요인과 각 지역의 자연적 조건의 상관 결합에 의해 그 지역의 규모, 구성기능 등에 영향을 미쳐 각 지역의 특성을 형성하고, 그 지역에 속하는 부동산의 가격형성에 영향을 주는 요인으로 자연적 지질과 자연적 자원이 있다.

부동산 가격 형성의 개별적 요인 중 토지의 개별 요인에는 위치, 면적, 지질, 지세, 지반, 획지의 접면, 폭, 깊이, 형상, 공공시설, 상업시설과의 접근 정도, 위험시설과의 접근 정도, 공사법상 규제 등이 있으며, 건물의 개별 요인에는 면적, 높이, 구조, 재질 등 설계 · 설비 등의 양 부, 시공의 질과 양, 공사법상의 규제 등이 있다.

부동산 가격은 어떻게 형성되고 유지되는지 설명할 수 있는 법칙성이 정립되어 있다. 이 부동산 가격의 원칙은 부동산 감정평가 활동의 지침이 되는데 가격원칙은 변하고 각각의 개별원칙은 시간적, 공간적으로 관련을 갖고 연속하여 작용하는 특성을 갖고 있다.

부동산 가격 원칙의 종류는 수요 공급의 원칙, 변동의 원칙, 대체의 원칙, 균형의 원칙, 수익분배의 원칙, 기여의 원칙, 적합의 원칙, 경제의 원칙, 예측의 원칙, 최유효 이용의 원칙, 수익체증체감의 원칙 등이 있다.

토지도 등급이 있다.
적성평가 등급으로 가격을 매긴다

18

    땅값을 좌우하는 토지적성평가란, 도시관리계획을 입안하기 위하여 실시하는 기초조사로서 토지의 토양·입지·활용가능성 등에 따라 개발적성·농업적성 및 보전적성을 평가하고 그 결과에 따라 토지용도를 분류한다.

    토지적성평가(도시관리계획 재정비에도 준용할 수 있다)는 관리지역을 세분하는 데 필요한 자료를 제공하기 위하여 실시하는 평가와 기타 도시관리계획 입안을 위한 평가로 나뉜다. 후자의 경우에는 용도지역·용도지구·용도구역의 지정·변경, 도시계획시설의 결정·변경 등 관리지역 세분을 위한 평가가 아닌 개별적인 도시관리계획을 입안하기 위하여 실시하는 토지적성평가를 말한다. 여기서는 관리지역 세분화 관련 토지적성평가를 살펴보기로 한다.

▶평가주체 및 평가단위

    시장·군수가 실시하며, 평가의 공정성 및 전문성을 높이기 위하여 정부투자기관, 전문용역업체에 위탁할 수 있으며, 전산프로그램을 활용할 수 있다. 필지단위가 원칙이며 다만 불가피한 경우 일단의 토지단위로 평가를 실시할 수 있다.

▶범위

    토지적성평가는 관리지역을 보전관리지역·생산관리지역 및 계획관리지역으로 세분하는 등 용도지역이나 용도지구를 지정 또는 변경하는 경우, 일정한 지역·지구 안에서 도시계획시설을 설치하기 위한 계획을 입안하고자 하는 경우, 도시개발사업 및 정비사업에 관한 계획 또는 지구단위계획을 수립하는 경우에 이를 실시한다.

▶평가대상

1. 용도지역·용도지구·용도구역의 지정·변경에 관한 계획(관리지역 세분 포함)
2. 기반시설의 설치·정비·개량에 관한 계획
3. 도시개발사업 또는 재개발사업에 관한 계획
4. 지구단위계획구역의 지정·변경에 관한 계획과 지구단위계획

다만 다음의 경우 토지적성평가를 실시하지 아니할 수 있다.
① 당해 지구단위계획구역이 도심지(상업지역과 상업지역에 연접한 지역)에 위치하는 경우
② 당해 지구단위계획구역 안의 나대지 면적이 구역면적의 2%에 미달 시
③ 당해 지구단위계획구역이 다른 법률에 의하여 지역·지구·구역·단지 등으로 지정되거나 개발계획이 수립된 경우
④ 당해 지구단위계획구역의 지정목적이 당해 구역을 정비 또는 관리하고자 하는 경우로서 지구단위계획 내용에 너비 12m 이상의 도로설치 계획이 없는 경우
⑤ 주거지역·상업지역 또는 공업지역에 도시관리계획을 입안하는 경우
⑥ 법 또는 다른 법령에 의하여 조성된 지역에 도시관리계획을 입안하는 경우
⑦ 도시관리계획 입안일 3년 전 이내에 토지적성평가를 실시한 지역에

대하여 도시관리계획을 입안하는 경우. 다만, 기반시설 등의 여건이 크게 변화한 경우에는 그러하지 아니하다.

⑧ 도시관리계획의 변경사항 중 경미한 사항에 해당하는 경우

▶평가지표 및 지표조사방법

토지적성에 영향을 주는 요인은 물리적 특성요인, 토지이용 특성요인, 공간적 입지성 요인으로 구분되며, 각 요인별로 평가에 사용할 수 있는 지표

● 4 · 5등급지 세분기준 예시

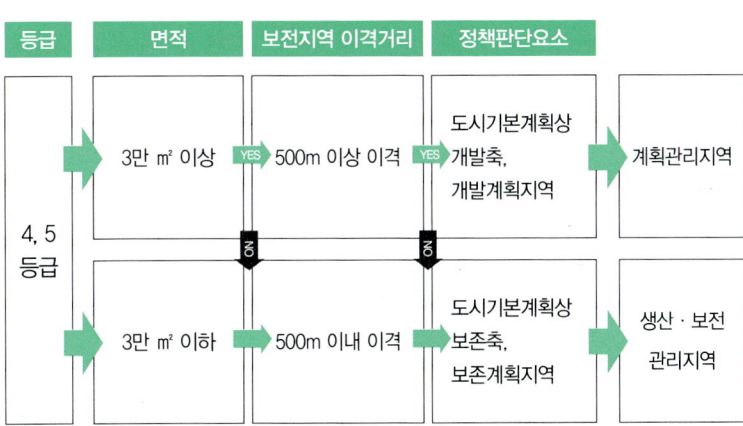

● 3등급지 세분기준 예시

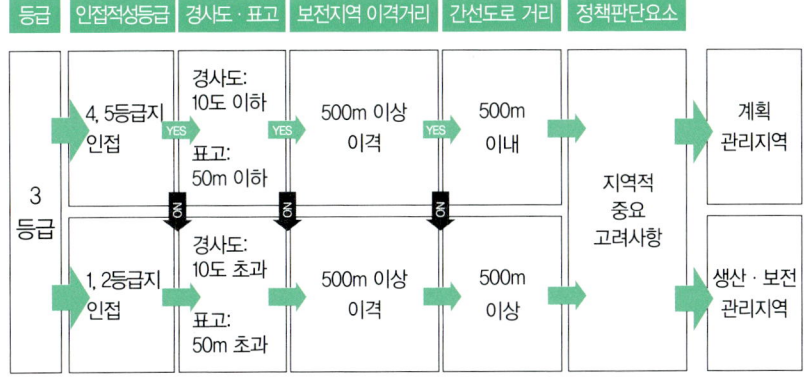

를 주어 모든 것을 점수로 환산하여 1~5등급으로 분류한다. 따라서 합리성, 객관성을 유지하고 있다.

▶우선등급 분류

관리지역 중 지역 상황에 따라 절대적인 보전, 생산요소를 가진 필지는 우선적으로 보전적성 1등급 또는 농업적성 1등급으로, 종전의 국토이용관리법상 준도시지역과 개발진흥지구 및 제2종 지구단위계획구역으로서 개발이 완료되거나 개발계획이 수립된 지역은 별도로 평가를 하지 않고 우선적으로 5등급(계획관리지역 지정 1순위)으로 분류할 수 있다.

토지적성평가 절차는 1. 우선등급 분류(개발, 보전) → 2. 평가지표 대체 선정 → 3. 지표별 평가기준 설정→ 4. 지표별 평가점수 산정 → 5. 특성별 적성 값 산정(평가단위별 적성 값 산정)→ 6. 종합적성 값 산정 → 7. 작성등급 분류 5등급 - 1등급~5등급→ 8. 도시관리계획 입안에 활용순으로 진행하며, 순서 1의 우선등급 분류란 보전적성 1등급, 농업적성 1등급 등으로 분류된 지역, 종전의 준도시지역과 개발진흥지구 및 제2종 지구단위계획구역으로서 개발이 완료되었거나 개발계획이 수립된 지역을 우선적으로 5등급으로 분류하는데, 이러한 작업을 우선등급 분류라고 한다.

이와 같은 우선분류 대상에 해당하지 않는 필지나 지역은 다음과 같이 일반적인 절차에 따라 평가작업을 진행한다.

먼저 자연환경보전법상 별도관리지역(별도관리지역이란 문화적·역사적·경관적 가치가 있거나 도시의 녹지보전을 위하여 관리되는 지역), 도시계획심의를 거쳐 결정된 보전지역은 절대보전요소를 가진 것으로 인정한다. 그 밖에 생태자연도 1등급, 임상도 3등급 이상인 지역, 국가 하천이나 지방 1급 하천의 양안거리에서 500m 이내 지역, 상수원보호구역 경계로부터 500m 이내 지역, 호수나 유효저수량 30만㎡ 이상인 농업용 저수지의 만

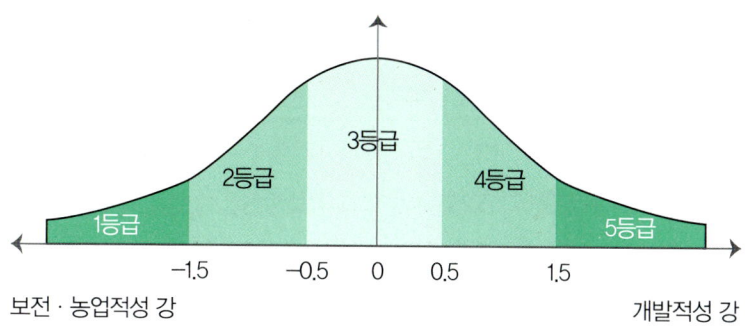

● 토지 적성 등급 분류

3등급
2등급
4등급
1등급
5등급

−1.5   −0.5   0   0.5   1.5

보전 · 농업적성 강

개발적성 강

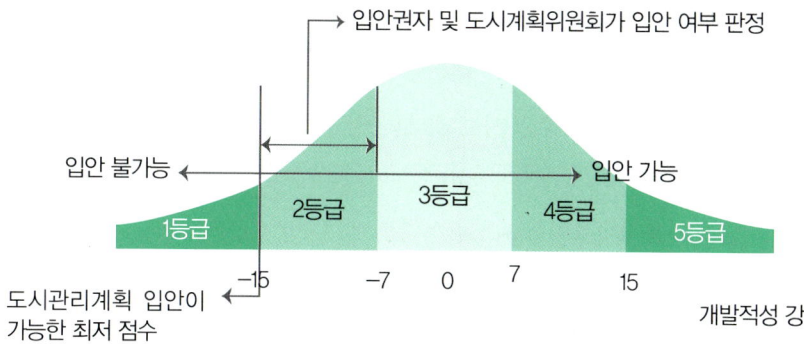

입안권자 및 도시계획위원회가 입안 여부 판정

입안 불가능   입안 가능

입안 불가능

1등급
2등급
3등급
4등급
5등급

도시관리계획 입안이
가능한 최저 점수

−15   −7   0   7   15

개발적성 강

수위선으로부터 300m 이내인 집수구역, 경지정리지역, 재해발생위험지역
은 절대보전요소 및 생산요소 1등급으로 분류한다.

이와 같이 토지적성평가는 우선 보전 · 농업 · 개발적성이 뚜렷한 필지를
분류한 뒤 등급분류 대상에서 제외된 나머지 필지에 대해 세부평가를 실시
하는 것을 말하며. 이렇게 하여 각 필지를 다섯 개 등급으로 분류하는데, 그
등급을 바탕으로 관리지역이 계획, 보전, 생산관리지역으로 세분된다.

관리지역 세분화로 전국 땅값이 춤을 추고 있다. 아무리 입지가 좋은 땅
이라도 생산 · 보전용으로 묶여 개발이 어렵다면 전문가들은 최저 50% 정도

가치가 떨어질 수도 있다고 판단한다. 또 어떤 전문가는 1000%(상업, 아파트, 공장용지가 절대농지 보전녹지로 묶이게 되는 조건값과 유사한 현상)라고 예상하기도 한다.

반대로 계획관리지역으로 분류되면 100% 상승은 기본으로 본다. 하지만 일반인들은 관리지역 땅이 어느 지역으로 세분화될지 점치기가 어렵다. 따라서 평가 기준을 좀 더 상세히 알아보기로 한다.

토지적성평가 기준은 지자체별로 알기 쉽게 점수제로 만들어 시행하고 있는데 살펴보기로 한다. 예를 들면,

① 대상 토지의 경사도는 15도 미만은 100점(수), 15~20도는 60점(미), 20도 초과는 20점(가)으로 분류하며,

② 고도 100m 미만(수), 150m 초과 시(가),

③ 토양적성등급 중 농지로 상태가 양호하지 못한 농지를(수), 양호한 농지를(가),

④ 도시용지비율이 5% 초과 시(수), 1% 미만 시(가),

⑤ 용도전용비율이 1% 초과 시(수), 0.5% 미만 시(가),

⑥ 농업진흥지역으로부터의 거리 1km 초과 시(수), 0.5km 미만(가),

⑦ 보전지역으로부터의 거리 1.5km 초과 시(수), 0.5km 미만(가),

⑧ 기 개발지와의 거리 1km 미만(수), 3km 초과 시(가),

⑨ 고속도로 IC 등의 공공편의시설과의 거리 1km 미만(수), 4km 초과 시(가) 등으로

지방의 특성이나 권역의 특수성을 감안한 자료를 기초로, 수=100점, 우=80점, 미=60점, 양=40점, 가=20점으로 다섯 개 단위로 분류하여 평가 점수에 따라 토지를 다섯 개 등급으로 분류하는 토지적성평가를 하고 있다.

1~2등급은 생산, 보전관리지역으로 분류돼 개발이 불가능해지며, 4~5

등급은 계획관리지역으로 지정돼 아파트나 공장 등을 지을 수 있게 된다.

▶개발이 쉬운 계획관리지역으로 분류가 기대되는 땅(추천하는 땅)
  − 개발 예정지로 둘러싸인 3,000여 평 미만의 땅
  − 경사도(대략 15도 미만)와 고도가 낮은 임야
  − 기존 개발지와 거리가 가까운(대략 1~2㎞ 이내) 땅
  − 도시용지 전용비율이 높은 개발예정지 인근지역
  − 고속도로 IC 등 공공편의시설(대략 3㎞ 이내)에서 가까운 땅
  − 경지정리면적 비율이 낮은(대략 10% 미만) 논밭
  − 농업진흥지역에서 멀수록, 항공방제가 어려운 소규모 관리지역 농지
  − 들쭉날쭉한 모양의 개발예정지와 붙은 농지 · 임야
  − 취락지구

▶개발이 까다로운 생산, 보전관리지역으로 분류가 예상되는 땅 (피해야 할 땅)
  − 보전지역으로 둘러싸인 3,000평 미만 땅
  − 국가 하천 · 지방 1급 하천변에서 500m 이내인 땅
  − 상수원보호구역에서 1㎞ 이내인 집수구역(물을 모아두는 곳)
  − 면적 30만㎢ 이상 농업용 저수지에서 500m 이내인 집수구역
  − 경지정리가 잘 된 지역과 가까운 논밭
  − 그린벨트 등 공적 규제지역
  − 상습침수 등 재해발생 가능성이 큰 땅

토지적성평가결과 관리지역이 보전, 생산관리지역 편입이 예상되면 개발하거나 매매하라.

부동산 급매물은
이렇게 잡아야 한다

최근 거래가 조금씩 늘어나고는 있지만 사기만 하면 무조건 오르는 예전과는 분명 다른 상황이기에 부동산 매입 시 매수자가 가장 최우선으로 고려해야 할 것이 급매물을 잡는 것이다.

급매물이라는 것은 시세보다 낮은 가격에 나오는 매물인데 절대 기준은 없고 보통 시세보다 2~3천만 원 정도 낮은 물건들이 많다. 때로는 그 이상의 좋은 급매물도 나오기 때문에 급매물을 잘 잡으면 그만큼의 토지매입가격을 아낄 수 있고 이것이 투자수익으로 연결될 수 있다. 그러므로 좋은 급매물을 잘 잡는 것은 중요한 투자 포인트다. 지금부터는 급매물을 잡는 방법과 유의사항을 한번 살펴보도록 하자.

적정 급매물 가격에 대한 목표를 세워야 한다

부동산시장 분위기와 입지, 교통, 교육, 편의시설 등을 종합해서 충분히 사전조사를 해야 하고 발품을 팔아야 하며 최근 거래된 실거래 시세와 과거 시세를 비교 분석해서 목표 급매물 가격을 정해야 한다. 터무니없이 낮은 가격만 고집하면 허송시간만 보낼 수 있기에 적정 급매물 목표가격을 정하는 것이 중요하다.

확실한 매수 의사를 보여 줘야 한다

현장 부동산을 방문해서 목표 급매물 가격을 제시하고 급하지는 않지만 목표 가격의 급매물이 나오면 계약을 할 수 있다는 확실한 매수 의사를 보여 줘야 한다. 현장 부동산에서는 계약을 성사시키는 것이 중요하기 때문에 확실히 계약을 하겠다는 매수자가 있으면 집주인을 설득해서 최대한 가격을 맞춰서 계약을 성사시키려고 할 것이다.

조급증은 역공을 당할 수 있다

확실한 매수 의사를 표시하는 것은 좋지만 그렇다고 너무 조급할 필요는 없다. 부동산 거래도 밀고 당기는 줄다리기의 연속인데 내가 급하게 빨리 매수해야 하는 이유를 알려 주는 것은 나의 약점을 상대방에게 알려 주는 것이기에 절대 내가 언제까지 꼭 매수를 해야 한다는 점은 이야기할 필요가 없다. 목표 가격의 급매물이 나오면 반드시 계약하지만 그렇지 않으면 서두르지 않을 거라고 말하는 것이 좋다.

급매물로 나온 이유를 확인하자

급매물이 언제, 어떤 이유로 나왔는지 확인해 보는 것이 좋다. 급매물로 나온 기간이 오래되었다면 매수하지 않는 것이 좋다. 왜냐하면 좋은 급매물은 나오자마자 거래가 되거나 길어도 한두 달을 넘기지는 않기 때문이다. 또한 급매물이 나온 이유를 확인해야 하는데 매도인이 급하게 매도할 수밖에 없는 상황이라면 그만큼 협상에서 유리한 고지를 잡을 수 있기 때문이다. 나는 급하지 않고 가격이 맞아야만 거래를 한다는 점을 강하게 어필하고 상대방의 조급함을 역으로 이용한다면 가격 줄다리기에서 승자가 될 수 있을 것이다.

매수 의뢰는 중개업소 두 곳 정도에만 의뢰하자

매수 의뢰는 신뢰가 가는 중개업소 두 곳 정도에만 의뢰를 해두는 것이 좋다. 너무 많은 부동산에 의뢰를 하면 여러 부동산이 전화를 하게 되고 매수인은 한 명이지만 집주인은 매수인이 여러 명이라고 착각을 할 수 있고 매물회수나 호가인상을 할 수도 있기 때문이다.

급매물일수록 더 많은 의심과 조사를 해야 한다

시세보다 너무 많이 낮게 나온 급매물이라면 한 번 정도 의심을 해 봐야 한다. 세상에 공짜가 없는데 왜 싸게 내 놓은 것인지 납득이 가는 타당한 이유가 있어야 하고, 집 내부 상태(특히 누수)나 권리관계(저당권, 가등기 등), 집에 불미스러운 사고가 있었는지는 필히 확인을 해야만 나중에 생길 수 있는 낭패를 막을 수 있다.

결정을 하면 신속, 정확하게 계약해야 한다

원하는 급매물이 나오면 빠르고 신속하게 결정해야 한다. 마음에 들지 않는 급매물이라면 빨리 No 하고 다른 물건을 찾아달라고 요청을 해야 하고, 목표가격에 맞거나 근접한 물건이라면 마지막으로 추가 인하를 요구한 후 만족스러운 가격이라면 과감하고 신속하게 계약을 하는 것이 좋다. 타당한 이유도 없이 거부하거나 우물쭈물 결정을 못하면 부동산에서도 계약 의사가 없는 것으로 판단해 다른 사람과의 계약을 추진할 수도 있기 때문이다.

⑳ 인구밀도와 땅값의 함수관계

　토지수요가 넘치는 땅은 인구가 빠른 속도로 증가하는 지역이다. 공급이 넘치는 땅은 이와 반대로 꾸준히 인구감소가 있거나 예상되는 지역이다. 당신이라면 어느 지역에 투자하겠는가?

　부동산의 가치는 인구수로 판별하는 게 일반적이다. 인구밀도가 높은 지역은 토지의 수요가 넘치는 지역이고 반대로 인구밀도가 낮은 지역은 토지의 공급이 넘치는 지역이다. 어느 지역은 면적 대비 인구수가 태부족한 반면, 또 다른 지역은 면적 대비 인구가 급증한다.

　전국 군 단위에서 세 번째로 광활한 면적을 자랑하는 평창군의 인구는 고작 3만여 명이다. 평창동계올림픽 개최지로 확정되면서 투기꾼인 유동인구만 늘었을 뿐 주민등록인구에는 큰 변동이 없다. 면적 대비 인구수가 적은 곳의 가장 큰 특징은 바로 오지라는 점이다. 오지는 접근성과 연결성이 취약하다. 인구밀도는 수도권이 강하고 세다. 허나, 예외도 있다.

인구유입과 지가의 함수관계를 분석하라

　양평은 31개 경기도 지자체 중 가장 넓은 면적을 가지고 있지만 현재의 인구는 이제 11만 명을 넘어섰다. 중앙선의 영향력은 그다지 크지 않지만 인근 강원도 원주와의 교통이 좋아지면 원주 인구의 유입도 어느 정도 기대할 수 있겠다.

파주의 경우도 면적 대비 인구가 그다지 많지 않다. 파주는 서울특별시 면적에 안양시를 합해 놓은 정도의 크기로 굉장히 넓다. 그러나 인구는 생각보다 적다. 신도시의 위상에도 불구하고 군사시설지역이라는 꼬리표를 쉽게 떼지 못하기 때문이다.

인근 김포시 인구(25만 729명)보다는 많은 수(36만 4,223명)지만 군사시

● 행정구역 거주인구 수와 인구의 증가유입속도

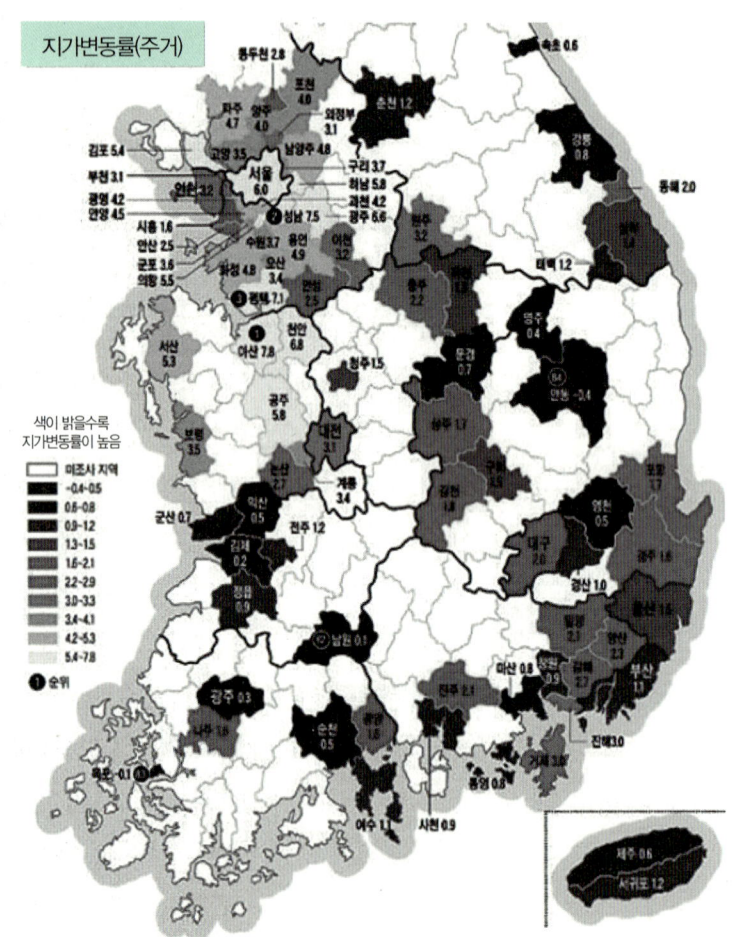

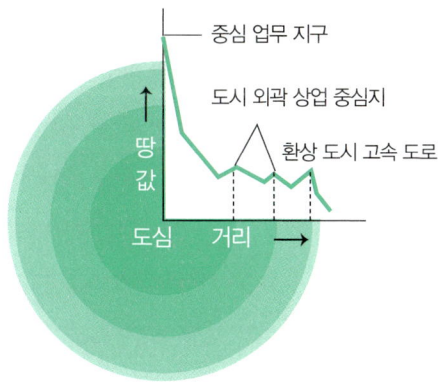

● 도시의 지가 분포

중심 업무 지구

도시 외곽 상업 중심지

환상 도시 고속 도로

땅값

도심 거리 →

설 접경지역 도시인 파주 신도시의 체면은 말이 아니다. 경의중앙선의 여파는 생각과 달리 크지 않다. 부안은 전라도에서 가장 넓은 면적을 자랑한다. 새만금 개발에 따른 투기 수요는 많이 몰렸지만 인구는 오히려 감소해 5만여 명을 밑돌고 있어 인구밀도가 매우 낮다.

전국적으로 인구 5만 이하의 오지인 지자체는 상당히 많다. 이는 국토의 불균형을 대변한다. 오지는 면적에 비해 하나같이 인구가 적어 유령도시를 방불케 한다. 인구는 적은데 그마저 노인인구가 대부분이라는 사실이 문제다. 젊은이들은 인구밀도가 높은 곳으로 이동한다. 용적률과 건폐율이 높은 지역으로 자연스럽게 이사한다.

서울의 인구밀도는 대한민국 인구밀도를 가늠하는 대표적인 척도다. 그래서 부동산의 가치를 대변하는 것인지도 모른다. 그런데 서울도 인구밀도가 고르지 않다. 아이러니한 점은 강남에 비해 강북의 인구가 훨씬 많음에도 부동산 가치와 가격은 강남과 상대가 여전히 안 된다.

서울 외의 지역은 예외사항이 별로 없다. 서울의 지도와 부동산을 보고 대한민국 전체(전도)를 판단한다는 것은 무리다. 부동산 가치나 가격에 큰 기대를 걸고 싶다면 이제부터는 인구밀도에 신경 쓰는 것이 좋다. 인구밀도가 높다고 무조건 부동산 가치가 높다는 것은 아니나, 기왕이면 인구밀도가 적은 편보단 낮지 않겠는가. 하지만 단순한 인구 밀도가 아니라 도시계획인구의 증가와 속도에 유념해야 한다.

　세계 최빈국 방글라데시의 수도 다카는 인구 밀도에서는 세계 최고다. 물론, 잘 살지 못한다. 그런데 행복지수는 수년간 수위를 달리고 있다. 즉 인구

● 인구밀도(아파트 밀집도)로 본 지가급등지역 및 예상지역

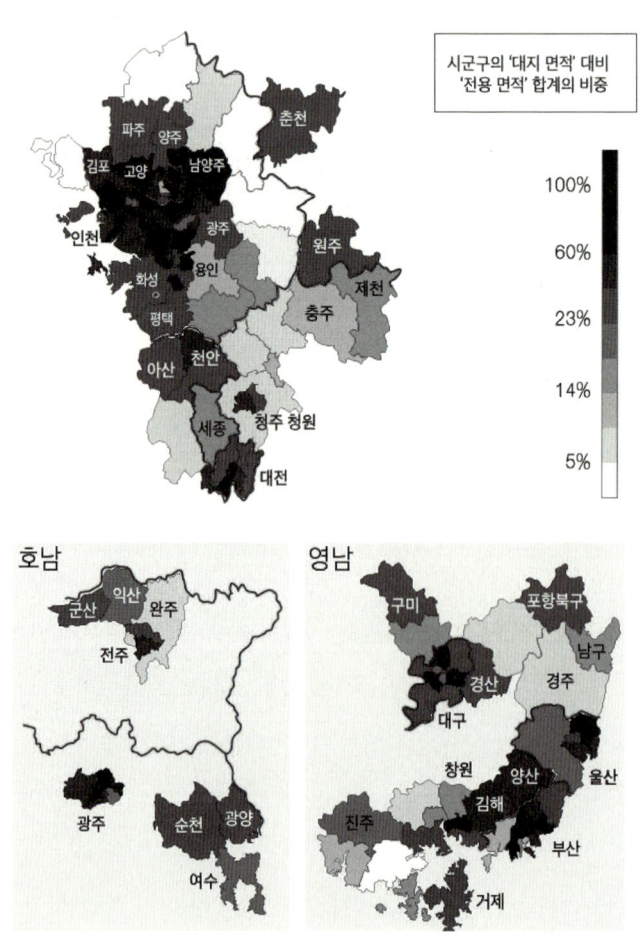

시군구의 '대지 면적' 대비
'전용 면적' 합계의 비중

100%

60%

23%

14%

5%

밀도 역시 처해진 환경과 입지조건에 따라 변수작용+반작용을 한다. 결론적으로, 부동산 투자는 지정학적인 면도 좀 따져볼 필요가 있다는 것이다.

땅값이 오르는 이유에 대해

1. 소득증가와 토지지가는 매우 밀접한 관계가 있다. 즉 경제성장률에 의해 지가가 오른다고 봐도 과언이 아니다. 역설적이게도 경제의 성장은 인플레이션을 자극하고 자산축적 효과가 큰 부동산은 결국 버블을 유발하며 인플레이션이 발생하면 결국 지가가 오르는 현상이 발생한다. (예: 독일의 경우 지가상승은 물가상승의 세 배 정도로 본다.)
2. 아파트가 주변환경적 요소에 따라 가격변동이 일어난다면 땅값변동의 주요인은 국토개발정책 변수다.
3. 그러한 국토정책 중에서도 가장 중요한 내용은 도시계획이다.
4. 인구의 이동과 유입이 땅값을 움직인다.
5. 용도지역이 같더라도 수도권 권역에 따라 지가가 다른 점에 주목해야 한다.

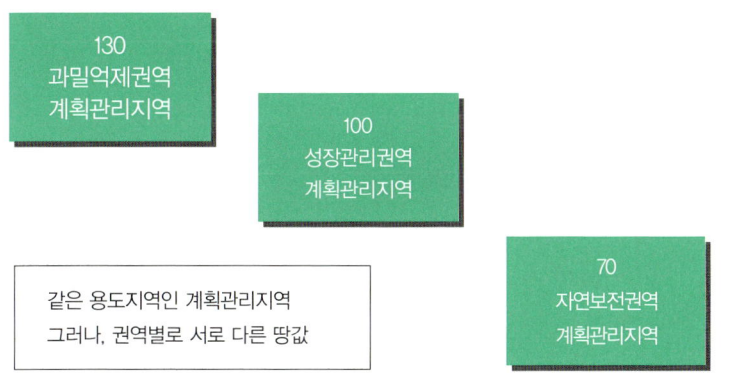

130
과밀억제권역
계획관리지역

100
성장관리권역
계획관리지역

70
자연보전권역
계획관리지역

같은 용도지역인 계획관리지역
그러나, 권역별로 서로 다른 땅값

6. 그린벨트나 녹지구간에서는 지상물의 축조 여부에 따라 땅값이 서로 다르다.

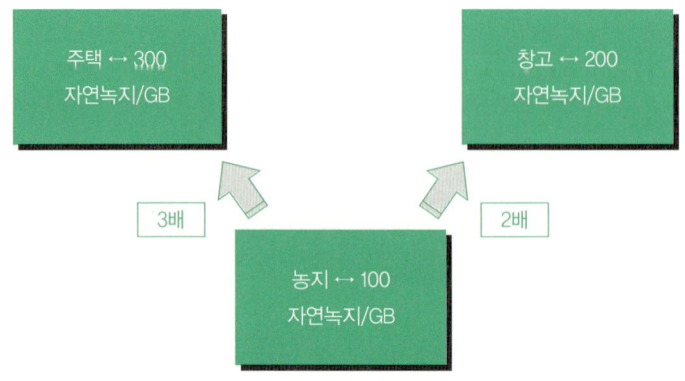

7. 입지와 지역적 특성도 땅값에 영향을 준다.
   (예시: 산지가 많은 경북과 강원권은 농지가격이 강세이고, 농지가 많은 호남과 충청권 일부는 산지가격이 강세이다. 산지가 많은 지역에서는 농지와 임야가 5 : 1 정도이고, 농지가 많은 곳에서는 임야와 농지가 서로 엇비슷한 가격 구조를 보인다.)

8. 원형지보다는 사개발을 통해 가공했을 시 땅 가격이 오르는 것은 당연지사이나 개발행위(분할이나 형질변경, 건축 등)는 대지효용비율로 잘 따져보고 진행해야 한다.
   (예시: 만약 토목설계+전용부담금+공사비＝15만 원이라면, 원형지 농지가격이 10만 원이지만 25만 원의 대지가격과 같다고 보는 것이다.)

9. 토지지가의 상승은 수요와 공급의 법칙에 영향을 주는 일자리나 관광과 같은 산업 인프라에 절대적으로 영향을 받는다.

10. SOC 인프라 중에서도 교통망의 신설에 따른 축의 변화에 관심을 집중해야 한다. 특히 제2도로나 복선전철에 따른 지가변동 현상을 좇는

현명한 투자가 이뤄져야 한다. 기존의 땅값은 영원하지 않다. 교통망
축을 따라 움직인다.

● 경기도 산업단지 분포도

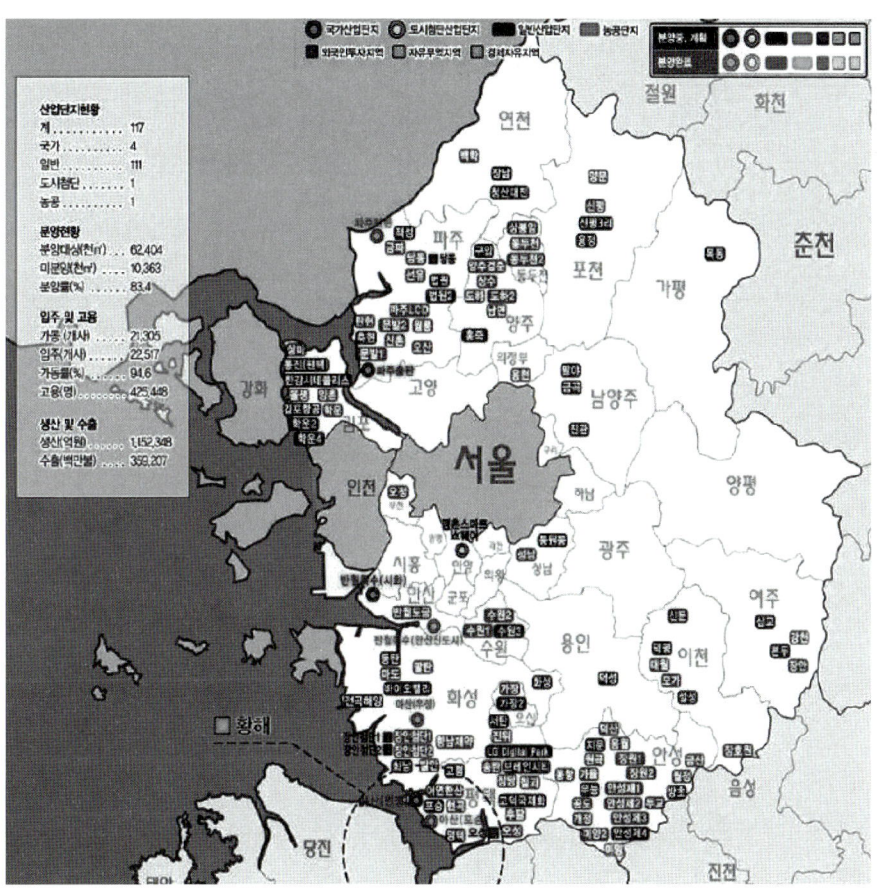

21 땅값 상승의 법칙을
파악하라

땅값 상승에도 법칙이 있다

지금까지의 부동산 상승의 통계를 살펴보면 외환위기 때인 1998년을 제외하고 5년과 10년을 주기로 상승했음을 알 수 있다. 그러나 최근에는 이러한 주기설과는 거리가 있고, 오히려 부동산 정책이나 대내외적인 요소, 그밖의 사회적, 인구 등의 요인들에 따라서도 수시로 변동하는 경향이 있다.

● 부동산 상승의 '0년 주기설'

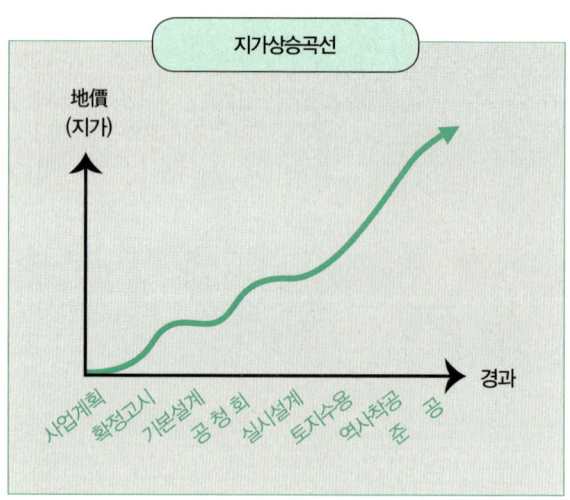

부동산 상승의 '3승(3단계) 법칙'

부동산 상승의 3승 법칙이란 부동산 가격은 개발계획의 발표-착공-완공의 3단계에 걸쳐 계단식으로 상승한다는 법칙이다.

어떤 개발 호재가 있으면 발표 시점에 미래의 개발 호재까지 예상하여 부동산 가격이 상승하지만 착공이나 완성 단계에서도 상승한다는 것이다.

● 토지삼승의 법칙

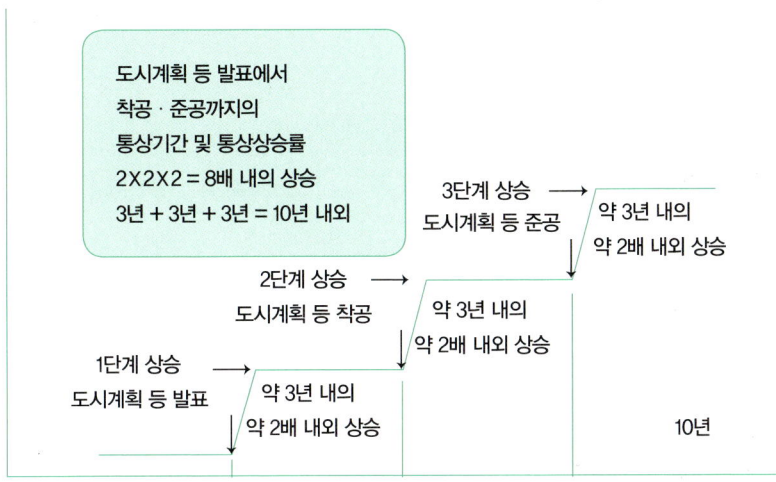

중심지의 부동산 가격이 오르면 주변지역의 부동산 가격도 오르는 '동심원 효과'

동심원 효과란 부동산 가격, 특히 땅값은 중심지역에서 먼저 오르고 이것이 개발지역 주변으로 옮아 확산되어 주변지역도 연달아 오르는 현상을 말한다. 마치 연못에 돌을 던졌을 때 물결이 동심원을 그리며 퍼져나가는 모양과 흡사하게 부동산 가격이 상승해 나가는 것을 비교하여 설명한 것이다.

이것의 대표적인 예가 신도시 개발로 인한 보상금의 이동에 따른 주변지역의 땅값 상승의 효과를 들 수가 있다. 판교 신도시 개발의 여파로 광주, 이천, 여주 지역의 땅값이 급격히 상승한 경우가 여기에 해당된다.

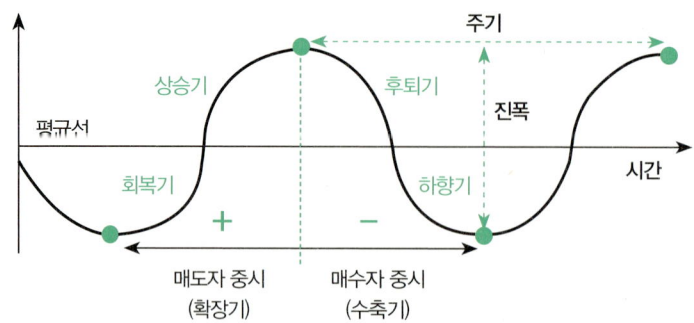

● 부동산경기 변동 그래프

부동산에 대한 정책으로 한 곳을 규제하면 규제가 없는 다른 곳이 오르는 '풍선 효과'

풍선 효과란 한 쪽을 누르면 다른 한 쪽이 부풀어 오르는 현상을 부동산에 빗대어 말하는 것이다. 즉 대표적인 3대 자산 시장인 예금, 주식(채권), 부동산의 상호 움직임과 관련성이 있다. 이는 한쪽을 규제하면 다른 쪽으로 자금이 이동하게 되는 현상이다. 부동산 내에서도 지역별이나 종목별 풍선효과는 존재한다. 예를 들면 어느 한 지역이 토지거래 허가지역으로 묶이면 규제가 없는 다른 주변지역의 지가가 상승하는 경우와 아파트에 LTV나 DTI 규제가 강화되면 상대적으로 규제가 덜 한 토지나, 단독주택, 빌라 등으로 투자 자금이 이동하는 현상이다.

급격하게 가수요가 몰리는 '군집현상'

어느 지역이 유망하다고 하면 그 지역으로 투기 자금과 수요가 급격하게 몰리면서 부동산 가격을 급등시키는 현상을 말한다. 이는 실수요보다는 가수요에 의한, 특히 중개업자나 부동산 관련자들의 선동에 좌우되는 경우가 많고 이때가 소위 상투일 때가 많으며 곧이어 세무조사 등 정부 대책이 발표되면 부동산 가격은 내리막을 타게 된다.

일반 투자자나 실수요자는 이때를 잘 판단하여 투자를 자제하는 마음가짐이 필요하다. 소위 '꾼'들은 투자자가 몰리기 시작하면 먹잇감을 챙기고 떠나기 때문이다.

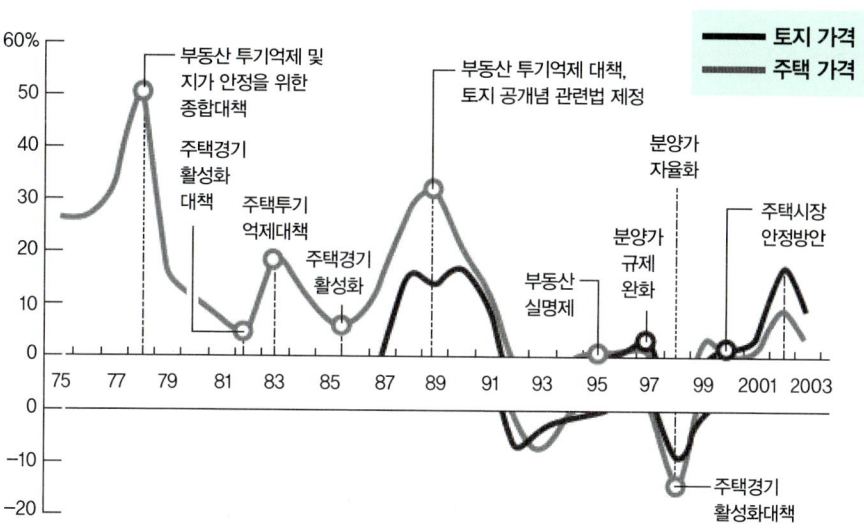

● 토지·주택 가격 변동률 추이

접근성이 땅값을 결정한다

입지, 접근성, 도로

통상 토지에 이르는 거리와 시간 그리고 편의성을 접근성(接近性, accessibility)이라는 말로 표현한다. 접근성이 좋은 땅은 사람들이 쉽고 빨리 갈 수 있어 이용도가 높아지며 따라서 땅값도 오르게 된다.

접근성은 대체로 도로에 의해 결정된다. 여기서 도로란 고속도로, 국도, 지방도 등 일반도로뿐만 아니라, 철도, 지하철, 운하, 바다항로 등 사람이 이동할 수 있는 모든 수송수단을 포함한다.

강원도 땅을 보면 수도권, 특히 서울 강남으로부터 멀리 갈수록, 도로와 교통이 불편할수록, 땅값이 떨어지는 현상이 있는데, 접근성이 땅값에 반영되는 좋은 예라고 할 수 있다.

높은 산속의 임야라든지 무인도 등은 경치는 좋겠지만 거기에 갈 방법이 없거나, 가기가 매우 힘들어 땅값이 형성되지 않고, 거래를 하지 못한다. 이것도 접근성의 한 예라고 할 수 있다.

접근성을 개선하거나 좋게 하는 방법으로는, 새로 도로를 뚫거나, 도로를 넓히고 직선화하며, 포장을 하는 방법이 가장 효과적이다. 그중 고속도로는 안전성, 정시성, 신속성, 편이성이 우수하여 접근성을 높이는 가장 강력한 소재가 된다.

접근성은 심리적인 것도 있다

　　접근성은 대개 거리와 소요시간 등 신속성 그리고 편이성, 안정성, 매력성 등을 기준으로 좋고 나쁨을 가린다. 그러나 사람들이 어느 특정지역의 접근성을 생각할 때는 과거의 경험 지식이나 추억 혹은 상상으로 인하여 잘못된 편견을 가지는 경우가 많다. 먼 길도 자주 다니는 사람은 그 길이 멀다고 느끼지 않겠지만 가까운 길도 처음 가거나 어쩌다 한번 가게 되면 생소해서 접근성이 좋지 않은 땅으로 생각하는 경우가 많다.

● 대도시권의 공간 구조

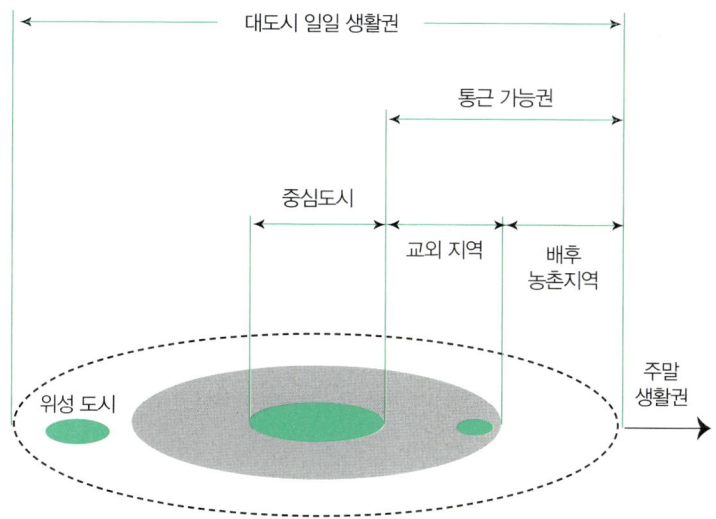

접근성은 땅값을 좌우한다

어떤 토지의 땅값은 접근성에 많은 영향을 받는다. 아무리 마음에 들고 매력적인 땅도 너무 멀리 떨어져 있거나, 가는 길이 불편해서 많은 시간이 소요된다면 사람들은 "좋지만 너무 멀어서…" 라고 생각하며 선택을 포기하고 만다. 접근성은 토지 구입을 결정하는 데 중요한 요소인 것이다.

접근성을 결정하고 판단하는 가장 중요한 요소는 도로다. 도로는 접근성을 개선한다. 길이 뚫리면 접근성은 좋아지고, 굽은 허리 양편에 있는 땅은 직선도로가 나면 접근성이 대폭 좋아진다.

통상 철도보다는 도로가 접근성 개선 효과가 크다. 또 시골의 땅을 보면 산으로 가기 위해 마을에서 비포장도로를 따라 차로 10분 이상 몇 킬로미터나 들어가는 경우가 있는데, 이런 땅은 아무리 경치가 좋아도 개발 여부를 떠나 접근성이 나빠 인기가 없다.

땅값 올리는 등록전환

땅 사 놓고 그냥 방치하지 마라. 구입 후, 3~5년이 지나도록 그냥 놔두지 말라는 뜻이다. 지주의 게으름에 방치된 땅의 미래는 불투명하다. 게으른 지주는 아이를 낳기만 하고 양육권을 포기하는 부모와 같다.

지주의 안일한 생각은 땅의 행동반경을 제한하는 직무유기다. 지주가 해야 할 최소한의 노력은 등록전환(임야도와 임야대장이 지적도와 토지대장으로 옮겨지는 과정)이다. 대부분의 땅이 등록전환되어, 남아 있는 땅을 임야도에 계속 존치하는 일이 불합리한 경우에 등록전환이 가능하다. 작은 노력으로 충분히 등록전환이 가능하다.

임야는 구입 후 꼭 등록전환 신청을 하는 것이 유리하다. 그것도 남보다 먼저 하는 것이 더욱 유리하다. 또한 구입 시 계약서에 등록전환 후 면적의 증감에 대한 정산 조항을 넣는 것이 유리하다.

임야는 시청, 군청에서 지적서류를 발급받으면 임야도를 발급해 준다. 임야의 지적도면은 축척이 1/6000이며 '임야도'라고 발급되고, 토지는 축척이 1/1200이며 '지적도'라고 발급된다.

임야도와 지적도의 차이는 축척의 차이다. 임야도에서 0.7mm 샤프심으로 한 줄을 그어 보면 굵기가 실제의 약 1m 정도나 된다(예시: 1/6000 임야 대축척에서 실제 1cm는 60m, 1/1200 지적 소축척에서는 실제 1cm는 12m). 이러한 임야도를 발급받아 경계선을 보면 왠지 직선이 아닌 곡선처럼 보이는 부분이 많이 있을 것이다. 그만큼 임야의 지적선이 정확하지 않다는 얘기이다. 축척이 1/6000이기 때문에 정확한 경계선을 나타내기는 힘들다.

그래서 임야는 구입 후 잘 관리하려면 등록전환을 꼭 해 두는 것이 좋다. 등록전환비용도 세금계산서가 발행되기 때문에 구입비용으로 인정되므로 꼭 영수증을 보관하는 것이 좋다. 이 금액은 양도 시에 공제받을 수 있다.

광역 대도시 주변 외 지역은 현재 수치지형도가 작성되어 지적관리가 되지 않는 비도시 지역(지적불부합지)인 관계로 임야는 도면과 다르게 측량점과 면적이 측량시점에 따라 변경될 수 있다.

지적선이 변경되는 경우의 사유

실제 임야를 경계측량 신청하여 측량말목을 표시해 보면 곡선 같은 부분이 현장에서는 디테일하게 표시되며 의외의 지적경계가 표시되는 것을 흔히 볼 수 있다. 간혹 임야를 경계측량한 후 몇 년 있다가 다시 경계측량을 해 보면 지적경계가 변한 경우도 종종 있다. 이런 경우는 접면의 임야가 등록전환이 되어 임야도가 아닌 지적도에 표기를 옮겼기 때문이다.

등록전환을 한 임야를 우선으로 지적선을 표기하면서 면적을 맞추어 가다 보면 등록전환을 하는 임야의 지적선이 디테일하게 변경되면서 접면 임야의 지적선도 변경되어 확정되지만 접면 임야는 등록전환을 안 하였기 때문에 축척이 1/6000인 도면에서는 확인이 안 되는 것이다. 그렇기 때문에 경계측량을 했던 임야를 몇 년 후에 재 측량하면 지적선이 변경되는 경우가 흔히 있는 것이다.

면적까지 변경될 수 있다

임야도(축척 1/6000)에 표기된 지적선은 단지 구분을 위한 선이라고 보면 된다. 정확한 선이 아니다. 최근 위성에서 각 지역의 측량 기준점을 도면으로 받아 현장에서 측량을 하면서부터 지적측량이 상당히 정확해지고 있다.

문제는 면적 맞추기이다. 등록전환이 안 된 임야를 경계측량해 보면 간혹 지적공사 직원들에게 이 실제 면적이 안 나온다는 말을 듣게 된다. 대장에 기재된 면적의 값을 다 주고 구입했는데 면적이 감소한다니 억울한 일이다.

이러한 억울한 일을 당하지 않으려면 주변 임야가 먼저 등록전환하기 전에 먼저 해야 한다. 먼저 등록전환을 하다 보면 면적이 늘어나는 경우도 많다. 먼저 등록전환을 하는 사람이 유리한 것이다.

경계 측량을 먼저 해야 하는 이유는 각 지역의 수준점(측량의 기준점)을 중심으로 변경되지 않는 값이 정해져 있는데, 그 값을 기준으로 인근 토지의 면적을 맞추다 보니 늘어나는 토지도 있고 줄어드는 토지도 생기기 때문이다. 대체로 주변 임야보다 먼저 등록전환을 하는 임야가 면적이 늘어나는 것에 대해서는 연접한 토지주들보다 등록전환 신청을 늦게 하면 면적이 줄어들 확률이 많다는 것은 분명한 사실이다.

대부분의 사람들이 임야를 분할하여 구입하고 건축 인허가를 받고 나서 준공 시점에 임야를 토지로 등록전환을 신청하는데 이런 경우 면적이 증감되면 설계변경을 또 받아야 하는 번거로움도 생기게 된다.

등록전환은 보통 인허가를 받고 나서 임야나 준공시점에 신청을 할 수 있는 것으로 알고 있어 뒤늦게 하는 경우도 많이 있다. 기타 사유가 없더라도 등록전환이 가능하니 신청하여 관리하기 바란다. 등록전환 신청은 경계측량을 신청하면서 함께 신청하면 된다.

위의 리스크를 줄일 수 있는 방법은 구입계약 시 계약서에 면적과 평당 가격을 기재하고 나서 단서조항에 등록전환하여 면적이 줄어든다면 줄어드는 면적의 매매대금은 반환한다는 단서를 달아 놓으면 손해를 줄일 수 있다.

임야도에 등록된 땅이 사실상 형질변경은 되었으나 지목변경을 할 수 없는 경우도 등록전환을 할 수 있다. 도시계획선에 따라 땅을 분할할 수 있는 경우 또한 등록전환의 대상이다. 등록전환은 축척이 작은 임야도의 등록지를 그보다 축척이 큰 지적도로 옮김으로써 땅의 정밀도를 높여 지적관리를 합리화할 수 있게 한다.

등록전환을 신청할 때는 등록전환 사유를 기재한 신청서를 시청, 군청에 제출하면 된다. 임야대장과 임야도에 등록된 땅을 토지대장과 지적도로 옮겨 등록하기 위해서는 지적측량을 실시해야 한다. 측량성과도에 따라 토지대장에 새로운 토지 표시사항, 즉 경계, 좌표, 면적 등을 등록한다. 도면상, 축척이 1/6000에서 1/1200으로 표시된다.

▶지적측량

토지를 지적공부에 등록하거나 지적공부에 등록된 경계를 지표상 복원하기 위해 각 필지의 경계, 좌표, 면적을 새로 정하는 작업으로서 다음의 경우에 해당된다(소관 관청의 직권 또는 이해관계인의 신청에 의해 행해진다).

1. 등록전환을 해야 할 토지가 생긴 경우 – 등록전환측량
2. 토지분할이 필요한 경우 – 분할측량
3. 토지구획정리사업으로 인한 토지이동의 경우 – 확정측량
4. 축척변경이 필요한 경우 – 축척변경측량
5. 지적공부상의 등록사항을 정정할 경우 – 등록사항정정측량
6. 토지 경계를 좌표로 등록할 경우 – 수치측량
7. 경계를 지표상에 복원할 경우 – 경계복원측량
8. 지적공부 복구의 경우 – 복구측량
9. 신규등록의 경우 – 신규등록측량
10. 지상물, 지형물 등 점유한 위치 현황을 지적도와 임야도에 등록된 경계와 대비해 표시하기 위한 경우 – 현황측량

24 등록전환 된 임야,
'토임(土林)'의 가격평가

    토지를 매매하다 보면 "임야인데 토임이다."라는 말을 가끔 듣는다. '토임(土林)'은 28개의 지목에도 없으며, 「국토의 계획 및 이용에 관한 법률」에도 정해진 내용이 없는 단어이다. 토임이란 지목상은 임야인데 지적도에 등재된 토지를 의미한다. 지목이 임야인 토지의 지번을 보면 아래와 같이 두 종류로 나누어진다.

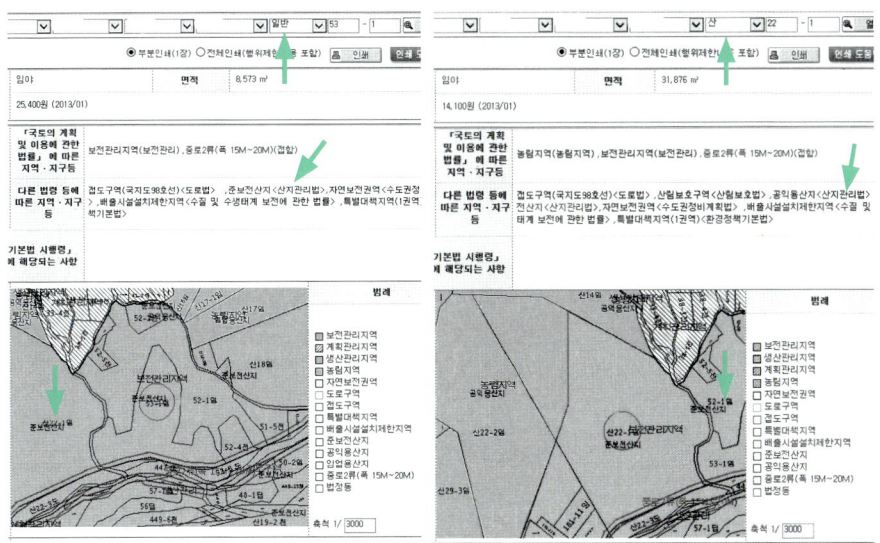

같은 임야인데 첫 번째는 지번이 그냥 53-1번지이고, 두 번째는 지번이 산22-1번지이다. 지번 앞에 '산'이 붙지 않은 '53-1임'은 토지대장과 지적도에 등재가 되고, '산'이 붙은 임야는 토지대장이나 지적도가 아닌 임야대장과 임야도에 등재가 된다. 즉 토임이란 임야인데 등록전환이 되어 토지대장과 지적도로 옮겨진 임야를 의미한다.

등록전환이란 앞에서도 얘기했듯이 토임의 경우와 같이 임야대장과 임야도에 등록된 토지를 토지대장과 지적도에 옮겨 등록하는 것으로서 산지관리법, 건축법 등 관계법령에 의한 토지의 형질변경 또는 건축물의 사용승인 등으로 인하여 지목을 변경해야 할 토지를 대상으로 하는 것이 원칙이다.

● 등록전환

토지의 이동

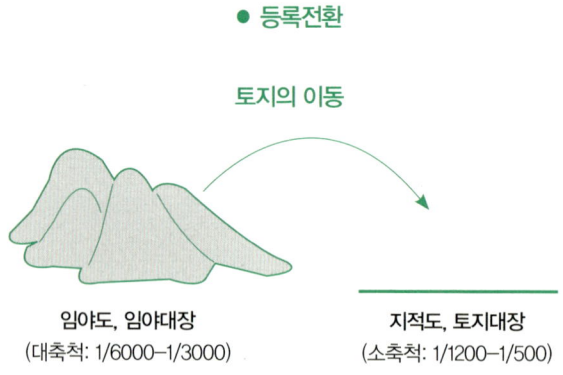

임야도, 임야대장
(대축척: 1/6000–1/3000)

지적도, 토지대장
(소축척: 1/1200–1/500)

별도로 대부분의 토지가 등록전환되어 나머지 토지를 임야도에 계속 존치하는 것이 불합리한 경우와 임야도에 등록된 토지가 사실상 형질변경은 되었으나 지목변경을 할 수 없는 경우 또는 도시관리계획선에 따라 토지를 분할하는 경우에는 지목변경 없이 등록전환이 이루어질 수 있다.

따라서 토임은 이미 형질이 변경되거나 지목변경이 필요한 토지를 의미하기에 다른 임야에 비해 산지전용허가 및 개발이 용이하므로 투자나 개발용으로 매우 적합한 임야이다.

토임의 개발

　　토지지목은 임야이지만, 사용 현황은 농지(사실상 농지)로 사용하는 것을 통상 토임(토지임야)이라고 부른다. 이러한 토임의 개발 시에는 필요에 따라 임야에 관한 산지 규정을 적용하거나 혹은 농지법의 규정을 적용하여 전용 후 주택을 지을 수 있다. 임야를 주장하는 경우에는 산지전용허가와 건축신고로서 신축을 하게 되고, 농지를 주장하는 경우에는 먼저 농지(밭)로 지목변경을 한 후에 농지전용 및 건축신고로서 주택을 지을 수 있다.

　　만일 집을 지으려는 경우에는 일반적으로 임야를 주장하여 바로 산지전용을 하는 것이 농지전용보다 절차도 간단하고, 비용도 적게 들 것이다. 농지전용 비용의 부담과 지목변경의 번거로운 절차를 거치지 않아도 되기 때문이다. 다만 어느 경우에나 집을 짓고 나면 주택부지는 바로 대지로 지목변경된다. 통상 토임이기 때문에 좋다는 말은 성립되지 않고, '관리지역 임야'이기 때문에 좋다고 말해야 한다. 관리지역 임야가 농지보다 좋은 이유는 '농지취득자격증명'을 발급받지 않아도 등기이전을 할 수 있고, 비싼 '농지전용부담금' 대신에 상대적으로 싼 '대체산림조성비'를 납부할 수 있어서 좋고, 농지보다 임야의 공시지가가 낮으니 등기비용이 적고, 전용부담금이 적어서 좋다. 나쁜 점은 임야의 개발 행위를 위해서는 토목기사가 작성한 복구계획도 등을 반드시 첨부해야 하는 점 등이다.

　　토임은 대개 낮은 구릉 지대 정도로 주위가 농경지로 되어 있기 때문에 좋은 땅인 경우가 대부분이다. 또한 전답은 농지관리의 대상이지만 토임은 농지관리의 대상도 아니고, 집단적인 조림, 육림에는 부적합한 소규모의 땅인 경우가 많으므로 산림관리목적상 주된 관심사가 아니다. 토지이용계획상으로는 대개 관리지역에 속할 가능성이 많다. 개발 행위를 위한 절차는 일반 임야와 똑같다.

PART 02

Subject
토지 투자 가치판단의 제 문제들

Chapter 04

경매 감정가의
오류를 극복하라

감정평가 금액에 속지 마라

법원 경매물건이 일반적으로 시세보다 낮게 감정된다고 믿거나 그렇게 알고 있는 사람들이 아주 많다. 부동산 경매를 잘 모르는 사람일수록 더욱 그렇다. 물론 그런 경우도 있지만 오히려 더 높은 경우가 허다하다. 즉 알고 있는 것처럼 경매에 부쳐지는 물건의 감정가격이 일반 매매가격보다 싸다고만은 볼 수 없다.

법원 경매물건은 채권자와 채무자 간의 채무변제사건을 종결하는 목적으로 이루어지는 바 부동산이 경매에 부쳐지면 법원의 명령으로 감정평가사가 해당 부동산의 현장에 나가 이것저것 따져보고 확인해서 가격을 감정해 법원에 보고한다. 법원은 보고된 가격을 통상 첫 회 입찰가격으로 삼는다. 그런데 문제는 이때의 감정가격이 시세를 정확히 반영했는가 하는 것이다.

부동산을 감정할 때 감정사들이 일반적으로 '거래사례비교법'이라는 것을 쓴다. 거래사례비교법이란 인근의 유사한 부동산이 얼마에, 언제, 거래되었으니, 그것을 참고해서 해당 부동산의 감정가격을 산정하는 것을 말한다. 따라서 감정평가사의 주관적 판단이 개입될 여지가 많고, 부동산 가격의 변동이 심할 때는 정확성이 떨어진다는 단점이 있다.

전국적으로 거래시세가 매주 파악되고 발표되는 아파트라면 논란의 여지가 많지 않겠지만, 거래가 빈번하지 않은 물건이나 매매가격을 파악하기 어려운 물건의 경우 감정가격의 신빙성이 문제가 된다. 즉 연립이나 단독주택,

그리고 시골의 임야나 전답 등은 시세와 감정가격이 일치하지 않는 경우가 많다.

감정가가 높으면 모두가 즐겁다(?)

경매를 목적으로 부동산을 감정하는 경우 시세보다 오히려 비싸게 감정가격이 나오는 경우도 흔하다. 이것은 부동산 경매라는 구조적 시스템을 이해한다면 수긍할 수 있다.

부동산 경매를 위한 감정의 경우 시세보다 비싸게 감정된다면 모두가 즐겁기 때문이다. 이유는 채권자는 채권을 조금이라도 더 회수할 수 있어서 좋고, 임차인은 전세보증금을 조금이라도 더 확보할 수 있으며, 감정평가사는 감정가격을 기초로 수수료를 받기 때문이다.

그러면 누구만 골탕을 먹는가? 바로 시세를 대충 조사한 뒤 경매에 뛰어든 병아리 응찰자다. 경매 세계에서 대강 적당히 해서 좋을 일은 없다는 점을 명심하자.

'경매 감정가' 얼마나 신뢰할 수 있을까

경매 감정가는 얼마나 신뢰할 수 있을까? 경매 현장에 있다 보면 감정가는 대체로 신뢰할 만한 수준이기는 하다. 그러나 자주 중대한 감정가의 오류나 엉터리 감정으로 피해를 입는 경매투자자들이 꾸준히 늘고 있다. 한결같이 경매 감정가를 전적으로 신뢰했다가 날벼락을 당하고 오히려 시세보다 턱없이 높은 값에 낙찰을 받아 낭패를 입는 사람들이 많다. 엉터리 감정가를 믿었다가 곤욕을 치른 실제 사례를 소개한다.

이 씨가 낙찰을 받은 물건은 김포시 양촌면 소재 임야 1,500㎡이다. 이 물건은 김포 Y택지개발지구로 편입된 물건으로 지목은 임야지만 현황상 대부분이 전으로 이용 중이었다. 감정가 4억 5,000만 원에서 1회 유찰되어 최저가는 3억 1,250만 원.

개발지역 물건 위주의 경매투자로 짭짤한 수익을 올리고 있던 이 씨는 그간의 경험과 인근지역의 농지 보상사례 및 현장방문을 통한 조사결과를 볼 때 낙찰에 성공한다면 상당한 투자수익이 예상되는 물건임에 틀림없다고 확신했다. 또한 본건이 지난해 말 수용 보상평가를 모두 마치고 현재 협의보상 계약체결이 막바지 단계인 것을 알고 있었기에 단기수익을 올리고자 최저가에서 6,500만 원을 올린 금액으로 응찰가를 정했다.

결과는 낙찰이었다. 총 세 명이 응찰했으나 2위와 약 1,100만 원의 비교적 근소한 차이로 최고가 매수 신고인으로 선정된 것이다. 서둘러 잔금납부와 소유권등기를 마치고 보상가를 알아보기 위해 한국토지공사 G사업단을 방문한 이 씨는 협의 보상가를 받아 보고는 망연자실할 수밖에 없었다. 직원이 건네준 보상가는 3억 원이 채 안 되는 금액이었기 때문이다.

이게 어떻게 된 일일까? 입찰 전 알아볼 만큼 알아보았다고 자신했기에 이 씨는 더욱더 납득할 수가 없었다. 본건 토지는 물건사진과 지적도를 보면 약 3m 도로의 1m 하단부에 갈치 모양으로 길게 접해 있고 전으로 이용 중인 것으로 경매 감정평가가 되어 있었다. 그런데 한국토지공사가 대한지적공사에 의뢰한 지적측량 성과도를 보니, 이 경매물건의 감정평가는 엉터리였다.

사연인즉, 실제 경매물건 토지는 감정서에 나와 있는 물건이 아니라 3m 도로로 이용 중인 부분과 도로 위쪽으로 도로와 길게 접해 있는 임야(법면 포함) 부분이었던 것이다. 경매 감정된 토지와 실제 토지는 접해 있는 상태인데, 토지 모양이 지적상 거의 동일하다 보니 경매 감정평가업자가 육안으로 대충 보고 엉터리 감정서를 작성한 것으로 판단되었다.

결국, 이 씨는 엉터리 감정서를 믿고 응찰했다가 아닌 밤중에 날벼락을 맞은 것이다. 이는 분명 「부동산 가격 공시 및 감정평가에 관한 법률」에서 감정평가업자에게 부여한 선량한 주의 의무를 망각한 것이다.

감정평가는 참고 자료일 뿐

경매 개시 결정이 나면 법원은 가장 먼저 감정평가법인에 감정가를 의뢰한다. 물건의 가치를 알아야 매각할 수 있기 때문이다. 이렇게 평가된 감정평가 금액은 입찰자에게 해당 물건의 가치를 가늠하게 함과 동시에 최초 매각 가격의 기준이 되기도 한다. 즉 최초 매각에서 특별한 사정이 없는 한 감정평가 금액이 최저 매각 가격이 되는 것이다.

입찰자는 적어도 최저 매각 가격 이상의 입찰 금액을 기재한 입찰표를 제출해야 하고 이 금액에 미치지 못하는 입찰표는 무효 처리된다.

감정평가는 말 그대로 물건의 가치를 평가하는 절차다. 아파트와 같이 비교할 수 있는 유사 물건이 많을 때는 시세를 파악하기가 쉽지만 토지나 상가, 공장과 같은 흔히 거래되는 물건이 아니라면 전문가가 아닌 이상 그 가치를 정확히 파악하기가 여간 어려운 게 아니다. 입찰가 산정 과정에서 많은 이들이 감정평가 금액을 기준으로 삼는 이유다.

그런데 감정평가 금액이 시세와 현저한 차이를 보이는 경우가 많다. 우선 감정평가 자체의 오류 때문이다. 다음으로 감정평가 시점이 문제가 된다. 일반적인 경매라면 적어도 1~2회 유찰돼 2차 또는 3차 매각에서 낙찰되는데, 감정평가는 이 낙찰 시점을 기준으로 적어도 6개월 이상 전에 이뤄진다. 감정평가 후에 이해관계인에 대한 송달, 권리 신고 및 배당 요구, 법정 공고 기간 등 시간을 필요로 하는 절차가 많기 때문이다.

문제는 6개월 후에 시세가 얼마든지 바뀔 수 있다는 점이다. 감정평가 금액이 시세보다 낮게 책정됐다면 아무 문제가 없다. 의외의 수익을 얻는 행운을 잡거나 적어도 패찰에 그치는 정도일 테니 말이다. 그러나 반대로 감정평가 금액이 현저히 높다면 낙찰과 동시에 손해를 볼 수밖에 없다.

감정평가 금액이 품고 있는 함정은 이뿐만이 아니다. 경매 물건의 일부가 분명히 매각 대상 물건이어서 감정평가 대상에 포함됐지만 낙찰자에게는 전혀 쓸모없는 물건이라면 결국 감정평가 금액만 올려놓는 셈이 된다.

이처럼 감정평가 금액은 시세와 다른 것이 많고 원인도 다양하다. 이에 따라 감정평가 금액을 시세로 맹신하는 것은 위험천만한 일이다. 모든 경매 물건은 그 시세를 스스로 정확히 판단해 입찰가를 산정해야 한다. 감정평가 금액에 참고 자료 이상의 의미를 둬서는 안 된다.

감정평가 수수료로 인해 잘못된 평가 많아 주의 요망

현행 법원 감정평가는 「감정평가 및 감정평가사에 관한 법률」에 의해 진행된다. 이 법률 제3조(기준)에는, ① 감정평가업자가 토지를 감정평가하는 경우에는 그 토지와 이용가치가 비슷하다고 인정되는 「부동산 가격공시에 관한 법률」에 따른 표준지공시지가를 기준으로 하여야 한다. 다만, 적정한 실거래가가 있는 경우에는 이를 기준으로 할 수 있다.

② 제1항에도 불구하고 감정평가업자가 「주식회사의 외부감사에 관한 법률」에 따른 재무제표 작성 등 기업의 재무제표 작성에 필요한 감정평가와 담보권의 설정·경매 등 대통령령으로 정하는 감정평가를 할 때에는 해당 토지의 임대료, 조성비용 등을 고려하여 감정평가를 할 수 있다고 규정하고 있다.

또한 제28조(손해배상책임)에는 ① 감정평가업자가 감정평가를 하면서 고의 또는 과실로 감정평가 당시의 적정가격과 현저한 차이가 있게 감정평가를 하거나 감정평가 서류에 거짓을 기록함으로써 감정평가 의뢰인이나 선의의 제3자에게 손해를 발생하게 하였을 때에는 감정평가업자는 그 손해를 배상할 책임이 있다.

② 감정평가업자는 제1항에 따른 손해배상책임을 보장하기 위하여 대통령령으로 정하는 바에 따라 보험에 가입하거나 제33조에 따른 한국감정평가사협회가 운영하는 공제사업에 가입하는 등 필요한 조치를 하여야 한다고 규정하고 있다.

하지만 이러한 법 규정에도 불구하고 법원 경매목적의 감정평가서가 엉터리로 작성되어 낙찰자들이 곤욕을 치르는 경우가 종종 발생하고 있는 것이 현실이다.

경매 감정평가액과
최저 매각 가격의 결정

경매정보에서 가장 눈에 띄는 것은 아마도 경매대상 부동산의 가격, 즉 감정평가액과 최저 매각가격일 것이다. 감정평가액은 경매물건이 입찰법정에서 처음 경매에 부치는 가격, 즉 첫 매각기일에 매각하는 가격이고, 최저 매각가격은 입찰의 하한선을 정하는 가격이다.

감정평가액은 입찰의 기준이 되는 가격으로 유찰이 거듭되어도 변하지 않는다. 하지만 감정평가액이 달라지는 경우도 있다. 최초 감정 후 경매절차 지연으로 오랜 시일이 흘러 현재의 시세와 현격하게 차이가 나는 경우, 저가감정으로 인해 낙찰가 역시 현 시세와의 현격한 차이가 나면 채권자나 채무자가 재 감정을 이유로 매각불허가를 신청할 수 있다. 그렇게 매각이 불허되어 다시 경매에 부치는 경우에는 감정평가액이 달라질 수 있다.

반면 최저 매각가격은 입찰의 최저 하한선을 정하는 가격으로 경매가 유찰될 때마다 일정한 원칙에 따라 저감되는 특성을 갖는다. 유찰이 되는 경우에 한하여 저감이 되기 때문에 경매물건이 처음 경매에 부쳐지는 첫 매각기일 때의 최저 매각가격은 감정평가액과 같다.

유찰 시의 저감율은 법원마다 다소 다르다. 경매는 전국 총 58개 법원에서 진행하고 있는데 이 중 서울중앙지방법원을 비롯한 28개 법원은 직전 최저 매각가격의 20%, 인천지방법원을 비롯한 30개 법원은 30% 저감원칙을 고수하고 있다.

즉 20%씩 저감하는 법원은 최저 매각가격을 100%(첫 매각) → 80.0%(1회 유찰) → 64.0%(2회 유찰) → 51.2%(3회 유찰)로 저감하지만, 30%씩 저감하는 법원은 100%(첫 매각) → 70.0%(1회 유찰) → 49.0%(2회 유찰) → 34.3%(3회 유찰)로 저감해서 경매를 진행하는 것이 원칙이다.

예컨대 감정평가액이 5억 원인 토지가 경매에 부쳐질 때 20% 저감율이 적용되는 경매물건의 경우 첫 매각기일 때의 최저 매각가격은 감정평가액과 같은 5억 원이지만 1회 유찰 후 다음(2회차) 경매 때의 최저 매각가격은 4억 원이 되고 한 번 더 유찰이 된 후 3회차 경매 때의 최저 매각가격은 3억 2,000만 원이 된다.

또한 같은 가액의 토지를 30% 저감율을 적용하면 유찰될 때마다 다음 회차 최저 매각가격은 5억 원 → 3억 5,000만 원 → 2억 4,500만 원 → 1억 7,150만 원으로 낮아진다.

20%씩 저감되는 물건은 3회 유찰될 때 감정평가액의 절반 수준(51.2%)으로 최저 매각가격이 형성되지만 30%씩 저감되는 물건은 2회만 유찰되어도 반값 이하(49.0%)로 최저 매각가격이 떨어진다. 가격 저감 폭으로만 보면 30%씩 저감되는 경매물건의 가격 메리트가 훨씬 더 큰 셈이다.

이렇게 최저 매각가격은 유찰 시마다 가격이 저감된다는 변동성을 갖는 것 외에 입찰보증금을 정하는 기준이 되는 특성도 가지고 있다. 즉 입찰 시 법원에 제공하는 입찰보증금 10% 또는 20%는 최저 매각가격을 기준하여 정해지고 있다.

예컨대, 감정가 5억 원인 경매토지가 1회 유찰된 4억 원에 최저 매각가가 형성됐을 때 2회차 경매 입찰 시 제공해야 하는 입찰보증금은 최저 매각가 4억 원의 10%인 4,000만 원이다. 만약 이 물건이 낙찰된 후 대금 미납으로 재매각되는 물건이라면 최저 매각가의 20%인 8,000만 원을 입찰보증금으로 제공해야 한다.

민사집행법이 시행되기 전에는 입찰보증금이 입찰가의 10%였던 터라 보증금이 입찰가에 따라 유동적이었지만 민사집행법 시행으로 보증금이 최저매각가 기준으로 정액화되어 입찰자의 보증금 부담이 다소 완화되었다.

그러면 감정평가액은 어떤 절차를 거쳐 산정이 될까? 부동산경매사건의 진행기간 등에 관한 예규에 따르면 경매신청이 들어오면 법원은 경매개시결정일로부터 3일 내에 특정 감정평가법인이나 감정평가사에게 경매대상 물건에 대한 감정평가 명령을 내린다.

평가명령을 받은 감정평가법인이나 감정평가사는 평가명령을 받은 날로부터 2주일 내에 감정평가를 하도록 되어 있다. 감정평가는 사례법, 원가법, 수익법 등을 동원하여 평가하고 여기에 시점, 지역 및 개별요인, 감가상각 등을 고려하여 최종적인 경매가액을 평가하게 된다.

이렇게 해서 평가되는 경매물건은 평가를 완료한 후로부터 이르면 2~4개월, 늦으면 4~6개월 후에 경매시장에서 첫 매각이 실시된다. 이러한 시차로 인해 감정평가액이 매각(=입찰) 시점의 시세라고 여기면 오산이다.

즉 부동산시장 호황기나 회복기에는 감정평가액보다 매각 시점의 시세가 높게 나타나고 더불어 감정평가액 이상에서 낙찰되는 사례도 다수 나타난다. 그러나 부동산시장 침체기에는 감정평가액이 매각 시점의 시세보다 높게 나타나 한 번 유찰은 당연시되고 경우에 따라 2~3회 유찰된 물건이 종종 나오게 된다.

감정평가액과 시세의 차이는 이와 같이 부동산시장 호황 내지는 불황에 의해서 나타나는 것이 일반적이지만 물건종별에 따라서도 나타나게 된다. 아파트나 오피스텔과 같은 집합건물은 시세가 비교적 정형화되어 있어 감정평가 시 시세나 거래가액 반영이 그리 어렵지 않다.

반면 가격이 정형화되어 있지 않은 단독주택이나 다가구주택, 상업용 건물, 업무용 건물 등 상당한 규모의 토지를 수반하는 물건들은 시세 평가보다는 토지나 건물에 적용되는 평가방법을 적용하여 평가하다 보니 그 감정 평가액과 시세가 상당한 격차를 보일 수밖에 없다. 그렇기 때문에 감정평가 액을 단순 시세로 보고 입찰해서는 안 되고 매각 시점의 시세나 거래사례를 정확히 조사 평가한 후 입찰해야 한다.

28 경매를 통한
토지 가격 판독법

'바다 조망권'을 확보한 토지 가격, 공시지가의 몇 배일까?

바다가 바로 보이는 땅에 직접 건물을 짓고 사는 것은 거의 모든 부동산 자산가들의 꿈일 것이다. 해안도로를 달리다 보면 입지 좋은 토지 부근에 매매 현수막이 걸려 있는 것을 쉽게 볼 수 있는데 이 또한 바다가 보이는 집이라는 꿈과 무관하지 않다.

이러한 입지를 가진 물건은 사실 매매시장에서 구할 엄두를 내기가 힘들다. 권리관계는 물론 매매 대상자가 실소유주인지 아닌지도 확인해야 하고 집을 실제로 지으려고 할 때 예상하지 못한 걸림돌이 나타날 가능성이 크기 때문이다.

이 때문에 좋은 입지의 땅을 찾는 사람들이 법원경매장을 찾는다. 거래 주체가 확실하고 권리관계가 저절로 정리되며 물건의 기본적인 상태를 낙찰자가 잘 알 수 있기 때문에 꺼려지는 게 별로 없다. 즉 바다가 보이는 땅을 구하기에 법원경매처럼 편한 수단도 없다는 의미다.

2014년 4월 제주지방법원에서 경매가 진행된 구좌읍 소재 대지는 이 같은 관점에서 볼 때 상당히 흥미로운 몇 가지 시사점을 제공한다. 이 물건은 주변에 별다른 편의시설은 없지만 직접 바다 조망이 가능하고 해안도로에서 가까운, 소위 말하는 '입지'가 우수한 땅이다. 덕분에 모두 54명이 입찰에 참여했고 낙찰가율은 400%를 넘었다.

언뜻 보면 낙찰에만 의의를 둔 가격처럼 보인다. 감정가 1,035만 원짜리 땅을 4,300만 원에 사들인 것이니 비싸게 산 것이라는 평가도 나올 수 있다. 그러나 주변 실거래사례를 수집해 보니 이야기가 달랐다.

사건[물건]번호 (입찰경쟁률)	낙찰일시	용도	면적 (㎡)	공시지가 (원/1㎡)	낙찰가 (원)	㎡당 낙찰가 (원)	공시지가 대비율(%)
2013-12***[1] (54:1)	2014년 4월	대지	109	54,400	43,110,000	395,505	727%

실거래건	거래일시	용도	면적 (㎡)	공시지가 (원/1㎡)	매매가 (원)	㎡당 매매가 (원)	공시지가 대비율(%)
물건 A (80m)	2013년 7월	대지	268	54,400	16,200,000	60,448	111%
물건 B (70m)	2013년 8월	대지	182	62,200	91,000,000	500,000	804%
물건 C (120m)	2013년 9월	대지	360	39,300	50,000,000	138,889	353%
물건 D (140m)	2013년 10월	대지	869	60,000	173,400,000	199,540	333%

위 표에서 보듯 본건 낙찰가는 해당 토지 공시지가의 일곱 배를 훌쩍 넘는다. 더구나 물건 A처럼 공시지가 같은 인근 대지에 비하면 면적은 더 적고 가격은 더 비싸다는 사실을 알 수 있다. 물건 C, D를 봐도 낙찰가는 다소 과한 게 아니냐는 물음이 나올 수 있다.

그러나 이 낙찰건의 입지조건은 실거래건 A, C, D와 다르다. 물건 B를 제외한 나머지 세 개 물건은 모두 제주 내륙 쪽에 위치해 있다. 즉 바다가 직접 보이지 않는 땅이라는 의미다.

반면 물건 B는 본건과 거의 유사한 입지를 가지고 있다. 바다가 보이면서 해안도로에 접해 있는 땅이라는 의미다. 거래 가격을 보면 공시지가의 여덟 배를 넘는다. 이 건에 비교해 보면 낙찰건 가격은 오히려 약간 저렴하다고 평가할 수 있다.

소개한 사례는 토지에 관한 여러 수치와 객관적인 비교 기준에 의한 분류도 중요하지만 현장에 직접 가 봐야 알 수 있는 무형의 가치도 가격 산정 시 함께 고려해야 한다는 점을 알려준다. 데이터만을 참고한다면 물건 B의 가격이 좀처럼 이해되지 않을 수 있지만 실제 현장을 가 보면 저절로 이해가 되는 것이다.

부동산을 구입할 때 가장 필요한 덕목은 '발품'이라는 말이 있다. 다만 이 발품은 무턱대고 팔 것이 아니라 실거래가 데이터를 가지고 합리적이면서도 정확한 방향으로 팔아야 한다. 그 조화가 이뤄졌을 때, 비로소 좋은 가격에 우량한 부동산을 매입하는 길이 열리는 것이다.

29 감정평가는 어떤 기준으로 할까

가격의 3면성과 감정평가 3방식

우리는 일반적으로 모든 재화의 경제적 가치를 평가하는 데 '어느 정도의 가격으로 시장에서 거래되고 있는가?'를 의미하는 시장성, '그 물건을 생산하기 위해 투입된 비용이 얼마인가?'를 의미하는 비용성, '그 물건을 이용함으로써 어느 정도의 수익을 얻을 수 있는가?'를 의미하는 수익성의 세 가지 측면을 고려하여 결정하는 것이 보통이다. 현행 우리나라의 감정평가에 관한 규칙에서도 감정평가의 업무를 행함에 있어서 가격의 세 가지 측면을 고려하여 교환의 대가로서의 가격과 용익의 대가로서의 임료를 구하도록 규정하고 있다. 이러한 가격의 3면성을 토대로 하여 사고방식의 측면에 따라 가격을 구하는 방식을 감정평가 3방식이라 하는데, 다음과 같다.

▶ 원가방식(비용성) - 비용접근법

비용접근법은 동일한 효용을 가진 부동산을 새로 취득하거나 기존 부동산을 동일한 용도로 사용할 때 드는 비용을 추정하여 시장가치를 평가하며, 지역적 요인을 고려한 대체신축비용과 토지가치의 합계로 산정한다. 비용접근법은 매수자의 경우 대상 부동산과 동일한 효용과 기능을 제공하는 대체부동산의 생산비용 또는 신규 조달비용보다 더 많은 비용을 지불하지 않는다는 것을 논리적 근거로 하고 있다.

비용접근법은 대상 부동산이 건물이나 건물과 부지가 결합된 경우에 재조달 원가의 파악 및 감가수정을 적정하게 행할 수 있는 경우에 유효하다. 토지의 경우에 있어서도 재조달 원가를 구할 수 있는 조성지, 매립지 등의 경우에는 이 방법을 적용할 수 있다. 그러나 조성된 일단의 토지에 대하여 분양완료 후 상당한 기간이 경과한 때, 대규모일 때는 재조달 원가를 파악하는 일이 곤란하므로 이 방법을 적용하는 것은 적당하지 않다.

비용접근법은 건물 등 생산 가능한 재화에는 가장 적합한 평가이론이다.

▶ 비교방식(시장성) − 시장접근법

시장접근법은 해당 부동산과 유사한 최근의 거래사례를 분석하여 대상 부동산의 시장가치를 산정하는 방법으로서 대상 부동산과 유사한 최근의 거래사례가 있다면, 시장에서의 전형적인 매도자는 그 거래사례의 가격 이하로는 팔려고 하지 않을 것이며, 매수자도 그 이상의 가격을 지불하여 사려고 하지 않을 것이라는 것을 논리적인 근거로 하고 있다. 즉 당해 부동산의 가격은 대체의 원칙에 의거하여 상호 경쟁·접근·견인의 과정을 밟게 되며 그 결과 대체 가능 부동산의 가격은 서로 일치하도록 결정된다. 시장접근법은 거래가 빈번하여 충분한 거래사례 데이터가 구축되어 있을 경우에 모든 종류의 부동산에 다 적용할 수 있다.

▶ 수익방식(수익성) − 소득접근법

소득접근법은 대상 물건이 장래 산출할 것으로 기대되는 소득을 현재가치로 환원하여 시장가치를 추계하는 방법이다.

과거에 투입된 비용이 얼마이고 감가된 정도는 얼마인지를 파악하는 비용접근법이나 과거에 거래된 사례에 근거하면서 비교수정 작업 시 평가사의 주관이 개입될 여지가 많은 시장접근법에 비해 소득접근법은 장래의 기대수익

● 감정 평가 기준

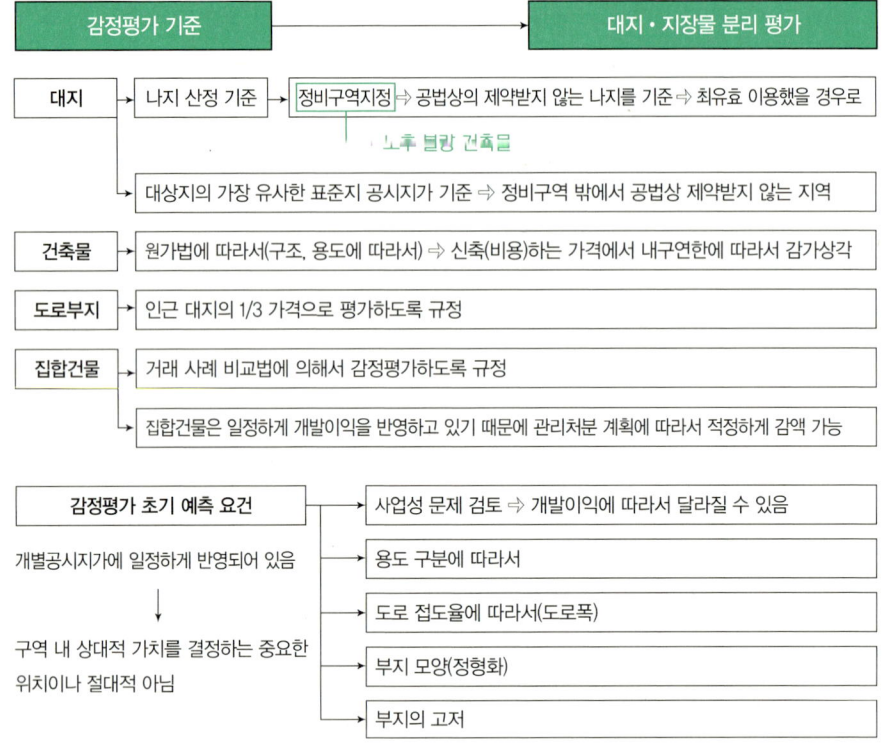

| 감정평가 기준 | ⟶ | 대지·지장물 분리 평가 |

대지 → 나지 산정 기준 → 정비구역지정 ⇨ 공법상의 제약받지 않는 나지를 기준 ⇨ 최유효 이용했을 경우로
　　　　　　　　　　　　└ 노후 블랑 건축물

→ 대상지의 가장 유사한 표준지 공시지가 기준 ⇨ 정비구역 밖에서 공법상 제약받지 않는 지역

건축물 → 원가법에 따라서(구조, 용도에 따라서) ⇨ 신축(비용)하는 가격에서 내구연한에 따라서 감가상각

도로부지 → 인근 대지의 1/3 가격으로 평가하도록 규정

집합건물 → 거래 사례 비교법에 의해서 감정평가하도록 규정

→ 집합건물은 일정하게 개발이익을 반영하고 있기 때문에 관리처분 계획에 따라서 적정하게 감액 가능

감정평가 초기 예측 요건

개별공시지가에 일정하게 반영되어 있음

↓

구역 내 상대적 가치를 결정하는 중요한
위치이나 절대적 아님

→ 사업성 문제 검토 ⇨ 개발이익에 따라서 달라질 수 있음

→ 용도 구분에 따라서

→ 도로 접도율에 따라서(도로폭)

→ 부지 모양(정형화)

→ 부지의 고저

을 기초로 하며 평가사의 주관이 개입될 여지가 적다는 점에서 객관적이고 정확하다는 장점이 있다.

　그러나 수익을 발생하지 않는 부동산에는 적용이 어렵다는 점이 가장 큰 단점이다. 또한 순영업소득의 추정 과정이나 환원이율과 할인율의 적용 과정에서 불확실한 미래의 사건 분석에 의존하기 때문에 오류의 발생 가능성이 크고 평가사의 주관이 개입될 가능성을 배제할 수 없다는 문제점이 여전히 있다.

　따라서 평가사는 소득접근법의 적용 시 역사적인 정보와 추세, 그리고 그 추세에 영향을 주는 현재 시장요인과 장래 예상되는 경쟁관계 등에 비중을 두어 분석하여야 한다.

토지 감정평가의 구체적 기준과 내용

표준지의 공시지가를 기준으로 평가

▶표준지 선정기준

　토지를 평가함에 있어서는 평가대상토지와 유사한 이용가치를 지닌다고 인정되는 하나 이상의 표준지의 공시지가를 기준으로 하며(「공익사업을 위한 토지 등의 취득 및 보상에 관한 법률」 시행규칙 제22조 제1항), 평가를 위한 비교표준지의 선정은 다음의 기준에 따르되, 특별한 사유가 있는 경우를 제외하고는 평가대상토지와 「국토법」에서 정한 '용도지역'이 같은 표준지를 선정한다.

　＊당해 또는 인접 시군구(자치구가 아닌 구를 포함한다. 이하 같다) 안의 인근지역에 위치할 것

　＊실제 지목 및 이용 상황이 같거나 유사할 것

　＊용도지역 지구 구역 등 공법상 제한이 같거나 유사할 것

　＊주위환경 등이 같거나 유사할 것

　＊지리적으로 가능한 한 근접하여 있을 것

객관적인 현황기준 평가

　소유자의 주관적 가치나 특별한 용도로 사용하는 이용가치 등을 배제하고 객관적이고 일반적인 이용 상태로 평가하며, 지적공부상 지목에 관계없이 현

재 이용되고 있는 지목에 따라 평가한다. 일시적인 이용 상태도 고려의 대상이 아니다.

나지상정 평가

토지에 건축물 등이 있는 때에는 그 건축물 등이 없는 상태를 상정하여 토지를 평가한다(「공익사업을 위한 토지 등의 취득 및 보상에 관한 법률」 시행규칙 제22조 제2항). 이것은 재개발정비구역 지정고시일로부터 건물의 증축과 개축의 금지 등 각종 행위제한을 받게 되어 제한을 받지 않는 인근 건물보다 노후 불량하여 최유효 이용이 되지 못하기 때문에 나지 상태로 평가하는 것이다.

개발이익배제 평가

토지에 관한 평가에 있어서 다음의 개발이익은 이를 배제한 가격으로 평가한다. 그러나 재건축사업은 「공익사업을 위한 토지 등의 취득 및 보상에 관한 법률」의 적용을 받는 공익사업이 아니기 때문에 매도청구를 위한 평가를 할 때는 이를 적용하지 아니하며 따라서 개발이익이 포함된 가격으로 평가한다.

* 당해 공익사업의 계획 또는 시행이 공고 또는 고시됨으로 인한 지가의 증가분
* 당해 공익사업의 시행에 따른 절차로서 행하여진 토지 이용계획의 설정 변경 해제 등으로 인한 지가의 증가분
* 기타 당해 공익사업의 착수에서 준공까지 그 시행으로 인한 지가의 증가분

즉 개발이익이란 토지 소유자가 자기의 노력에 관계없이 지가가 상승하여 받는 이익으로서 정상 지가 상승분을 초과하여 증가된 이익을 말한다.

무허가건축물 등의 부지 또는 불법 형질변경된 토지의 평가

관계법령에 의하여 허가를 받거나 신고를 하고 건축을 하여야 하는 건축물을 허가를 받지 아니하거나 신고를 하지 아니하고 건축한 건축물(무허가건축물 등)의 부지 또는 허가를 받지 아니하거나 신고를 하지 아니하고 형질변경한 토지(불법 형질변경 토지)에 대하여는 무허가건축물 등이 건축될 당시 또는 토지가 형질변경될 당시의 이용상황을 상정하여 평가한다(「공익사업을 위한 토지 등의 취득 및 보상에 관한 법률」 시행규칙 제24조).

31 토지의 감정평가와 실거래가의 괴리를 판독한다

2016년 9월 1일 시행된 「감정평가 및 감정평가사에 관한 법률」 제3조는 감정평가의 '기준'에 관한 사항이다. 제1항과 제2항은 각각 토지 평가의 기준이고 제3항은 그 세부적인 원칙과 기준을 시행규칙에 위임하는 내용이다. 제1항에서는 표준지 공시지가를 기준으로 감정평가할 것을 강제하고 있다. '감정평가에 관한 규칙'에도 동일한 내용이 들어 있다.

「감정평가 및 감정평가사에 관한 법률」 제3조 제2항은 기업의 재무제표 작성에 필요한 감정평가, 담보권의 설정·경매 등의 평가에서 표준지 공시지가를 적용하는 평가 외에 임대료와 조성비용 등을 고려할 수 있도록 했다.

표준지 공시지가 기준법 외에 다른 평가방법을 적용할 수 있는 길을 터준 것이다. 그러나 더 강력한 문구는 표준지 공시지가 기준법을 강제하는 같은 조 제1항 단서 조항이다.

"적정한 실거래가 있는 경우에는 이를 기준으로 할 수 있다"는 내용이 단서로 달려 있다. 단서로 달린 만큼 원칙을 훼손하지 않을 정도로 극히 예외적인 경우에만 적용할 수 있다고 해석해야 하는지, 아니면 표준지 공시지가 기준법과 대등한 위치에서 실거래를 이용한 평가방법을 적극적으로 허용하고 있는지 언뜻 판단이 서지 않는다.

단서 조항을 만든 입법자의 의도를 알 수 있다면 혼란스럽지 않을 것이다. 시행령과 시행규칙에 '적정한 실거래가'의 명확한 판단기준이 들어 있다면 입법자는 이 단서 조항의 해석을 후자 쪽으로 했을 것이다.

적정한 실거래가를 적용하는 현 '거래사례비교법'의 위상이 표준지 공시지가기준법과 같아지게 된다. 이는 지각변동이다. '표준지'가 그간 토지 감정평가 영역에서 누려온 독보적인 '기준성'이 허물어지게 될 날이 멀지 않았기 때문이다.

표준지 공시지가가 그 주변 거래된 토지 가격에 맞춰 공시돼 왔다면 '적정한 거래사례'를 심어 놓은 효과와 같았을 것이다. 표준지 공시지가 기준법과 거래사례비교법의 산식이 거의 동일하기 때문이다. 차이점은 표준지 공시지가 기준법을 구성하는 산식에서 단 하나의 항목이 추가된다는 점이다.

표준지를 적용할 때는 거래사례비교법과 동일하게 대상 토지와 표준지를 비교한 후 이 결과를 '그 밖의 요인'으로 최종 보정한다. 그 앞에 비교과정을 거쳤어도 그런 항목으로 보정이 되지 않는 '그 밖의 사항'이 있다고 해석할 수 있다.

통계에서 변수와 변수의 대응관계를 알아본 후, 변화량과 변화량의 관계를 알고 싶을 때 변수에 로그를 취한다. 이는 변수에 문제가 있는 것이 아니라 대응관계를 다르게 해석하기 위해 값을 조정하는 것이다. 반면, 표준지의 공시가격(원/㎡)은 그와 거의 유사한 토지의 거래단가와 상당한 격차를 보인다.

거래사례와 비교해 도출된 대상 토지 가격은 그 토지가 그 정도 가격에 거래될 수 있다고 해석되지만, 표준지와 비교해 나온 1차적인 결과는 표준지가 거래가격 수준과 동떨어진 만큼 시가와 괴리된다.

정리하면 표준지 공시가격은 시가에 미치지 못하고 있다. 그래서 '그 밖의 요인'으로 보정하는 과정은 표준지 공시가격을 일단 거래가격 수준으로 환원하는 절차다. 이 과정에서 적정한 거래가격 수준이 얼마인지를 파악해야 하고, 적정 거래가격 수준으로 수렴하기 위해 감정평가사의 판단을 거쳐 '그

밖의 요인' 값을 결정한다.

이런 보정과정이 없는 거래사례비교법은 거래된 토지와 대상 토지를 1:1로 비교해 나온 결과에 손을 댈 수 없다. 비교하는 항목은 어느 토지가 우세하고 열세한지에 대한 판단이다. 이는 상대적인 평가다.

거래된 토지와 대상 토지를 비교하는 과정 외에 표준지 공시지가기준법에서의 '그 밖의 요인'과 같은 항목으로 거래된 토지를 보정해야 한다면 '거래된 토지'는 채택하지 말았어야 한다.

즉 정상적인 비교 과정 외에 원 자료를 수정해야 한다면 '왜 그런 자료를 채택했죠?'라는 질문에 할 말이 없다. 상대적인 비교 외에 원 자료의 절대적인 값을 건드리면 반칙이다. 그래서 '적정한 실거래'를 포착해 적용할 거래 사례로 채택하는 과정이 결과의 신뢰성과 연결된다.

2017년 하반기 거래사례비교법이 표준지 공시지가기준법의 위상과 어깨를 나란히 하게 되었다. 「감정평가 및 감정평가사에 관한 법률」 시행령과 시행규칙은 '적정한 실거래'가 무엇인지 세부적인 기준을 제시할 것이다.

우리의 경우, 공인된 중개사가 매도자와 매수자를 쌍방 대리한다. 중개사는 한쪽에는 좋은 물건 싸게 사도록 돕고 다른 쪽에는 제값을 받고 팔 수 있도록 최선을 다해야 한다. 그 접점이 있으니 이런 식의 부동산 중개가 이 땅에 발붙일 수 있었을 것이다.

요즘은 매도자를 대리하는 중개사와 매수자를 대리하는 중개사가 공조체제를 형성해 연합 중개를 하는 편이다. 법률 대리인도 쌍방 대리가 불가능하지만, 적정한 타협점을 찾을 때는 실질적인 공조가 이뤄진다고 볼 수 있다.

중개자의 힘을 빌리지 않고 성사되는 거래도 적잖다. 기업소유 부동산이 그렇게 매매되고 또 개발업자 간의 매매도 평범한 중개계약서와 다른 양식의 매매계약서를 사용한다.

감정평가를 의뢰하기 위해 매매계약서를 제시할 때, 공인된 중개사가 개입되지 않는 이런 거래증빙 자료는 항시 의심의 눈초리를 받는다. 이들 매매가 지자체에 신고가 된 후 등기상에 버젓이 거래내역을 표기했을 때에야 의심 수위가 낮아진다.

감정평가를 위해 검토하는 실거래 자료는 사정이 제각각이라 감정평가사로부터 '적정' 판정을 받기 전까지 푸대접을 감수해야 한다. 토지의 가치를 평가할 때, 거래사례와 비교한 결과물을 최종 감정평가액으로 할 수 있다는 규정이 「감정평가 및 감정평가사에 관한 법률」에 있다.

거래사례비교법은 기존 공시지가기준법에 의한 토지 평가를 상당 부분 대체할 것이다. '적정한 실거래가'를 판단하는 기준이 정해지겠지만, 남용과 오용의 위험을 걱정하지 않을 수 없다.

어떤 자료를 적정한 거래사례로 판단해야 하는가? 그리고 누가 이를 판단할 수 있을까. 판단 주체는 감정평가사가 돼야 한다. 감정평가사는 그 자료를 가지고 평가결론을 도출해야 하는 이들이기 때문이다. 이해관계가 얽힌 평가 건에서 이해당사자 모두가 자신에게 유리한 거래사례를 들이밀 것은 뻔하다. 결정 주체를 감정평가사로 한정하는 것은 상식적이고 합리적이다. 가격자료에 대한 접근 권한과 접근 능력도 감정평가사가 독보적이다.

'적정' 판정을 받기 위한 거래사례 요건은 단순명료하고도 깔끔해야 한다. 판단 주체의 전문성을 인정하되, 일반인도 수긍할 수 있는 접점이 필요충분조건이다.

가장 중요한 가격 수준의 '적정성'은 감정평가사에게 맡겨야 한다. 수많은 가격자료를 살펴본 후 일정한 가격 수준을 설정하고 이를 벗어나는 매매를 '이상치'로 판정할 수 있다. 왜 감정평가사들이 어느 정도의 가격 수준이 적정하다고 보았는지 최소한의 판단 기준과 근거 자료는 내부적으로 갖춰야 한다. 일반인들이 전문가의 판단을 반박하기는 쉽지 않다.

현 시점과 너무 동떨어진 시점의 매매자료라면 '호랑이 담배피던 시절' 운운할 것이다. 매매가 빈번하지 않다면 과거의 매매자료는 현 시점의 부적정 매매사례보다 훨씬 설득력이 높다. 도시와 비도시의 매매 빈도를 고려했을 때 과거의 자료라고 해도 어느 정도 수긍할 수 있다.

매매사례 오용의 문제, 의도적이고 인위적인 '실거래가' 가공을 생각해 볼 수 있다. 매매빈도가 높은 곳에서는 이런 위험성이 낮다. 실거래가를 낮추거나 높여 신고해 봤자 정상적인 거래가격이 형성해 놓은 '적정 거래가격 스펙트럼'에서 한참 떨어진 모습을 숨길 수 없다. 가물에 콩 나듯 몇 년에 한 건 거래되는 지역에서 이런 폐단을 걱정해야 한다.

표준지는 감정평가의 과정을 거쳤고 보상이나 매각, 교환, 과세 목적의 감정평가 선례는 이런 시장 상황을 반영한 가격대에 위치하고 있다. 그런데, 시장상황에 어두운 이상 거래가 최근에 이뤄졌다면 이를 악의적으로 활용한다 해도 책잡기는 곤란하다.

그런 목적으로 거래를 성사시키고 취·등록세와 양도소득세를 부담하려는 악의를 지닌 자가 분명 출현할 것이다. 이렇게 창조된 매매사례는 외관상 최고의 가격자료이기 때문에 부담 백배다.

또한 매매사례 남용도 발생할 것이다. 대표적으로 담보평가의 보수 성향이 희석될 가능성이 높다. 가장 보수적인 가격대의 매매사례 대신 가장 공격적인 거래 결과물을 취사선택하는 경우다. 보상평가에서도 소유자 추천 평가사의 매매사례 남용으로 평가자 간 실랑이가 빚어질 수 있다.

굳이 거래사례비교법을 사용하지 않는다 해도 문제될 것은 없다. 찜찜한 경우 거래사례를 사용하더라도 그 결과물을 표준지 공시지가 기준법에 의한 결과물의 적정성을 활용할 재료로 격하하는 것도 한 방편이다. 사전에 너무 걱정이 많다고 지적할 수 있다.

그러나 거래 자료를 취합할 권한을 주었더니 이를 활용해서 돈벌이에 나서고 있는 한 공기업의 작태를 보면서, 거래사례비교법의 확산에 의해 감정평가업계 내에 빚어질 여러 갈등을 어떻게 대비해야 할지 지혜를 모아야 할 때가 아닐까 라는 생각이 든다.

32 매매사례 비교법의
오류를 직시하라

얼마 전 지방에 있는 땅을 매입한 김모(45) 씨는 정확한 시장가격을 판단하지 못하고 땅을 샀다가 손해를 봤다. 김 씨가 땅을 산 지역은 당시 한창 뜨는 개발 예정지로 누가 봐도 땅값이 오를 여지가 충분했다. 김 씨는 아무런 의심 없이 3,000평의 임야를 평당 70만 원에 매입했다. 그러나 그는 얼마 가지 않아 자신의 선택에 대해 땅을 치고 후회했다. 알고 보니 주변 땅은 50만 원 선에 거래되고 있었던 것이다.

도대체 김 씨에게는 무슨 일이 있었던 것일까? 김 씨가 매입한 땅은 자연녹지상 임야로 도로를 사이에 둔 주거지역으로 도시계획이 변경되는 땅과 맞물려 있었다. 입지가 좋고 공람공고도 완료된 상태라 주변지역의 땅값도 천정부지로 올랐다. 이에 따라 인근지역 땅의 매매도 활발했다. 김 씨가 산 땅 역시 손 바뀜(명의변경)이 한 번 진행된 물건이었다.

개발소문이 난 지역의 땅값은 한 번 오른 뒤 계획이 발표되기 전 손 바뀜이 일어나게 마련이다. 그리고 손 바뀜 후에는 갑자기 매수 주문이 급격히 늘어 호가가 가파르게 오른다. 김 씨가 땅을 매입한 시점 역시 손 바뀜이 일어나고 호가가 크게 올랐을 때였다. 개발계획 소문이 돌기 전에는 평당 20만 원에 불과했던 이 지역 땅값은 꿈틀거리기 시작했고 주민공람을 완료한 이후에는 평당 40만 원으로 뛰어올랐다.

문제는 이때 발생했다. 현지 중개업자들이 손을 쓰기 시작한 것이다. 땅값이 크게 오르자 중개업자들은 투자자들을 끌어 모아 해당 부지를 사들였다. 그리고 1년 뒤 공람공고가 완료된 시점에 이들은 비싼 값에 땅을 내놨다. 이 과정에서도 치밀한 작전이 오고 갔다. 중개업자는 땅값 거래가격을 70만 원 선으로 묶기로 작정한 뒤 주민들에게 선물을 돌리면서 협조를 구했다. 또 지주들과 개별적으로 만나 매도호가를 80만 원 선으로 끌어올렸다.

그리고 김 씨는 이 작업이 완료된 시점에서 덜컥 땅을 사고 만 것이다. 특정 세력에 의해 만들어진 담합가격을 시장가격으로 잘못 판단해 손해를 본 것이다. 뒤늦게야 자신의 실수를 알아차린 그는 그제야 백방으로 산 땅의 개발가치를 알아봤다. 하지만 전문가들은 개발이 완료되더라도 평당 60만 원의 가치밖에 되지 않는 땅이라고 입을 모았다. 결국 김 씨는 평당 10만 원씩 총 3억여 원의 손해를 보게 됐고 뒤늦게 후회의 눈물을 흘렸다.

이처럼 주변의 말만 듣고 내부 사정은 모른 채 땅값을 책정하면 김 씨처럼 큰 손해를 볼 수 있다. 특히 국내에서 사용하는 토지 가치평가 제도인 '매매사례 비교법'은 이런 실수를 할 가능성을 더욱 높인다. 매매사례 비교법이란 토지나 부동산 등의 재산을 감정평가할 때 대상 물건과 유사성이나 동일성이 있는 다른 물건의 매매사례와 비교해 가격을 산정하는 방법이다.

문제는 이 방법으로 책정된 기준지가는 현실 시장에서 실제로 거래되는 가격과 차이가 크다는 것이다. 이렇다 보니 김 씨처럼 정확한 정보 없이 소문만 듣고 땅을 샀다가 손해를 보는 사람이 생겨나는 것이다.

감정평가사와 땅값 문제

2015년에 감정평가협회가 주축이 된 전국 3,600여 명의 감정평가사들이 2016년부터 시작되는 표준지 공시지가 조사, 평가업무를 전면 거부하겠다고 밝혀 파장이 크다.

표준지 공시지가 조사는 전국 각 필지별 땅값(개별 공시지가)을 산출하는 대표 필지의 가격을 매기는 것이다. 따라서 감정평가사들의 업무 거부는 토지정책의 근간인 정부의 공시지가 산정업무 차질이라는 초유의 사태뿐만 아니라 자칫 지자체가 산정하는 개별공시지가 산정에도 영향을 미쳐 재산세 등 과세에 심각한 문제를 야기할 공산이 크다.

감정평가사들이 업무 거부라는 초강수를 들고 나온 것은 국토교통부가 추진하는 표준지 공시지가의 기본조사제도에 대한 반발이다. 국토교통부는 매년 1월 1일을 기준으로 전국 50만 필지의 표준지에 대한 적정가격을 복수의 감정평가사가 정밀 조사해 가격을 산출해 왔던 방식을 지양하고 기본조사와 정밀조사로 이원화하는 방안을 현재 추진 중이다.

이는 땅값 변동률이 연 1% 이하인 데다 특별한 지가변동 요인이 없는 지역까지 연례적으로 매번 정밀 평가해온 과거방식을 탈피하기 위함이다. 땅값 변동이 미미한 읍, 면, 동 지역은 기본조사지역으로 선정, 한국감정원을 통해 약식감정을 하도록 하고 가격변동이 큰 지역만 감정평가사 현장조사를 통해 정밀 조사하겠다는 것이다.

예산절감과 업무의 효율성 면에서 당연한 조치다. 전국 1,500만 필지의 토지 가격 연례적 산출은 해외에서조차 유례를 찾기 힘든 우리만의 독특한 지가조사 구조다. 평당 천 원대도 미치지 못하는 강원도 산골까지 수천억 원대의 정부 예산을 투입해서 연례적으로 평가하는 행정편의주의와 혈세 낭비는 이미 사라졌어야 할 개혁과제다.

하지만 감정평가사들의 반발 역시 이해가 간다. 자격소지자는 늘었으나 부동산경기 침체로 일감이 급감한 데다 연례적인 공적 일감마저 줄어들면 생계에 위협을 느낄 수밖에 없는 처지다. 더구나 고무줄 부실 감정평가 문제가 속속 드러나면서 비리의 온상으로 지목되었고 동종 업무를 해온 감정평가원의 업무공유, 관리감독까지 받게 되니 감정이 앞서게 되는 것이다.

하지만 감정평가사들을 개발시대의 풍요를 잊고 개혁과 개선에 동참해야 한다. 토지보상가를 부풀려 토지원가를 올려주고 주택분양가를 높여 국민의 호주머니를 털고 산업경쟁력을 떨어뜨린 공적 동조자였음을 인정해야 한다.

정부도 약식감정 등 조령모개식의 개편을 접고 정보화시대에 걸맞은 확실한 대안을 내놔야 한다. 최첨단 IT 기술을 이용하면 사람이 직접 현장조사를 하는 것 이상으로 조사 업무의 단순화, 과학화, 효율화가 가능하다. 앱을 통한 현장조사 및 실시간 평가, 누적된 수백만 건의 거래 데이터를 과학적으로 활용하는 등 평가의 적확성을 높일 수 있는 대안을 감정평가사들과 머리를 맞대고 도출해야 한다.

Chapter 05

토지 감정가는
내가 결정한다

34 진짜 평당 가격을 찾는 법

진정한 땅값을 판독하는 법

주택지로서 좋은 땅의 기준은 무엇일까?

첫째, 내가 다시 매도하고자 할 때 남도 인정하는 조건을 최대한 갖춘 땅이다. 흔히 배산임수 지형이고, 남향이며, 산언덕에 있어 조망이 좋고, 토목공사 없이 바로 집을 지을 수 있는 네모반듯한 땅이 좋은 땅의 조건을 갖췄다고 할 수 있다.

물론, 이런 땅도 때에 따라서는 나쁜 땅일 수도 있다. 남들도 좋아하는 조건의 토지이지만 평당 가격이 주변 시세 대비 높아서 남들이 원하는 금액이 아니라면 나쁜 땅이기 때문이다. 따라서 내가 매수하고자 하는 토지의 평당 가격이 남도 인정할 수 있는 합리적인 금액일 때만 좋은 땅이다.

참고로 남들이 좋아하는 조건을 많이 가지고 있는 땅일수록 급매물은 거의 없다. 인정하기 싫어도 인정할 수밖에 없는 현실이다. 따라서 좋은 땅을 주변 시세에 준하여 매수한다면 감사하며 매입하는 것이 실수요자다운 매수이다. 최소한 남에게 큰 손해 없이 재매도가 가능한 땅이며, 내가 원하는 조건을 최대한 갖춘 부지기 때문이다.

둘째, 토지의 조건의 장단점을 모두 반영하여 '진짜 평당 가격을 찾는 법'의 산출방법을 적용해서 급매물이라 판단된 땅이다. 땅의 단점을 최대한 모두 토지 가격에 반영했다는 뜻은 그만큼 주변 시세 대비 무척 저렴한 땅이며 혹여 내가 토지의 단점을 보완해야 하는 비용이 발생한다면 단점을 보완하면서 발생한 경비와 시간을 보상받을 수 있는 땅을 의미한다. 땅을 가꾸면서 고생한 보람을 매도가격으로 보상받을 수 있는 땅이란 뜻이다.

이런 토지는 주변 시세 대비 저렴해 보이는 장점이 있어 미래의 매수자가 내가 매수한 금액을 인정하고 매수할 확률이 높은 땅이기에 좋은 땅이다. 내가 토지가 가지고 있는 장단점을 조합해서 평가한 금액을 남도 인정해 주는 땅이란 뜻이며, 단점을 대부분 반영한 평당 가격이기에 나중에 내가 매도할 때 매수자에게 얼마든지 땅의 단점을 얘기하면서 주변 시세 대비 토지 가격이 낮다는 점을 당당하게 말하면서도 매도할 수 있는 땅이기 때문에 좋은 땅이다.

주택지로서 나쁜 땅의 기준

매입 당시부터 부지의 조건이 근본적으로 단점이 많은 토지이며 단점들이 토지 평당 가격에 제대로 반영되지 않았을 때는 나쁜 땅이다.

첫째, 나쁜 땅은 사람들이 싫어하는 혐오시설이 가까운 거리에 있는 토지를 말한다. 큰 축사가 인접해 있는 토지, 많은 묘지들이 접해 있는 부지, 차량 통행이 많은 국도변이나 고속도로에서 가까운 토지, 가까운 거리에 송전탑이 있는 부지 등은 토지의 모양이 예뻐도 주택지로서의 주변 환경이 좋지 않은 곳을 말한다. 이런 곳은 대부분 토지소유자가 돈을 들여 원하는 대로 변경하기도 어렵기 때문에 다음 매수자가 주택지로 선택하기에는 땅값이 싸도 망설이게 하는 큰 단점이 있는 땅이다.

매수자가 고치기 어려운 토지의 단점 때문에 망설인다는 것은 분명 나쁜 점이다. 요즘 한전에서 송전탑 건설 시 송전선이 지나가는 아래쪽 땅까지 보상을 해 주는데 바로 송전탑이 토지 가격에 영향을 준다는 것을 인정하기 때문이다. 이는 또한 지역에서 큰 혐오시설이 들어오는 것을 현수막을 걸고 반대하는 이유이기도 한다. 현재는 문제가 없는데 앞으로는 토지 가격에 영향을 줄 수 있기 때문이다.

둘째, 북향, 서향과 같이 향이 좋지 않거나 큰 비가 오면 물길이 나는 자리, 급경사진 도로이거나 도로의 폭이 좁고 길어서 차량통행이 불편한 땅이다. 이런 땅의 조건 역시 토지소유자가 돈으로 해결하기 어렵다.

그렇지만 현실에서는 주택지로서는 부적합하거나 부족한 땅임에도 불구하고 부동산시장에서는 이런 나쁜 땅도 좋은 땅으로 평가되기도 한다. 땅을 평가할 때 나쁜 조건이라고 말한 단점 모두를 매도자가 인정하고 그것이 토지 가격에 반영되었다면 말이다.

황당하게 들릴지도 모르지만 청송의 맹지 절벽도 거래한다. 절벽을 사서 뭘 할까? 암벽등반용일까? 그런 건 아니다.

부동산시장에서는 아주 악산도 당시의 가장 낮은 가치평가 기준에 의해 평가된 매물이라면 거래가 된다. 10년 전 평당 100원짜리 임야가 10년이 흘러 최소 평당 500원에 거래가 되고 있으며 수익률로 보면 500%라는 현실을 아는 부동산 소비자들끼리 거래가 이루어지고는 하는 게 현실이다.

부동산시장에서는 부동산의 가치가 합리적이고 객관적으로 평가된다면 얼마든지 일반인들이 나쁜 땅이라고 여기는 땅도 좋은 땅으로 평가받는다. 우리나라 부동산시장에는 무조건 나쁜 땅은 없다는 뜻에서 그 사례로 앞에서 암벽등반이나 하면 딱 좋은 청송의 땅을 예로 들었다.

단점이 너무 많은 땅도 단점을 매도자가 인정하고 단점을 감안하여 부동산 가치를 평가한 후 적정한 매매가격이나 더 낮은 가격으로 부동산시장에 내놓는다면 좋은 땅이 될 수 있다는 뜻에서이다.

주택지로서 이상한 땅의 조건은 부동산 매수자가 토지 가격 평가를 하면서 혼란에 빠져 실수를 하곤 하는 땅이다.

부동산시장에서 가장 흔한 이상한 땅은 매입할 때는 주변 시세보다 싸게 매입했다고 생각했는데 토목공사를 완료하고 보니 과다한 토목공사비가 발생하였고, '진짜 평당 가격을 찾는 법'을 기준으로 하여 평당 가격을 계산해 보니 주변 시세보다 훨씬 높은 평당 가격이 돼버린 땅이다.

땅을 볼 때는 되팔 때를 염두에 두고 현재 부동산시장의 흐름을 최대한 반영하여 합리적이고 객관적인 토지 가격을 평가해야 한다. 그러나 매물을 소개한 사람이 토목공사비가 많이 들지 않는다고 해서 그 말만 믿고 매입했는데 실제 토목공사를 하면서 토목공사비가 늘어나는 경우가 많다.

물론 이런 경우는 과다한 토목공사비가 들었지만 토목공사가 원하는 대로 잘 진행됐을 때 얘기이다. 만약 토목공사가 원활하지 않았고 그 결과물도 좋지 않았다면 자금을 낭비한 후유증은 온전히 토지소유자의 몫이다.

이상한 땅을 매입해서 개발했는데 고생은 고생대로 하고 돈이 들어간 것을 계산해 보니 주변 시세보다 높은 평당 가격으로 산출되는 상황에 봉착했으며 나중에 자금을 회수할 필요가 있어서 매도를 할 때 자신이 고생하고 돈 들인 일을 매수자에게 인정받지 못하는 땅은 이상한 땅이다.

앞의 사례는 토목공사 경험이 부족해서 발생한 사례이며, 싼 땅을 구입해서 토목공사를 해서 주택지를 만들겠다는 사람들이 많이 경험하는 사례이다.

'싼 게 비지떡'이란 현실을 자신의 짧은 부동산 지식 때문에 당하는 경우이다. '싼 비지떡' 중에 옥석을 골라내서 이상한 땅을 좋은 땅으로 만들 재주가 있다면 부동산에 대해 뭔가 아는 것이고, 남의 눈을 기준으로 땅을 바라볼 줄 아는 사람이다.

두 번째로 이상한 땅은 꼭 뭐에 홀린 것처럼 소유권 이전을 받기 전까지는 땅의 단점은 안 보이고 장점만 보여서 계약하게 되는 땅이다. 이상한 일이지만 현실에선 부동산 초보자가 쉽게 겪는 일이다. 주변 시세 대비 저렴하다고 본인이 판단하게 되면 이상하게 장점만 보이고 주변 사람이나 친구가 반대를 하는데도 불구하고 단점쯤이야 얼마든지 자신이 해결할 수 있다고 생각했다가 막상 소유권 이전을 받고 나서야 단점이 보이기 시작하는 땅이다.

심한 경우에는 지적도상 도로가 아니며 주택을 지으려면 현황 비포장도로의 소유자에게 토지사용승낙서를 교부받아야 함에도 불구하고 포장도 되지 않은 현황 비포장도로를 토지사용승낙서 없이 건축행위가 가능한 도로라 생각하고 계약하는 사람들도 있다. (부동산 관련 지식이 거의 없는 사람이라 봐도 좋다.)

지적도상 도로는 없으나 덤프트럭도 통행이 가능한 현황 비포장도로이며 매도자에 따르면 도로용 토지의 소유자에게 도로용 토지사용승낙서를 발급받은 토지이므로 길 문제는 없으며 발급받은 토지사용승낙서를 계약 시 확인하고 소유권 이전 시 토지사용승낙서 서류를 넘겨받은 땅인데 막상 건축허가를 받으려고 하거나 받고 나니 도로용 토지소유자가 "난 매도자에게만 토지사용승낙서를 교부했을 뿐 새로 매입한 당신에게는 토지사용승낙서를 교부할 의무가 없으며 당신이 가지고 있는 전 소유자에게 교부한 토지사용승낙서는 효력이 없다"라고 하는 황당한 경험을 하게 만드는 이상한 땅도 가끔 있다. (민사소송건이 된다.)

마지막으로 특이한 땅이다.

특이한 땅은 크게 자연이 만든 땅과 사람이 만든 땅으로 구분된다.

첫 번째는 군계일학으로 터의 조건이 워낙 미모가 출중한지라 주변 시세를 무시하고 매도자가 높은 평당 가격을 요구하는 땅이다. 이런 땅은 비교대상이 많지 않기 때문에 매도자의 호가와 매수자의 밀당이 평당 가격을 좌우한다.

차량으로 비교하면 국산 중형차와 같은 크기의 벤츠와 비슷한 땅이다. 같은 배기량이고 크기이지만 차량가격이 큰 차이가 나니까 말이다. 고급 외제차를 구입하는 사람들은 15년 뒤 폐차할 때 국산 중형차와 똑같은 대접을 받을지라도 차량을 사용하는 기간 동안의 만족도를 감안해서 더 비용을 지불하는 것처럼, 첫 번째 군계일학과 같은 미모가 뛰어난 땅은 자연이 만들어 낸 땅의 희소성에 대한 가치를 지불할 의사가 있는 사람이 구입할 확률이 높다.

대신 이런 땅의 단점은 다음 매수자를 쉽게 구할 수 없기 때문에 급매물로 처리하려고 하면 어쩔 수 없이 본인이 지불한 미모에 대한 가치를 모두 무시하고 주변 시세에 준하여 매도할 수밖에 없다는 단점이 있다. 지역 시세를 무시한 땅은 제 임자를 만나야만 제 가치를 인정받는 것이지 일반 매수자들에게는 조건이 좋은 땅일지라도 주변 시세와 큰 차이가 없어야 선택된다는 단점이 있다.

그렇기 때문에 이렇게 뛰어난 입지조건을 갖춘 땅을 매입하는 사람들은 나중에 매도할 때 손해를 보더라도 내가 사용하는 기간 동안만은 뽐내며 살겠다는 마음으로 구입하는 대신 매도를 할 때는 '그동안 잘 썼으니 내 땅의 가치를 조금이라도 인정하는 사람에게 넘기겠다.'는 생각으로 매수 여부를 결정하는 것이 좋다.

다시 말해 급매물로 처리할 상황이 없기를 바라야 하는 땅이다. 아무리 좋아 보이는 땅일지라도 평범하지만 어디하나 모난데 없는 주변 땅의 평균 시세가 평당 30만 원이고 내가 좋은 조건이라고 생각한 토지가 평당 40만 원인 경우 내가 급해서 매도할 때는 주변 시세에 맞춰 평당 30만 원 이하로 내놔야 매도가 쉽게 될 땅이 특이한 땅이다. 매도가 급하냐, 급하지 않고 조건을 인정하는 매수자를 만나느냐에 따라 평당 가격이 고무줄인 땅이다.

두 번째는 첫 번째 특이한 땅과는 정반대로 땅도 얼마든지 성형미인을 만들겠다고 도전하는 분들이 만들어 낸 땅이다. 이상한 땅이거나 주택지로서 적합하지 않은 땅인데 주변 시세보다 싼 맛에 매입하고 자신의 정성과 노력으로 성형미인을 만들듯 땅을 만지는 분들이 만들어 낸 땅이다.

원래 용도는 특이한 땅이 아니었는데 새로 산 토지소유자가 자신의 취향에 따라 또는 목적이 있어 과감한 토목공사 자금을 투입하거나 자신의 색깔대로 땅을 조경하는 등 땅에 자신의 색채를 입힌 사람들이 만들어 낸 땅이란 뜻이다. 땅은 가만있는데 잘나고 특이한 주인을 만나서 지역 부동산시장의 분위기와 달리 명품토지로 만들어지는 경우다.

가장 이해하기 쉬운 성공 개발사례로 평평한 농지에 둘러싸인 파주 광탄 벽초지 수목원이나 비탈진 임야를 오랜 세월의 힘을 빌려 만든 경기 양주 장흥유원지 자생수목원을 들 수 있다.

이런 특이한 땅은 소유자가 목표한 결과물을 완성에 가깝게 만들어 내면 특이한 땅이 된다. 그러나 개발 중간에 소유자의 자금부족 등으로 인하여 개발이 중단되면 큰일이 난다. 개발에 들어간 본전은커녕 수술 중에 중단했기 때문에 어수선한 분위기가 단점으로 부각되는 땅이 될 수도 있기 때문이다. 땅은 1년만 방치하면 원상복구하려는 치유의 힘이 강하기 때문이기도 한다.

부동산시장에서 가끔 보는 특이한 땅의 사례를 한 가지 더 소개해 보겠다. 작은 땅이지만 막대한 조경비용을 들인 명품 주택지들이 있다. 그런데 명품

주택지임은 분명한데 해당지역에 명품조경 주택을 선호하는 부동산 소비자가 거의 없다면 낭패다. 지역을 잘못 선택한 것이다.

땅 소유자가 좋아서 비싼 조경수며 조경석으로 부지를 치장하고 명품 터를 만들었지만 지역적으로 해당지역에 와서 땅을 찾는 부동산 소비자는 주머니 사정이 가벼워 소유자가 만든 명품조경을 '그림의 떡'이라며 감탄만 한다.

땅은 어떤 주인을 만나냐에 따라 부동산가치가 변하는 특징을 가지고 있다. 좋은 땅과 나쁜 땅을 판별하는 가장 쉬운 비교방법은 '진짜 평당 가격을 찾는 법'에 준하여 나름대로의 평가를 한 결과 해당지역의 시세 대비 저렴한지 비싼지를 구분하는 방법이며, 이는 가장 합리적이고 객관적인 부동산 가치 평가방법이다.

아직도 '진짜 평당 가격 찾는 법'을 산출하는 것이 익숙지 않아 어려운가? 토지가 가진 합리적이고 객관적인 장단점을 조합해서 산출하는 방법은 자신의 투자대상지 마련에 대한 의지가 강하다면 할 수 있다.

내 땅의 가치 판독법

부동산에는 많은 가격이 있다. 즉 매도인이 보는 가격, 매수인이 보는 가격, 공인중개사가 보는 가격, 감정평가사가 보는 가격, 경매낙찰 가격, 과세당국에서 세금을 매기기 위해 보는 가격(공시지가), 실제 매매된 가격(실거래가), 융자받을 때 은행에서 보는 가격 등등. 보는 입장에 따라 하나의 부동산에 많은 가격이 존재하고 있다. 그렇다면 내가 매수하려는 가격은 과연 적정한 것일까?

부동산 투자를 고려할 때 꼭 거치는 과정 중 하나가 내가 사고자 하는 부동산의 가격이 과연 '이 금액을 주고 사도 괜찮을까'하고 고민하는 것이다. 아무리 투자성이 있는 매물이라 하더라도 주변에서 거래되는 금액보다 턱없이 비싸게 매입한다면 투자의 장점이 반감되고 나아가 되팔 때 애를 먹을 수도 있기 때문이다.

필자는 예전에 어느 카페에 부동산투자에 관한 글을 게재한 적이 있다. 글 내용 중에 부동산을 살 때는 적정 금액에 나왔는지 여러 중개업소를 통해 시세를 파악하는 과정을 거쳐야 한다고 했다가 글을 읽은 관련 종사자들로부터 거센 항의를 받았다. 굳이 일반인들이 몰라도(?) 되는 내용을 공개했다며 항의했다. 한 토지 중개업자는 자기 고객이 그 글을 읽고 계약을 미루더니 며칠 후 바로 계약을 파기했다며 나를 원망하기도 했다.

조금 과장된 표현이지만 몇 해 전까지만 해도 부동산 시세는 부동산을 거래하는 업자들이 얼마든지 조작할 수 있는 공공연한 비밀이었다. 마음만 먹으면 얼마든지 교묘한 방법으로 시세를 담합하고 조작해 손님을 우롱할 수 있었다. 어떤 경우는 가격 띄우기 작전세력을 만들어 가격을 부풀려 실수요자들을 속이기도 했다.

사실 부동산 값을 정확히 알아내는 일이 쉽지는 않다. 부동산의 특성상 개별성과 부동성 때문에 정가개념이 희박하기 때문이다. 오히려 이런 특성 때문에 시장가격은 턱없이 왜곡되어 거래되기도 한다. 투자자 입장에서는 투자대상지역 내 가격 형성대와 거래가, 적정 거래가 수준을 알아야 바가지를 쓰지 않는다.

부동산 가격은 호가 〉 매도희망가 〉 시세가 〉 급매가 〉 공매가 〉 경매가 순서대로 싼 게 통례이다.

'호가'는 팔려고 내놓은 부동산 값이라기보다는 일단 거래되는 금액보다 조금 비싼 값에 내놓은 가격이다. 만약 호가와 매도희망가로 매입했다면 비싸게 주고 산 것이다.

'시세가'란 최근 그 지역 내에서 자유로운 거래방식으로 형성된 금액으로 이것이 바로 '거래시세' 개념이다. 이 금액으로 매입했다면 그런대로 적당한 선에서 매입했다고 할 수 있다.

'급매가'는 통상 매도자의 급한 사정 또는 특수한 사유에 따라 시장에 내놓을 때의 가격이다. 매도자가 빨리 처분해야 하는 특별한 사정은 이민, 결혼 같은 개인적인 사유와 투자목적으로 여러 주택을 매입한 다주택자가 세금 문제 등으로 내놓은 매물, 상속·증여받은 부동산이나 경공매로 매입 후 시세 구현 후 처분하는 부동산, 투기목적으로 단기간 팔고사고를 반복한 후 차익을 얻은 후 내놓은 부동산, 강화된 규제 때문에 규제회피 수단으로 내놓은 단기성 매물 등을 꼽을 수 있다.

또 '공매가'와 '경매가'는 세금체납 또는 과다한 대출 때문에 헐값에 처분하려는 위험성(?) 높은 부동산을 처분할 목적으로 매도하는 부동산의 가격이다.

부동산시장에서 좋은 값으로 부동산을 매입하려면 최소 '시세가' 정도에서 매입해야 하는 것이 상식이다. 매도자가 부르는 값 또는 한껏 치솟은 가격대에 매입했다면 투자자는 손해를 입거나 투자에 실패하기 쉽다.

투자자는 반드시 투자 전 정확한 부동산 가격을 알아내기 위해 노력할 필요가 있다. 부동산의 특성상 과학적이고 객관적인 자료를 알아내기 어려운 만큼 정확한 시세를 파악하는 일은 내 재산을 지키는 일로, 적은 돈으로 투자를 위한 우량 부동산을 매입하는 것이 안전한 부동산 투자법인 것이다.

투자 전 시세를 알아보기 위한 몇 가지 전략을 소개하려 한다.

최근 거래사례로 '시세' 수준을 파악하라

아파트, 다세대주택 같은 공동주택은 거래사례를 찾기 쉽다. 그러나 주택이나 땅, 지방의 부동산은 거래가 한산해 매매사례를 찾기가 쉽지 않다. 따라서 초보투자자들은 바가지 쓰기 십상이다.

이럴 때는 내가 사고자 하는 지역 내 중개업소에 들러 최근 거래된 사례를 찾아보자. 거래를 알선한 중개업소가 비협조적일 때는 이웃해 있는 중개업소나 현지 주민 등을 통해 개략적이나마 거래가를 알아낼 수 있다. 다만 한두 개 매물사례만 알면 진짜 가격을 알아내기 어려우므로 되도록 인근 유사지역 내 몇 건의 거래사례를 수집해야 한다.

내가 사고자 하는 부동산과 비교해 거래된 사례의 부동산이 면적과 규모가 차이가 난다면 그 또한 시세를 파악하기가 곤란하다. 부동산시장의 특성상 규모가 작은 부동산은 거래가가 비싸기 때문이다. 유사한 규모와 금액대의 거래사례를 찾아내는 것이 중요하다.

2017년부터 실거래가 등기제도를 도입함으로써 앞으로는 거래가를 알아내기가 쉬울 테지만 그래도 기준가격을 찾아내기 위해서는 최소한 동일 규모의 부동산 거래사례를 기준으로 삼아 가격을 파악해야 한다.

매도자, 매수자 입장에서 이중으로 검색하자

인터넷 사용의 증가와 부동산 정보회사의 이용률 급증으로 요즘은 부동산 가격을 알아내기 쉬워진 게 사실이다. 부동산 정보의 공개화도 부동산 가격을 양지로 끌어냈다. 그러나 아직도 부동산거래는 은밀하며 얼마든지 조작이 가능하다. 한동안 사회를 시끌벅적하게 만들었던 아파트부녀회의 가격담합이 한 사례이다. 조작된 부동산 가격의 피해를 입지 않기 위해서는 적정한 가격을 알아내는 노력이 필요하다.

몇 군데 중개업소에 전화를 해 파는 사람 입장에서 시세를 파악해 봐야 한다. 그 다음에는 사는 사람의 입장에서 가격을 의뢰해 보자. 나름대로 객관적이고 체계화된 금액대의 통계치를 파악할 수 있으며 가격 형성대를 쉽게 알아낼 수 있다. 중개업소는 매물등록이 많은 목 좋은 업소를 골라야 매물을 쉽게 비교할 수 있다.

그런 다음에는 직거래 장터에서 시세를 파악하는 것이다. 인터넷 포털사이트나 생활정보지에 직거래 매물로 나온 유사매물 두세 개를 중심으로 매도자와 매수자 입장에서 집중적으로 가격을 파악해 크로스체크를 해 보면 시세를 파악하기 수월하다.

종목별로 시세 파악을 달리해야 한다

부동산 종목에 따라 시세 파악을 달리하는 것이 바람직하다. 종목에 따라 각자 사용가치와 교환가치가 다르고 공급과 효용성이 다르다. 아파트 등 주거시설은 거래가 많고 최초 분양가를 알아내기 쉽다. 분양가는 시행 시공사의 원가와 이윤을 보태고 불확실성에 대한 대가를 더한 후 몇 년이 흘러 프리미엄이 덧붙여진 상태에서 시장가격이 형성된다.

따라서 시장가격과 분양가를 비교해 보면 시세를 파악하기가 쉽다. 근린과 중심상가 등 상업시설은 최근의 거래가격보다는 투자금액 대비 임대수익에 근거해 가격을 파악해야 한다. 즉 영업 상태와 공실 여부, 상권 규모와 입지에 따라 사용가치를 기준해 가격을 산정해야 한다.

거래량이 적은 전원 혹은 농가주택, 토지 등은 형성된 가격이 천차만별이어서 더 신중하게 가격을 알아봐야 한다. 거래 파악이 어려운 만큼 발품을 많이 팔아야 한다. 친한 중개업자의 도움이 필요하다.

최소 세 건 이상의 유사매물을 비교 분석한 후 가장 최근에 거래된 매물들을 찾아봐야 한다. 특히 최근에 급하게 매도했던 급매물을 중심으로 가격을 알아내면 정확한 거래시세를 파악할 수 있다. 토지의 경우 표준지 공시지가와 보상가 등도 참고해 가격을 유추해 봐야 한다.

거래현장에 있다 보면 거래가를 알아내기 쉽지 않은 경우가 허다하다. 예를 들어 한 지역 내에 일시에 공급물량이 과다 또는 과소하거나, 매물도 없고 매수세도 거의 없는 고급주택가의 대형 아파트나 연립, 급격한 개발 발표로 인해 가격이 급등하는 호재지역 등은 부동산값의 적정가를 산정하기가 매우 어렵다.

이럴 때는 미래가치와 함께 부동산의 효용성을 중심으로 가격을 산정해야 한다. 아무리 투자성이 있어 보이고 미래가치가 장밋빛이라 하더라도 실제 효용가치가 없다면 비싼 금액을 치를 필요가 없다. 내가 꼭 사고 싶은 금액을 기준해 부동산을 매입하는 것이 후회 없는 부동산 투자법이다.

초보자가 부동산 투자에 실패하는 이유는 가격 파악에 실패하는 경우이다. 초보자들은 대개 달랑 한두 개 물건만 보고 투자를 결정하거나, 바람잡이나 아르바이트를 동원한 가격 조작에 넘어가 시세보다 비싸게 매입하거나, 이민과 상속 등 특수 상황으로 꾸며 급매물로 위장한 매물에 혹하기도 한다. 어떤 경우 주인이 매물로 내놓지도 않은 부동산을 매물 등록해 그 부동산을 기준 가격으로 산정한 다음 초보자를 유인하는 방법은 부동산 사기업체의 공공연한 비밀이다.

부동산에 투자할 때는 시장상황에 대한 정보를 최대한 수집하고 중개업자의 가격담합이나 사기, 거래가격의 심한 왜곡이 있는 경우를 조심해 이중삼중 부동산의 매입 적정가를 확인한 후 투자를 결정해야 한다. 느긋한 마음으로 가격조사를 해야 한 푼이라도 값싸게 우량부동산을 살 수 있음을 명심해야 한다. 만약 땅을 조금이라도 보유하고 있는 사람들이라면 지금이라도 내 땅의 상태를 알아보는 것이 매우 중요하다. 부동산 투자의 핵심은 보유냐 매도냐의 선택과 매도, 매수 타이밍이기 때문이다. 토지의 값은 현재의 가치보다 건축물을 지었을 경우의 가치와 주변이 개발됐을 때의 미래가치에 의해 결정된다.

먼저 토지 이용계획확인서를 발급받아서 내 땅이 어떤 용도지역에 속하는지를 살피고, 토지 소재지 관할 시·군·구청의 도시계획조례를 살펴서 건축할 수 있는 건축물의 종류와 건폐율 및 용적률을 정확히 알아야 한다. 땅의 가치는 건축할 수 있는 건축물의 종류와 용적률에 달려 있다. 상업지역이 주거지역보다 비싼 이유가 여기에 있다.

그런 다음, 토지 이용계획확인서에 열거된 제한사항에 걸려 있는지를 살펴야 한다. 예를 들어 군사시설보호구역이면 군사시설보호법에 의해 개발행위가 제한되며, 전, 답, 과수원 등 농지라면 농지법을, 임야라면 산지관리법을 살펴봐야 하기 때문이다.

농업을 영위하기 위해 토지를 취득하고자 하는 경우에는 농지취득자격증명을 발급받았거나 그 발급 요건에 적합한 자로서 토지소재지에 전 세대원이 6개월 이상 거주하고 있어야 한다.

임업·축산업 또는 수산업을 영위하기 위하여 토지를 취득하고자 하는 경우에도 토지 소재지에 전 세대원이 6개월 이상 거주하고 자영할 수 있는 요건을 갖춘 자여야 허가를 받을 수 있다.

한강 수계를 따라서 상수원보호구역이면 건물신축과 형질변경은 원칙적으로 금지된다. 수변구역이면 숙박업 및 관광숙박업이 일체 금지돼 있으며, 수질보전특별대책지역 Ⅰ Ⅱ 권역은 숙박 · 식품접객업 400㎡ 이하일 때 신축이 가능하다.

기획부동산 업체로부터 땅을 구입한 사람들은 분할 여부를 반드시 확인해야 하며, 공시지가도 확인해 두는 것이 좋다. 또한 다음의 방법에 의해 자신이 소유한 땅의 가격을 산정해 볼 수도 있다.

> **농지＝인근 대지가격×농지 효용비율**
>
> *농지 효용비율: 농업진흥구역 30%, 농업보호구역 40%, 농업진흥지역 외 농지 60%

이것은 간편법으로 계산하는 방식이다.

원래 농지의 값을 산출하려면 인근 대지가격−(농지전용부담금+토목공사비)−인허가 리스크 프리미엄의 산식으로 해야 하나, 토목공사비나 인허가 위험에 따른 리스크 프리미엄을 일일이 계산하는 것은 어렵기 때문에 위의 간편법으로 계산하여 참고할 수 있다.

인근 대지가격은 인근의 전원주택 시세에서 건물분 값을 제외하면 된다. 전원주택의 건물 값은 대체적으로 3.3㎡당 150만~200만 원 내외면 적당할 것이다.

예를 들어, 인근 전원주택이 대지 660㎡에 건평이 132㎡인데, 시세가 3억 원이라고 하자. 그럼 건물 값은 6,000만 원이므로 토지 값이 2억 4,000만 원이 된다. 토지의 3.3㎡당 가격은 120만 원이다.

내 밭이 농업진흥지역 내 농업진흥구역에 있다면 3.3㎡당 36만 원, 농업보호구역에 있다면 48만 원, 농업진흥구역 외 지역에 있다면 72만 원이다. 물론 밭의 위치와 진입로, 모양 등에 따라 가격은 달라지겠지만 참고할 만은 하다. 밭이 아니고 논(답)이라면 10% 정도 가격이 떨어진다. 임야는 인근 농지의 절반 수준으로 생각하면 대체로 맞다.

● 예시 1

대상지는 농업진흥지역의 농업진흥구역 농지이며 소유주인 매도인은 평당 21만 원을 받기를 원한다. 참고로 인근지역에서 유사한 거래사례는 찾을 수 없었고 대상지와 여건이 비슷한 인근지역 전원주택의 대지가격은 평당 81만 원이다. 투자자가 이 농지를 매입하기 위한 투자상한 가격을 제시하여 본다면,

(풀이) 투자가치=인근대지가격/평×효용비율=80만 원/평×30%=24만 원/평

● 예시 2

대상지의 현황은 농업진흥지역의 농업보호구역 농지 1,000평이며, 소유주인 매도인은 평당 55만 원을 받기를 원하고 중개사가 여건이 비슷한 인근지역 공장부지들이 평당 100만 원에 거래되고 있다며 적극적으로 투자를 권유하고 있다. 참고로 투자자가 확인해 본 결과 인근지역에서 유사한 거래사례는 찾을 수 없었고 인근 공장부지가 평당 90~100만 원 선에 거래되고 있음을 확인했다. 투자자가 이 농지를 매입하기 위한 투자상한가격을 제시하여 본다면,

(풀이) 투자가치=인근지역 대지가격/평×효용비율=100만 원/평×40%=40만 원/평

으로 고평가되어 있음을 알 수 있다.

토지 매수가격 추정하는 법

　토지 매도자가 얼마에 매수하였는지를 추정할 수 있는 방법에 대해 소개한다. 필요한 것은 일단 부동산등기부등본 1통.

　부동산등기부등본을 보면, "갑구"와 "을구" 란이 있다. 갑구에는 부동산의 매매일자와 매수인(현재소유자)이 적혀 있다. 일단, 매매일자를 잘 확인하고 을구를 보면 '근저당권'이라고 쓰여 있고 은행이름이 적혀 있다. 매매일자와 동일하거나 그 이후의 날짜가 적혀 있고, 채권 최고액이 얼마인지 적혀 있다.

　자. 그럼 매수인은 얼마에 토지를 매입했을까? 한번 추측해 보자.

　예를 들어, 1,000㎡짜리 나대지를 46만 원/평에 사라고 중개사가 권유한다고 가정해 보자. 원래 5, 60만 원이 넘는 땅인데, 급매로 나온 것이라며, 원래 땅 주인이 갑자기 미국을 가게 되었다며 말이다. 그럼, 원래 그 사람은 얼마를 주고 샀는지 궁금해질 것이다.

　등기부등본을 떼어 보니, "을구"에 설정금액이 6,500만 원이 적혀 있다. 채권최고액 설정금액이 6,500만 원으로 적혀 있다면, 설정비율 130%로 나눈 값이 실제 은행에서 대출받은 금액이 된다. 여기에 은행의 담보대출비율을 나누면 매매가격이 되는데, 일반적으로 토지의 경우(나대지를 기준으로 한다. 전, 답, 임야는 좀 더 낮다.) 매매가의 50%(기본적으로는 감정평가액에 따라 큰 차이를 보이지만 용도지역이나 지목, 지역에 따라 차등이 있음을 고려) 정도로 보면 무난하다. (이걸 담보대출 비율[LTV: Loan To Value ratio]이라고 하는데 정확히 하기 위해서는, 근처 은행에 문의하는 것이 좋다. 아파트의 경우 60% 정도가 일반적이다.)

　계산해 보면, 6,500만 원/1.3/(1000×0.3025)/0.5=약 33만 원/평 이 나온다. 그러면, 중개사를 통하여 지주가 요구한 금액이 원래 매수한 금액보다 약 12~13만 원 정도 높다는 것을 알 수 있다.

36 땅값 거품에 대해

부동산 일선현장에서 일하다 보면 고객들이 보유한 토지에 대한 처분이나 보유에 대한 의견, 적절한 개발방향 등에 관한 문의를 종종 접하게 된다. 부동산의 종류도 워낙 다양하지만 특히 그중에서 유독 토지분야는 어지간한 현장 실무경험과 공법에 관한 지식으로 무장하지 않고서는 상담을 하기가 매우 어렵다.

필자가 접했던 대부분의 고객들도 그러했듯이 부동산을 통하여 많은 재산을 축적한 VIP 고객들도 이 토지 분야에서만큼은 적어도 한 번 이상 골치 아팠던 경험이 있었을 거라는 생각이 든다. 필자와 가깝게 지내는 금융권 PB들도 고객의 토지물건에 대한 의뢰만 들어오면 막막한 생각밖에 안 든다고 할 정도이니 그들의 마음이 이해가 되고도 남는다.

많은 애로점이 있었겠지만 그중에서도 가장 어려운 것이 바로 가격이고 그 다음이 물건에 대한 실무공법적 분석이다. 이 두 가지는 어지간한 현장 경험과 법률지식 없이는 판단하기가 참으로 어렵다.

90년대 초반에 불었던 임야 투자광풍이 그 좋은 사례다. 당시만 해도 쌀한 가마니와 임야 몇 천 평을 바꾸던 시절이었는데 일부 투기를 일삼는 토지기획 부동산 분양업자들이 이런 점들을 악용해서 토지 가격보다 훨씬 더 많은 금액의 수수료를 얹어서 매매를 알선하는 몰지각한 일을 벌이며 일확천금의 기회를 누렸다.

그도 그럴 수밖에 없는 것이 땅 가격이라는 것이 어지간한 전문가가 아니고서는 현장조사를 해 본들 제대로 된 시세를 알기도 어렵다 보니, 대부분 내 옆에서 이야기해 주는 지인들의 말에 의존할 수밖에 없는 것이 현실이다.

우여곡절 끝에 매수를 하였다가 몇 년이 지난 후에 기대수익을 얹어서 매도를 하려는 때에야 비로소 자신이 그 당시 얼마나 비싼 가격에 매수를 한 것인지를 깨달은 사람들이 한두 명이 아닐 것이다. 그만큼 비도시지역의 토지가격을 가늠한다는 것은 참으로 난해한 일이 아닐 수 없다.

가격 외에도 대한민국의 복잡한 토지공법을 제대로 이해하고 판단하고 조사할 수 있는 실력을 갖춘다는 것은 거의 불가능하다. 필자가 생각하기에도 우리나라의 토지규제와 관련된 수없이 많은 법령과 지침과 고시 등을 제대로 이해하고 현장경험까지 풍부하게 갖춘 실력가를 만나기란 결코 쉽지 않은 것 같다.

대개 부동산업계에서 유명하다고 하는 분들도 아파트, 상가, 건물 등 부동산경기에 민감한 분야에 대해서는 자신이 있을지 몰라도, 이 토지분야에서만큼은 감히 자신 있게 명함을 내밀 수 있는 사람들이 과연 몇이나 될까 하는 의구심이 들기도 한다.

필자가 아는 고액자산가들 중에서도 자신이 보유하고 있는 토지에 관한 컨설팅이나 매각을 의뢰해 오는 경우가 제법 있는데, 개발이나 인허가 보유가치 등 많은 상담 내용 중에서 가격에 대한 논의를 간략하게 해 보고자 한다.

한 고객의 상담 내용을 예로 들어 보겠다. 그 고객이 소유한 토지의 인근에 있는 토지 300평이 평당 50만 원에 팔렸다. 고객의 땅 3,000평은 그 땅보다 더 좋은 위치에 있다. 그래서 그 고객은 평당 50만 원 이상에 팔거나, 적어도 50만 원에 팔고 싶어 한다.

결론부터 말하면, 농지 3,000평은 평당 30만 원이 적정할 것 같다. 면적이 커지면 커질수록 가격이 낮아져야 하는 이유는 간단하다. 실수요성이 점점

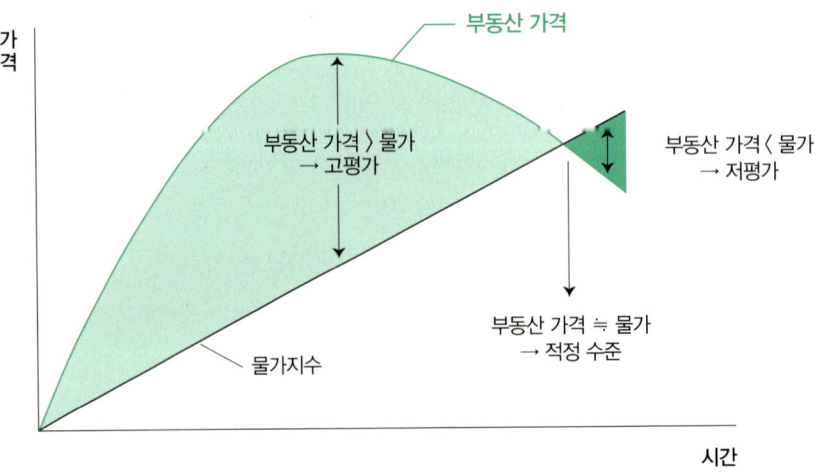

● 물가와 부동산 가격

부동산 가격

가격

부동산 가격 > 물가
→ 고평가

부동산 가격 < 물가
→ 저평가

부동산 가격 ≒ 물가
→ 적정 수준

물가지수

시간

떨어지기 때문이고 매수가격의 무게가 무거워서 매수자를 찾는 일 자체가 훨씬 어렵기 때문이다.

300평의 농지는 일정 절차를 거쳐서 매수자가 당장 집을 지을 수도 있고 근린생활시설도 할 수 있겠지만 3,000평의 농지라면 문제가 달라진다. 매수자가 실제 필요로 하는 면적은 아주 소형이고 나머지는 농사 외에는 달리 방도가 없기 때문이다.

개발을 해서 분양을 할 수 있을 정도의 양호한 농지라면 매수자의 개발이익이 보장되어야 하지 않겠는가? 매수자는 토지매수가격에 각종 개발비용과 시간을 들여서 300평으로 분할해서 매각할 수 있는 가격이 평당 50만 원이 되어야 하는 것이다.

그럼에도 불구하고 300평의 평당 가격을 3,000평의 평당 가격과 동일하게 팔고자 한다면 이게 시장에서 먹힐 리 없다. 한마디로 매수자가 매수할 이유가 없기 때문에 특별한 경우가 아니고서는 매각이 힘들다.

번거롭더라도 소형 면적으로 분할을 할 수 있다면 오히려 그 방법을 택하는 것이 낫지만 몇 년 전부터는 땅을 분할하려면 허가를 받아야 하고, 그 과정도 까다롭기가 이만저만이 아니다. 전문가가 아니고서야 땅을 효과적으로 분할하기도 쉽지 않다.

필자는 이런 경우에 고객과의 잦은 면담을 통해서 가격설명을 하기도 하지만 고객은 원래 매수할 때 높은 가격을 지급한 사연이 있기 때문에 낮추어서라도 팔겠다는 판단을 선뜻 내리기가 쉽지 않은 것이다. 이해가 되지 않는 것은 아니지만 만약 필자의 땅이라면 손해를 감수하더라도 미련 없이 내던지리라. 왜냐하면 그 편이 몸과 마음은 물론 정신건강에 훨씬 낫다는 것을 수많은 경험을 통해 알기 때문이다.

Chapter 06

공시지가의
투자 활용법

토지투자와 공시지가의 함수관계

공시지가와 토지거래

토지투자와 토지거래 시에 자주 만나는 용어 중에 '공시지가'라는 것이 있다. 얼마나 빈번하게 만날 수 있느냐 하면, 두세 달에 한 번씩 경제신문이나 부동산신문에서 '00지역의 공시지가가~'라는 식으로 기사가 나오기도 한다. 공시지가는 쉽게 말하면 땅값이라는 것인데, 이 땅값이 토지거래 시 생각보다 초보투자자들을 혼돈 속으로 밀어 넣는 역할을 하기도 한다.

공시지가라는 것은 무엇일까? 공시지가는 국토교통부 장관이 전국에 있는 토지를 조사 평가해 공시한 표준지의 단위면적당 가격이다. 다시 말해 정부에서 정한 땅값이라는 것이다.

이렇게 공시지가를 정하는 이유는 양도세, 상속세, 증여세 등 각종 세금을 부과할 때 기준으로 삼기 위함이다. 이 공시지가를 조금 더 자세히 이야기하자면 표준지공시지가와 개별공시지가로 나눠 볼 수 있다. 이 또한 간단하게 알아보자.

보통 우리가 한 지역의 공시지가를 알아보기 위해서는 그 표준이 되는 것이 필요하다. 그래서 국토교통부 장관은 전국의 개별토지 중에서도 대표성이 있는 토지를 추려 공시한다. 개별공시지가는 이 표준지공시지가를 기준으로 적정가격으로 평가하게 된다.

이런 식으로 산정된 것이 공시지가인데, 초보투자자들은 가끔 토지의 땅값을 알아보다가 '공시지가'를 발견하고서 그것을 기준으로 삼아 원하는 지역의 땅값을 알아보는 실수를 범하기도 한다. 이것을 '실수'라 말하는 이유는 대개의 공시지가는 실거래가에 비해 터무니없이 저렴하게 공시하고 있기 때문이다.

예를 들어 세종시를 알아 보자. 세종시 연기면 연기리를 표준지 공시지가로 검색하면 대표적인 몇 지역의 토지가 산정되어 나온다. 그중에서 계획관리에 위치한 답의 2016 공시지가는 ㎡당 38만 8,000원이다. 그러나 해당지역, 같은 조건의 실제 거래가는 ㎡당 100만 원을 훌쩍 넘는다.

공시지가와 실거래가는 전혀 다른 셈이다. 이는 호재가 많다고 알려진, 예를 들어 당진, 부안, 세종, 제주, 평택 등 현재 개발이 한창 진행되는 지역일수록 그 격차가 크다. 공시지가는 낮은데 실거래가가 높다 하여 풀이 죽어서는 안 된다. 애초에 우리가 조사해야 하는 것은 실거래가이기 때문이다.

그렇다고 해서 공시지가가 토지투자에 쓸모가 없는 것은 아니다. 공시지가는 해당지역의 토지거래가 얼마나 활발한지, 가격상승은 어떠한지 참고할 수 있는 지표가 된다.

● 표준지공시지가와 개별공시지가의 차이점

구분	표준지공시지가	개별공시지가
근거법	부동산가격 공시 및 감정평가에 관한 법률	
주체	국토교통부장관	시 · 군 · 구청장
평가대상	전국 50만 필지	전국 2,750만 필지
기준일	매년 1월 1일	매년 5월 31일
효력	• 일반적인 토지거래의 지표 • 개별공시지가의 산정기준 • 토지시장의 지가정보제공 • 보상금 산정기준 • 감정평가업자의 토지평가기준	• 국세 및 지방세의 기준 • 각종 부담금 부과 (개발부담금 등) • 국 · 공유재산 사용료 · 대부료 산정을 위한 토지 가격

세종시 연기면 연기리는 불과 10년 전만 해도 공시지가 13만 원 하던 땅이었다. 2013년까지만 해도 15만 원으로 야금야금 오르던 이 땅의 가격이 크게 뛴 것은 2014년과 2015년도였다. 2014년도 연기면 연기리의 개별공시지가는 25만 원, 그 다음 해에는 37만 원에 달했다.

2012년 세종시가 특별자치시로 출범하면서 본격적으로 크게 오른 것이다. 공시지가가 이 정도였으니, 실거래가는 부르는 게 값이었던 시절이기도 했다. 이처럼 공시지가의 과거를 통해 그 해나 그 전해 해당지역에 어떤 개발호재가 있었는지 유추해 보는 재미도 쏠쏠하다.

물론, 토지거래 시 분명 공시지가보다는 실제 투자금을 유추할 수 실거래가를 조사하는 것이 중요하다. 국토교통부 실거래가 공개시스템을 통해 대략 같은 조건의 토지가 얼마에 거래되었는지 확인할 수 있게 되었다. 마음만 먹으면 다양한 포털 사이트를 기준으로 유추해 볼 수도 있다. 그러나 공시지가를 통해 해당지역의 발전과정, 세금납부 등의 유추 등도 확인할 수 있으니 조사 시 함께 비교해 봐야 하는 땅값임은 분명함을 기억하자.

공시지가는 합리적이고 일관성 있는 지가정보체계를 세우기 위해 정부(국토교통부)가 관련 법률에 따라 매년 1월 1일을 기준으로 산정해 공시한다. 1989년 7월부터 시행에 들어갔으니 벌써 20여 년이 지났다. 그만큼 넓게는 지역별, 좁게는 개별 필지별로 지가 흐름에 대한 기록성을 인정받을 만한 기간이다.

개별공시지가는 양도소득세·상속세·취득세·등록세 등 국세와 지방세는 물론 개발부담금·농지전용부담금 등을 산정하는 기초자료로 활용된다.

다만 공시지가는 현재의 가격이 아닌 과거의 가격이라는 문제점을 안고 있다. 매년 1월 1일이 기준일이기 때문에 전년도 10월에 조사에 착수하게 된다. 즉 2017년 개별공시지가는 정확하게 말하자면 2016년 4/4분기 가격인 셈이다. 그래서 예외적인 경우에 국토교통부 장관이 따로 공시 기준일을 정할 수 있다.

어쨌든 개별공시지가는 정부에서 매년 조사해 발표하는 공신력 있는 기록이다. 따라서 머지않은 장래에 전원생활을 위해 시골 땅을 구하려는 이들은 본인이 관심을 두고 있는 각 지역별 개별공시지가의 흐름을 읽어낼 줄 알아야 한다. 이를 통해 땅 투자 수익률 예측은 물론 고속도로 등 개발재료에 따른 지가 움직임, 그리고 해당지역 및 개별 땅 가격의 적정선 등을 어느 정도 판단할 수 있기 때문이다.

홍천군의 사례를 들어 개별공시지가 체크 포인트를 알아보자. 홍천군은 2011년 개별공시지가 상승률이 평균 7.38%로 강원도 내 2위, 전국 4위를 차지했다. 물론 개별공시지가는 지역별(군·면·리) 또는 개별 필지별로 입지조건, 개발재료, 지목변경 및 필지분할 등의 각종 변수에 따라 큰 차이를 보인다. 하지만 개별 사례를 통해서도 일반적인 땅 테크의 법칙을 찾아낼 수 있다.

먼저 시골 땅값을 좌우하는 최대 호재는 '길'이다. 고속도로 및 복선전철 착공·개통에 따라 땅값은 요동친다. 2000년대 들어 홍천 땅값을 움직인 핵심 재료는 경춘고속도로(서울~춘천)를 비롯한 동서고속도로(서울~춘천·홍천 ~양양) 건설이다. 지난 2004년 하반기 착공에 들어간 경춘고속도로(서울~춘천)가 2009년 7월에, 이어 춘천~홍천을 잇는 동홍천 IC가 그해 10월 31일 개통됐다.

또 같은 해 6월 동홍천 IC와 양양을 연결하는 동서고속도로 2단계 구간이 착공됐다. 이처럼 2009년은 홍천 땅 시장에 있어서 고속도로 관련 대형 호재들이 잇따라 터져 나온 시기였다. 동서고속도로 2단계 구간은 2017년 6월에 개통했다. 반쪽 개통에 머물렀던 동서고속도로 전 구간(서울~양양)이 뚫린 것이다.

지난 2009년 개통된 동홍천 IC와 바로 연결되는 내촌 IC의 수혜지로 분류되는 내촌면 물걸리 A땅과 서석면 수하리 B땅의 개별공시지가를 비교해 살펴보자.

2004년 8월 경춘고속도로가 착공된 다음 해인 2005년 수하리 B땅의 개별공시지가는 ㎡당 7,500원으로 2004년 3,300원에 비해 127%나 급등했다. (2005년 개별공시지가는 실제로는 2004년 4/4분기 가격이라는 점을 고려하자.)

내촌면 물걸리 A땅은 역시 3,910원에서 4,860원으로 24%(950원) 올랐지만 상승폭은 서석면 수하리에 비해 크게 못 미쳤다. 이는 당시 동서고속도로 2단계 구간에서 동홍천 IC(2009년 10월 말 개통)와 연결되는 다음 IC가 현재의 내촌 IC가 아닌 서석 IC라는 소문이 나돌았기 때문으로 보인다.

서울과 연결되는 고속도로 착공의 파급효과는 엄청나서, 이후 2006년 1월 1일 기준 개별공시지가는 폭등세를 기록했다. 내촌면 물걸리 A땅은 2004년 ㎡당 3,910원에서 9,050원으로 2년 새 131%나 올랐다. 여전히 '서석 IC'가 들어설 것이라는 소문에 힘입은 수하리 B땅은 2004년 3,300원에서 2006년 1만 8,000원으로 2년 새 445%나 폭등했다.

그러나 2009년 6월 동서고속도로 2단계 구간에서 서석 IC가 아닌 내촌 IC가 착공되고 같은 해 10월 30일 동홍천 IC가 개통됐지만, 이후 땅값 상승률은 2005~2006년에 비해서는 크게 둔화됐다. 이는 개발 열풍이 전국을 휩쓸면서 곳곳의 땅값이 폭등한 노무현 정부와 안정세를 유지한 이명박 정부의 차이점이기도 하다.

내촌면 물걸리 A땅은 2009년 ㎡당 개별공시지가가 1만 100원에서 2011년 1만 6,200원으로 2년 새 60.3% 뛰었다. 서석면 수하리 B땅은 2만 2,000원에서 2만 5,000원으로 13% 상승하는 데에 그쳤다. 이는 홍천~양양 구간 동서고속도로 IC가 소문과는 달리 홍천군 서석면 서석 IC가 아닌 내촌면 내촌 IC로 결정된 데다, 수하리 B땅이 그동안 물걸리 A땅보다 더욱 가파른 상승세를 보였기 때문에 상대적으로 주춤했던 것으로 분석된다.

흔히 땅은 장기 투자처로 꼽힌다. 환금성이 불리하기 때문이기도 하지만, 5~10년은 내다보고 투자해야 그 기간 동안의 고속도로 건설 및 개통, 관광지 개발, 산업단지 조성, 토지정책 변화, 전원시장 트렌드 변화와 같은 호재성 재료에 힘입어 가격이 오르기 때문이다. 홍천군 A, B땅의 사례에서 보듯이, 특히 땅값은 수년간 보합세를 보이다가도 불과 1, 2년 만에 몇 배의 폭등세를 연출하기도 한다.

내촌면 물걸리 A땅과 서석면 수하리 B땅의 5년, 10년 단위 연평균 가격 변동률을 살펴보자.

물걸리 A땅은 2006년 개별공시지가가 ㎡당 9,050원에서 5년 뒤인 2011년 1만 6,200원으로 79%(7,150원) 올랐다. 연평균 상승률은 15.8%다. 수하리 B땅은 2006년 1만 8,000원에서 2011년 2만 5,000원으로 38.8% 올라, 연평균 상승률은 7.8%에 머물렀다.

하지만 최근 약 10년간의 흐름을 놓고 보면 얘기가 달라진다. 물걸리 A땅의 경우 지난 2002년 개별공시지가는 ㎡당 2,840원에 머물렀다. 그러나 9년 만인 2011년에는 1만 6,200원으로 470%나 올랐다. 연평균 상승률이 52.2%에 달한다. 수하리 B땅은 지난 2002년 2,100원에서 2011년 2만 5,000원으로 무려 1090%나 폭등했다. 2002년 기준으로는 A땅보다 더 낮았지만, 이후 9년간의 연평균 상승률이 121%로 A땅의 배 이상에 달했다.

이런 차이는 2017년 6월 내촌 IC 개통 이후에는 어느 정도 좁혀질 것으로 예상된다. 하지만 수하리 역시 내촌 IC에서 차로 10분 이내 거리여서 고속도로 수혜지로 분류된다.

A땅과 B땅의 가격 격차는 입지조건이 반영된 것이다. 수하리 B땅은 홍천강 상류의 강변에 입지해 있다. 물걸리 A땅 역시 강변에서 그리 멀지 않지만 조망권은 없다. 강변, 강조망이라는 전원주택지의 트렌드가 이와 같은 가격

격차를 만들어 낸 것이다.

이들 땅이 고속도로 착공 및 개통이라는 대형 호재의 영향권에 있던 2005~2006년과 2010~2011년은 가격 상승폭 측면에서 큰 차이가 나타난다. 물론 2005~2006년의 폭등세는 노무현 정부 시절 전국을 들쑤셔 놓은 개발 열풍에 기인한 탓이다. 그렇다 하더라도 2010~2011년의 상승폭 둔화는 이후 동서고속도로 전 구간이 개통되는 2014년 전후의 강한 상승 탄력을 점치게 하는 한 요인이다.

땅값 흐름을 분석할 때 공시지가와 실제 시세가 크게 다르다는 점도 유의해야 한다. 수하리 B땅의 2011년 개별공시지가는 ㎡당 2만 5,000원이지만, 최근 실거래 가격은 9만 5,000원이었다. 개별공시지가가 실거래가의 약 4분의 1에 불과하다. 물걸리 A땅 역시 개별공시지가는 1만 6,200원이지만, 현재 호가는 8만 1,800원 선으로 5분의 1 수준이다. 이는 B땅이 저렴하게 매매되었거나 A땅의 호가가 높은 것임을 보여 준다.

만약 전원주택지로 점 찍어둔 마을과 개별 물건이 있다면, 해당 물건과 비슷한 조건의 이웃 땅뿐 아니라 더 좋은 조건의 땅과 더 나쁜 조건의 땅의 개별공시지가 흐름을 비교 분석해 볼 것을 권한다. 그러면 해당 땅의 시세 적정선을 가늠하고 향후 투자 수익률을 어느 정도 예측할 수 있다.

공시지가를 투자에 활용하라

공시지가, 얼마나 알고 있나?

▶ 공시주체와 절차는?

공시주체는 관할 시장·군수·구청장이다. 절차는 먼저 시·군·구별 토지의 특성에 따라 토지 가격 비준표를 적용해서 가격을 산정한다. 다음으로 소유자 의견청취와 감정평가업자 검증을 거친다. 마지막으로 지방부동산평가위원회 심의를 거쳐 관할 시장·군수·구청장이 결정·공시한다. 이후 이의신청도 가능하다.

이때 시·군·구 공무원이 산정하는 개별 필지 가격의 정확성을 높이기 위해 감정평가사가 가격을 산정, 의견제출, 이의신청까지 세 차례에 걸쳐 검증한다. 표준지는 감정평가사가 직접 현장조사를 통해 조사·분석 후 국토부 장관이 결정 고시한다.

▶ 가격공시 기준일은 언제?

개별 공시지가는 매년 1월 1일을 기준으로 시장·군수·구청장이 5월 말까지 공시한다. 다만 6월 30일까지 분할·합병 등의 사유가 발생한 경우 7월 1일을 기준으로 추가공시가 이뤄진다. 또 7월 1일 이후 이 같은 사유가 발생하면 다음 연도 1월 1일 정기 공시분에 포함된다.

▶ 공시대상은?

국세 및 지방세의 부과대상 토지와 개발부담금 등 각종 부담금의 부과대상 토지가 해당된다. 또한 법규정 또는 시·군·구청장이 결정공시하기로 한 토지도 포함된다. 다만 표준지, 부담금 등 부과대상이 아닌 토지, 과세대상이 아닌 토지 등에 대해서는 개별공시지가를 공시할 수 없다.

▶ 어떻게 활용되나?

개별공시지가는 토지 관련 국세 및 지방세 부과기준으로 활용된다. 또한 개발부담금 등 각종 부담금 부과기준으로 사용한다. 보유세 부과 기준일은 6월 1일이며 재산세는 토지가 9월, 주택은 7월과 9월이다. 종합부동산세는 12월에 부과된다.

▶ 재산세 부과 관련 문의는?

재산세 관련 문의는 주무부처인 행정안전부 지방세 운영과로 하면 되고, 종부세의 경우 기획재정부 재산세제과이다.

▶ 공시지가 상승률 산정기준은?

개별공시지가 상승률은 개별필지의 단위면적당 가격(원/㎡)에 해당 필지의 면적을 곱한 금액의 총가액(전년대비 동일 필지)에서 전년 총가액을 뺀 수치를 전년 총가액으로 나눈 후 백분율로 산정한다. 단, 국·공유토지, 전년도 공시지가 및 금년도 공시지가가 없는 토지에 대해서는 상승률 산정대상에서 제외된다.

▶ 개별공시지가 상승률이 표준지공시지가 상승률보다 높은 이유는?

표준지 및 개별지의 공시지가 상승률 산정은 면적가중 상승률 방식을 적용하므로 필지별 면적의 크기에 따른 공시지가 상승률이 지자체별 공시지가 상승률에 상당한 영향을 미친다.

즉 넓은 면적의 토지는 공시지가가 소폭 상승하더라도 당해 시·군·구의 공시지가가 큰 폭으로 상승한다. 따라서 적정 면적 등을 고려해 산정한 표준지의 공시지가 상승률보다 토지 특성의 중용성(中庸性) 등이 고려되지 않은 개별지의 공시지가 상승률이 상대적으로 높게 나타나는 것이 일반적이다.

특히, 대규모 개발사업 등에 따른 가격상승 요인 파급효과가 많은 지역은 표준지가 대비 개별지가가 상대적으로 높게 나타났다.

▶ 이의신청은 언제까지?

이의신청은 시·군·구 홈페이지와 '부동산 공시가격 알리미'에서 서식을 내려 받아 작성하고 해당 토지소재지의 관할 시·군··구청에 6월 30일까지 직접 제출해야 한다. 이의신청이 제기된 토지는 감정평가 검증 등 재조사를 거쳐 이전 공시가격과 다르면 조정해서 7월 29일 재 공시한다.

공시지가 투자법

이제까지 토지투자의 목표를 선택하는 데 있어 시점과 국가정책의 변화에 따라 개발계획들이 생성되고 진행되는 과정 중에서 중요시해야 할 부분들에 대해서 살펴보았고, 정보획득의 방법적인 부분과 수집하고 정리하는 부분을 알아보았다. 이제부터는 체계적이고 좀 더 과학적인 접근이 필요하다. 투자하는 데 있어서 목표 물건이나 지역, 개발소식 등을 가지고 정보획득 및 수집을 했다면 가장 먼저 기본적인 자료조사를 해야 한다. 여기에서 많이 놓치는 점이 바로 '공시지가'의 변동이다.

통상적으로 공시지가는 '표준지공시지가'와 '개별공시지가'가 있지만 여기서는 '표준지공시지가'를 의미한다. 공시지가는 토지감정의 기준이 되며 일반적인 토지거래의 지표가 된다. 또한 과세시가표준액과 기준시가, 감정시가 등을 일원화함으로써 토지공개념에 의한 지가의 평가를 표준화한 것이다. 이러한 공시지가는 매년 변동한다. 물가변동과 지목변경, 용도변경, 주변 환경 등 기타 자연적이고 사회적인 변화에 의해서 대부분 상승한다. 이는 거래의 기준이기도 하지만 실질적으로는 시세와는 많은 차이를 보인다.

투자자들이 주목해야 할 점은 공시지가가 어느 시점에서 가장 많이 변동하는지이다. 이는 주변에 비슷한 상황에 처한 곳의 변화를 살펴봄으로써 예상할 수 있다.

흔히들 계획, 착공, 준공이라는 3단계의 계단형 상승을 많이 얘기한다. 일반적으로는 실거래가를 다 살펴볼 수 없으므로 그 실질적인 개발의 움직임을 시기적으로 적용하여 가치변동의 실익을 추정한다.

80년대부터 국가적인 개발정책들이 발표되고 개발 붐이 일어나기 시작하면서 극소수의 권력층들이 독점했던 정보가 지주들의 극렬한 저항과 비리로 인하여 일반에 공개되기 시작하였고, 그 여파로 천정부지로 치솟는 땅값에 울고 웃는 일들이 많이 있었다. 그래서 도로만 하나 뚫려도 하룻밤 새에 부자가 탄생하고 개발에 따른 반응이 점점 극렬하게 나타나기 시작했다.

공시지가의 변동은 분석을 하는 데 있어 한 재료일 뿐이다. 종속된 재료이기 때문에 여러 필수적인 요건들을 종합적으로 판단할 수 있는 자료들을 모아서 배치 분석하고 수치를 점검하며 계획의 향방을 점치는 연습을 해야 한다. 그래야 리스크를 많이 줄일 수 있게 된다.

공시지가를 읽어라

개별공시지가란 표준지공시지가를 이용하여 산정한 개별토지의 단위면적(㎡)당 가격이다. 국토교통부장관은 전국의 토지 중 대표성이 높은 표준지를 선정하고, 단위면적(㎡)당 적정가격인 공시지가를 결정하고, 시장·군수·구

● 전국 개별 공시지가 얼마나 올랐나

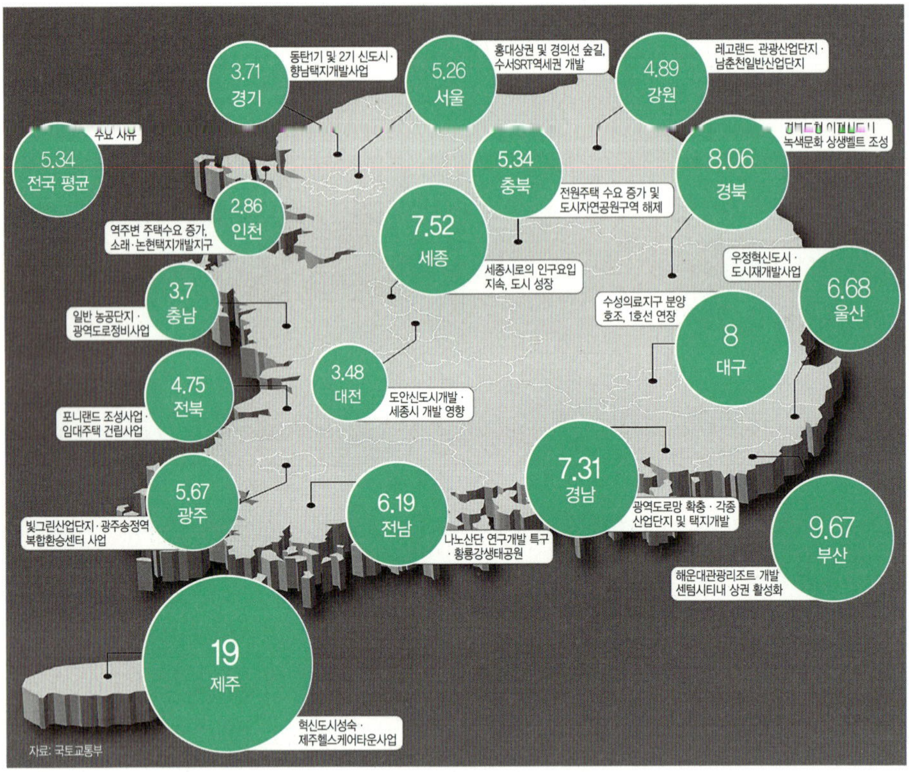

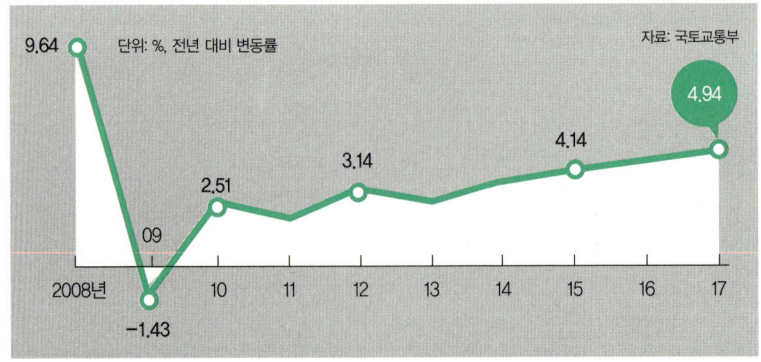

3.71
경기
동탄1기 및 2기 신도시·
향남택지개발사업

5.26
서울
홍대상권 및 경의선 숲길,
수서SRT역세권 개발

4.89
강원
레고랜드 관광산업단지·
남춘천일반산업단지

5.34
전국 평균
수보 사유

8.06
경북
녹색문화 상생벨트 조성

2.86
인천
역주변 주택수요 증가,
소래·논현택지개발지구

5.34
충북

7.52
세종
전원주택 수요 증가 및
도시자연공원구역 해제
세종시로의 인구유입
지속, 도시 성장

3.7
충남
일반 농공단지·
광역도로정비사업

6.68
울산
우정혁신도시·
도시재개발사업

8
대구
수성의료지구 분양
호조, 1호선 연장

4.75
전북
포니랜드 조성사업·
임대주택 건립사업

3.48
대전
도안신도시개발·
세종시 개발 영향

5.67
광주
빛그린산업단지·광주송정역
복합환승센터 사업

6.19
전남
나노산단 연구개발 특구·
황룡강생태공원

7.31
경남
광역도로망 확충·각종
산업단지 및 택지개발

9.67
부산
해운대관광리조트 개발·
센텀시티내 상권 활성화

19
제주
혁신도시성숙·
제주헬스케어타운사업

자료: 국토교통부

● 전국 공시지가 상승률 2008년 이후 최고

단위: %, 전년 대비 변동률

자료: 국토교통부

9.64

2008년

09
-1.43

10
2.51

11

12
3.14

13

14

15
4.14

16

17
4.94

청장은 표준지의 공시지가를 바탕으로 하여 개별토지의 단위면적(㎡)당 적정가격인 개별공시지가를 산정한다.

개별토지의 용도(주거용, 상업용, 공업용 등), 도로 · 교통 조건, 토지 이용규제 사항 등을 유사한 이용가치를 가진 표준지와 비교하여 토지가격비준표에 의해 그 차이에 따른 가격배율을 산출하고, 표준지공시지가에 가격배율을 곱하여 개별공시지가를 산정한다.

● 공시지가 변동

준공

착공

계획

개별공시지가 = 가격배율 × 표준지공시지가

개별공시지가에 관한 중요성에만 매달리다 보면 거래가 쉽지 않다. 신빙성을 잃은 가격 때문에 매수를 꺼릴 수밖에 없는 법. 땅의 개별공시지가는 아파트 등 지상물과 달리 매우 낮게 책정되어 있다. 땅은 미완성 부동산이기 때문이다. 건축물이나 부속물, 공작물이 없기 때문에 각종 세금 책정 기준은 차치하고라도 공시지가를 낮게 책정, 공시할 수밖에 없다.

공시지가가 20만 원이지만 거래가격이 기백만 원 하는 수도권 땅은 많다. 지상물보다 미래가치에 기준점을 맞추기 때문이다. 개별공시지가와 거래가격 및 시세와 별 차이가 없는 지상물과 달리 땅의 개별공시지가와 거래가격은 현격한 차이가 있다. 이는 변수가 많은 땅의 역할에 대한 기대수치가 과다하다는 의미다. 즉 잠재력과 잠재성을 함께 보는 것이다.

이 때문에 공시지가에 대한 중개사들의 가격 책정은 다르다. 의견이 분분하다. 한 지역에서도 가격을 정하는 기준선이 다르다. 해당 땅이 있는 지역의 개발청사진을 기준으로 시세를 정하는 사람이 있는가 하면 땅의 용도지역과

개별토지   유사가치 표준지

지목에 한정해 시세를 정하는 사람도 있다. 의견 차이가 다양해 가격도 다양하다. 땅 사기가 많은 이유도 여기에 있다.

개별공시지가는 세금 책정 시, 자료로 상용하기도 하지만 시세 반영 자료로 상용한다. 하지만 기획부동산에서도 공시지가가 높은 맹지나 미개발지역의 땅을 판매하고 있어 투자자를 헷갈리게 만든다. 개별공시지가가 100% 믿을 수 있는 가격의 참고자료는 아니라는 뜻이리라.

땅의 개별공시지가는, '공시'의 의미를 크게 둘 필요 없는 '거짓가격(짝퉁가격, 착한 가격이 발생할 수 없는 이유)'인 셈이다.

개별공시지가의 특징은 개별성과 개성이 강하다는 것이다. 전국적으로 개발예정지역이 난발하고 있는 가운데 개별공시지가는 해당지역 주민들에게 토지수용가격을 책정하는 자료로 잘 써먹고 있는 형편이다.

39 공시지가에 대한 오해와 편견

　공시지가가 높으면 좋을까, 낮으면 좋을까? 대충의 결론은 이렇다. 부동산을 팔지 않고 계속 보유하고 싶은 경우에는 공시지가가 높아 봐야 세금만 더 많이 나온다. 보유하고 있는 동안 세금을 매기는 기준이 공시라는 이름이 들어간 땅값 또는 건물에 대한 가격이다. 반대로 국가나 지방자치단체에서 내 땅을 수용하는 대가로 보상을 해 주겠다고 하면 이 경우는 얘기가 달라진다. 공시된 가격이 높을수록 보상 가격도 높아진다.

　공시지가에 대해 다시 한번 알아보자. 공시라는 말은 네이버 사전에 이렇게 나온다. "공공기관이 권리의 발생, 변경, 소멸 따위의 내용을 공개적으로 게시하여 일반에게 널리 알림." 비슷한 말로는 공고, 공포, 반포 등이 있다.

　쉽게 얘기해서 공공기관이 알려준다는 얘기라고 이해하면 될 것 같다. 지가는 땅값을 말한다. 그럼 건물 값도 알려줄까? 아파트와 같은 경우는 공동주택가격이라는 이름으로 매년 공시한다. 단독주택 같은 경우도 개별주택가격에 대해 공시를 한다.

　그런데, 상가, 공장, 사무실 등과 같은 건물은 공시가격이 없고 직접 계산해야 한다. 그런데 계산을 하려면 책 한 권이 넘는 분량을 공부해야 하므로 결코 쉬운 일이 아니다.

표준지공시지가의 실거래가 반영률

지난해 부동산 경매시장에서 낙찰된 전국 토지물건의 공시지가 대비 낙찰가 비율이 130%에 육박하는 것으로 나타났다. 지난해 낙찰된 전국 토지 1만 9,961건의 공시지가 대비 감정가 비율은 195.94%, 공시지가 대비 낙찰가 비율은 127.8%로 각각 조사됐다고 경매정보업체(태인)이 밝혔다.

공시지가 대비 감정가와 낙찰가 비율이 가장 높은 지역은 충청북도로, 공시지가 대비 감정가율 220.3%, 낙찰가율은 299.2%로 집계됐다. 이는 공시지가가 1억 원인 충북 지역의 토지가 2억 2,000만 원에 감정됐고, 이를 낙찰받은 입찰자들은 3억 원 가까운 금액을 써 냈다는 의미다. 이어 경상남도가 공시지가 대비 감정가 비율 209.37%, 낙찰가 비율 270.82%로 뒤를 이었다.

● 지역별 공시지가 대비 낙찰가/감정가 비율 (토지)

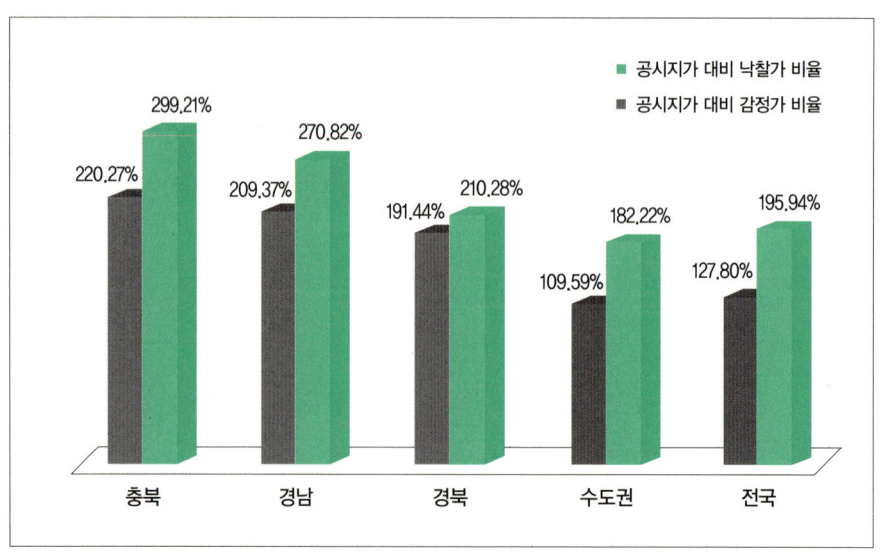

※ 자료 = 부동산태인(www.taein.co.kr)

이 지역들은 공시지가가 크게 상승했다는 공통점이 있다. 국토교통부가 2017년 표준지 공시지가의 실거래가 반영률을 65.1%로 2016년 대비 2% 포인트 올린 데 따른 것이다. 공시지가는 실거래가 외에도 표준지 지역 토지계획이나 인근 개발호재 등 다각적인 변인을 적용해 변동률을 산정한다.

공시지가 대비 감정가와 낙찰가 비율 차이가 가장 컸던 충북은 2017년 공시지가가 4.26% 증가하며 전국 평균 증가율인 4.14%를 웃돌았고, 경남 역시 공시지가 증가율이 7.05%를 나타냈다.

부동산태인 연구원은 "공시지가 대비 낙찰가 비율의 변화 추이를 보면 부동산 가격의 흐름을 파악할 수 있어 적정한 입찰가 산정에 도움이 된다"며 "투자수익률을 높이기 위해서는 인근 낙찰사례나 부동산포털 등을 통해 실거래가 정보까지 파악해야 한다"라고 말했다.

왜냐하면 국토교통부장관은 토지 이용 상황이나 주변 환경, 기타 자연적 · 사회적 조건이 일반적으로 유사하다고 인정되는 일단의 토지 중에서 선정한 표준지에 대하여 매년 공시기준일 현재의 적정가격을 조사 · 평가하고, 중앙부동산평가위원회의 심의를 거쳐 이를 공시해야 하기 때문이다. 법으로 정해진 것이기 때문에 땅이 없어지지 않는 이상 평생 해야 하는 일인 셈이다. 여기서 주목할 점은 적정 가격이다. '적정 가격'이라 함은 당해 토지

● **2011년도 시도별 표준지공시지가 실거래가 반영률 현황** (단위: %)

전국평균	서울	부산	대구	인천	광주	대전	울산	경기
58.72 (3.14)	58.40 (3.32)	66.65 (3.63)	67.97 (2.90)	54.44 (1.64)	73.61 (0.72)	65.08 (2.69)	50.45 (5.93)	58.09 (2.71)
	강원	충북	충남	전북	전남	경북	경남	제주
	49.82 (5.46)	55.07 (3.60)	57.26 (4.23)	63.46 (3.61)	64.98 (3.59)	58.28 (3.86)	54.83 (4.33)	64.91 (2.80)

※ ( )는 2012년도 표준지 공시지가 상승률/자료출처=국토해양부

에 대하여 통상적인 시장에서 정상적인 거래가 이루어지는 경우 성립될 가능성이 가장 높다고 인정되는 가격을 말한다. "적정 가격의 개념을 Ratcliff의 최빈 거래가능가격에 가깝게 개정함 [2000.1.28.]"이라고 2016년 표준주택가격 조사 · 평가 업무요령에 되어 있다.

감정평가에 있어 적정 가격이란 정말 어려운 용어다. 이게 일반인들의 생각과는 다른 점이다. 따라서 공시지가는 실거래 가격이 아니다. 머리 좋은 많은 분들이 만들어 놓은 공식이라고나 할까? 우리와 같은 토지투자에 관심 있는 일반인들이 이해하기에는 난해하다. 그래서 여기서 얻을 수 있는 작은 결론은 공시지가 높다! 낮다! 이런 말에 흥분할 필요가 없다는 것이다.

공시지가는 실거래 가격이 아니다. 통상적인 시장에서 정상적인 거래가 이루어지는 경우 성립될 가능성이 가장 높다고 인정되는 가격이라고 보면 된다. 이것은 매도를 희망하는 가격이라고 봐도 무방하다.

여기서 괴리가 생긴다. 공시지가에 땅을 매각하고자 한다면 대부분 즉시 팔릴 것이다. 그러니 공시지가를 너무 믿지 말고 이를 어떻게 활용할지 고민을 더 하는 게 투자에 이로울 것 같다. 예를 들어, 공시지가가 어떻게 변하고 있는지, 인근의 토지는 공시지가가 어떤 상황인지를 잘 보아 가면서 투자 의사를 결정하는 게 현명하다.

경매로 낙찰되는 가격은 얼마인지, 이 경우 공시지가의 몇 배에 해당하는지, 이런 것도 투자와 관련해서 매우 중요한 지표라고 생각한다. 또한 만약 공시지가에 이의가 있어서 투자에 유불리가 있다면 이의신청제도를 이용해서 적극적으로 대처하는 것도 바람직해 보인다.

개별공시지가의 활용

– 토지관련 국세 및 지방세의 부과기준
– 개발부담금 등 각종 부담금의 부과기준

개별공시지가의 기준일 및 조사대상

[1월 1일 기준]

– 국세 또는 지방세의 부과대상 토지(국, 공유지의 경우 도로 등 공공용토지
  는 제외)
– 개발부담금 등 각종 부담금의 부과대상토지
– 관계법령에 의거 개별공시지가를 적용토록 규정되어 있는 토지와 시장, 군
  수, 구청장이 관계행정기관의 장과 협의하여 개별공시지가를 결정, 공시하
  기로 한 토지

[7월 1일 기준]

– 분할, 합병, 신규등록, 지목변경, 국, 공유지가 사유지로 변경된 토지로 개별
  공시지가가 없는 토지

개별공시지가를 활용한 투자법

개별공시지가에 대해서는 얼핏 알고 있지만 경매투자 시 중요한 자료로서 활용하는 사람은 많지 않을 것이다. 하지만 개별공시지가를 살펴보지 않고 이루어진 경매투자는 원산지를 모르고 농수산물을 구입하는 것과 같은 경우라고 말할 수 있다.

만약 개별공시지가가 정책적 가격일 뿐 현실과 동떨어진 것으로만 보고 넘긴다면 이는 중요한 한 요소를 간과한 것이다. 이하에서는 그 부분을 검토해 보고 활용하는 팁을 살펴보겠다.

주변 부동산과의 가격 균형

개별공시지가는 국토교통부장관이 매년 공시하는 표준지 공시지가를 기준으로 모든 토지에 대해 시장, 군수, 구청장이 지가를 산정한 후 감정평가업자의 검증을 받아 결정, 공시하는 개별토지의 단위면적당 가격(원/㎡)을 의미한다. 개별공시지가는 일반적인 매매가격이나 호가보다 낮은 정책적 가격일 뿐이라고 판단하고 눈여겨보지 않지만 공시 절차 덕분에 가격분석의 기초를 마련할 수 있는 것이다.

다시 말해 개별공시지가는 모든 토지에 대하여 지가 산정 후 검증 절차, 의견수렴, 심의 등 일련의 과정을 거쳐 공시되기 때문에 주변 토지 가격과 서로 영향을 주고받을 수밖에 없으므로 대체적으로 어느 한 토지만 뜬금없는 가격이 나올 수 없다. 즉 개별공시지가가 실제 가격과 괴리될 수 있지만 주변 토지들과의 가격 비율 면에서는 참고할 만한 데이터를 보여 준다고 볼 수 있다.

예시를 통한 개별공시지가 활용

경매투자 목적의 A토지가 있고 이와 가까운 B토지, 근접하진 않으나 인근의 이용 상황이 유사한 C토지가 있다고 가정하자.

A토지와 B토지의 시세를 파악하기 곤란한 경우에는 인근의 C토지를 통해 얼마든지 A토지의 투자 타당성을 검토할 수 있다.

개별공시지가에 그 해답이 있다. C토지의 시세가 평당 1,100만 원 수준으로 알려져 있다고 보고, 개별공시지가 조회 시 A토지는 320만 원/㎡, B토지는 315만 원/㎡, C토지는 280만 원/㎡이라고 하자.

이제 A토지의 적정 시세를 유추해 보자.

A토지는 C토지보다 개별공시지가 단가비율이 320만 원/280만 원=14% 높기 때문에 C토지의 시세인 평당 1,100만 원을 기준하여 보정할 때 1,100만 원 ×1.14=평당 약 1,250만 원으로 유추할 수 있다.

● 표준지공시지가를 바탕으로 개별공시지가를 산정하는 과정

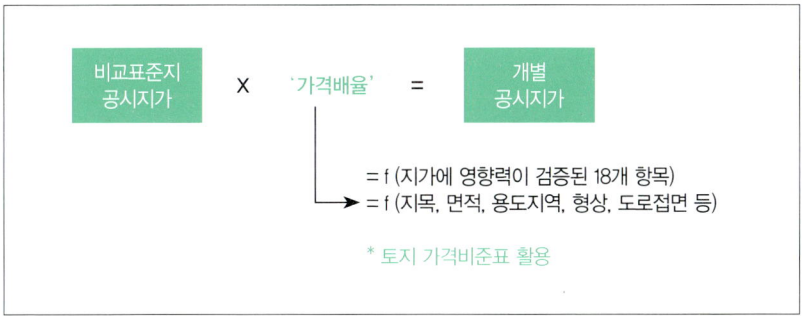

* = f (지목, 면적, 용도지역, 용도지구, 기타제한(구역 등), 도시계획시설, 농지구분, 비옥도, 경지정리, 임야, 토지 이용 상황, 고저, 형상, 방위, 도로접면, 도로거리, 철도/고속도로 등, 폐기물/수질오염 등)

개별공시지가의 한계 및 요구지식

개별공시지가는 개략적인 비교 산정, 현장조사 없는 산정, 통계적 산정 등의 다양한 한계 때문에 가격비율 면에서도 비현실적인 유추결과가 나올 가능성이 높고 감정평가 규정에서도 평가 근거로서 등재되어 있지 않으므로 신뢰도가 크지 않은 점을 유의해야 한다.

따라서 본격적인 가치조사에 앞서서 기초자료 정도로 활용하면 되겠다. 참고로 올바른 인근 지역 선정 및 비교 부동산 선정 등을 위해 지역분석, 개별분석 등에 대한 지식이 필요하다고 볼 수 있다.

토지의 가격산정 방법

다음 표준지공시지가를 기준으로 주어진 조건에 따라 가격 시점 현재의 대상 토지 가격을 구해 보자.

- 표준지공시지가: 1만 원/㎡
- 공시지가 공시기준일 이후 가격시점까지 지가변동률: 10%
- 대상 토지는 표준지의 인근 지역에 소재함

구 분	표준지	대상 토지
가로 조건	100	80
접근 조건	100	100
획지 조건	100	110
환경 조건	100	100
행정적 조건	100	100
기타 조건	100	100

● 공시지가를 활용한 적정 토지 가격 산정(산식)

대상 토지 가격＝표준지공시지가×시점수정×지역요인 비교×개별요인×기타요인 비교

$10,000×1.1×80/100×110/100=9,680㎡$

〈산식〉

– 표준지공시지가가 1㎡당 1만 원

– 지가 변동률은 10%이므로 곱하기 1.1배

– 80/100은 표준지가 100일 때 대상지가 80

– 110/100은 10% 상승률 감안하여 100일 때 110

41 토지투자에서
'공시지가'의 변동 활용법

땅은 개별성 등 그 고유특성 때문에 가격을 정하기가 매우 어려워 '정가가 없다'고 한다. '공시지가'는 '정가가 없다'는 땅 값을 토지감정평가사라는 전문가가 장기적, 반복적으로 표준지를 답사하고, 전문적인 각종 데이터로 가감해 평가하는 객관성 있는 가격이다.

공시지가는 대부분의 경우 실제 거래 가격보다 낮다. 하지만 특별한 경우 실제 거래 가격이 공시지가보다 낮은 물건도 있다. '흠'이 있는 땅, 대규모 임야, 불경기에 나오는 경매 물건 같은 것들이다. 전국 오지의 몇 십만, 몇 백만 평의 임야가 공시지가 이하로 매물로 나온 경우도 있다. 실제로 어떤 사람은 이 임야 매물을 800원에 매입해 산림청에 공시지가 1,000원으로 매각한 사례도 있다.

또 국가나 지방자치단체가 땅의 일부를 사용하고 있어 그 땅의 실제 거래 가격이 공시지가보다 낮아진 경우가 있다. 이런 때는 소유자가 관련 부처에 공시지가로 그 땅의 매수를 청구할 수 있다. 경매의 경우도 3차 이상 유찰되거나, 공시지가 이하이면 아무리 불경기라도 낙찰된다. 최근 지방 어느 지역에서 농림지역이고 맹지인 임야 경매 물건이 공시지가보다 가격이 낮아져 4차 경매에서 3차 가격 가까이로 낙찰된 사례가 있다. 수원에 사는 A씨는 최근 인접 도시에 급매물로 나온 농림지역, 맹지인 땅을 보고 있다. 이 급매 물건은 아직 공시지가 이하로 내려가지는 않았지만 공시지가 정도로 흥정이 진행 중이다.

매년 정부가 발표하는 공시지가의 변동내역과 변동사유만 제대로 분석해도 토지투자의 방향과 전략을 수립하는 데 큰 도움이 된다. 국내 토지시장의 큰 흐름을 분석해서 연간 단위로 쉽게 파악할 수 있으며 매달 발표되는 지가동향만 면밀히 살펴봐도 시장변화의 기류를 금방 눈치 챌 수 있다는 뜻이다.

표준지공시지가란 국토교통부 장관이 토지 이용 상황이나 주변 환경, 그밖의 자연적·사회적 조건과 일반적으로 유사하다고 인정되는 토지 중에서 선정한 표준지에 대해 매년 공시기준일 현재의 적정가격을 조사·평가하고 공시하는 것이다. 이때 전국적으로 약 50만 필지 정도가 표준지로 선정되어 공시지가가 발표된다.

표준지공시지가의 역할은 그해 전국 토지의 개별공시지가 산정 기준이 되고, 산정된 개별공시지가는 각종 과세 등 부담금 산정의 기준이 된다. 토지가격 산정의 기준, 보상평가액 산정의 기준 등 공시지가가 다양한 역할을 하지만 실질적으로 가장 큰 역할은 세금을 걷는 기준을 제공하는 것이다. 공시지가가 상승하면 과세기준이 상승하게 되어 그만큼 내야 할 세금이 많아지게 된다. 공시지가 발표에 국민들이 관심을 기울이고 때론 공시된 가격에 대해 불만을 표시하는 이유도 대부분 차후에 과세의 증가가 예상되기 때문이다.

표준지공시지가는 조사·평가 과정에서 전년도 지가변동, 개발지역의 지가 성숙도 등을 반영하는데 2017년 부동산 시장의 경우 지역별, 용도별 차이는 있겠지만 전반적으로 부동산 시장의 가격 상승폭이 큰 편이었다. 이런 상황에서 산정되는 2017년 공시지가는 2016년 시장의 가격 상승분이 반영될 수밖에 없으므로 2017년 공시지가도 상승하였고 상승폭은 예년의 평균치에 비해 높아졌다.

개별공시지가 상승률은 지역별, 용도별로 다소 차이가 있다. 특히 혁신도시나 택지개발사업지와 같이 대규모 토지 이용의 변동이 있는 지역은 토지용도가 바뀌면서 가격형성요인 자체가 변동되어 가격 상승폭이 크기 때문에 공시지가 또한 높은 상승률을 보이게 된다. 가격 상승분이 반영되면서 공시지가가 상승할 뿐 아니라, 지역 간 공시지가 시세 반영률의 균형을 맞추는 과정에서 공시지가가 상승하기도 한다. 동일 금액의 부동산이어도 지역과 용도에 따라 과세 부담이 상이한 점을 개선하기 위해 단계적으로 지역 간 시세 반영률의 균형을 맞추고 있기 때문에 시장 측면뿐 아니라 정책적 측면에서도 공시지가 상승요인으로 작용하게 되는 것이다.

● 개별공시지가(열람용)

토지소재지	충청남도 천안시 서북구 불당동 573-2번지

기준년월일		개별공시지가	
2011-01-01		1,060,000원	평당가격 3,504,148원
2010-01-01		985,000원	
2009-01-01		687,000원	
2008-01-01		720,000원	
2007-01-01		395,000원	
2005-01-01	천안 아산역 역세권 개발	314,000원	
2004-01-01		248,000원	
2004-07-01	2004년 4월 1일 1차 개통	296,000원	평당가격 978,516원
2003-01-01		193,000원	
2002-01-01		156,000원	
2001-01-01		156,000원	
2000-01-01		156,000원	
1999-01-01		156,000원	
1998-01-01		156,000원	
1997-01-01		147,000원	
1996-01-01		145,000원	
1995-01-01		65,000원	
1994-01-01	TGV 도입확정 천안~대전 시범운행구간	55,000원	
1993-01-01		56,000원	
1992-01-01		52,300원	
1991-01-01		29,000원	
1990-01-01		24,000원	평당가격 79,339원

20년
약 45배
상승

용도지역 및 용도구역과 가격의 함수관계

그린벨트가 해제되는 경우 토지 가격이 급속히 상승하게 되는 것을 본 적이 있을 것이다. 바로 이 그린벨트가 '개발제한구역'으로서 용도구역의 한 종류에 들어가는데 이처럼 토지용도에 대한 규제의 변화는 가격과 인과관계를 가지고 있다. 흔히 그린벨트 정도만 주의하면 될 것으로 생각하지만 도시 지역에서의 부동산 투자 시에도 용도지역 및 용도구역은 조심해야 할 항목이다.

용도지역이라 함은 토지의 이용 및 건축물의 용도, 건폐율, 용적률, 높이 등을 다양하게 제한하는 지역으로서 모든 토지에 지정되어 있고, 용도구역은 이러한 제한을 완화 또는 강화하는 구역을 의미한다.

「국토의 계획 및 이용에 관한 법률 시행령」에서는 이러한 각 용도지역에서의 건폐율 및 용적률 등과 건축할 수 있는 건축물을 특정하고 있다. 따라서 이러한 용도지역 등이 인접 부동산과 서로 다를 때 당연히 본건 건물의 건축면적 및 층수 제한과 허가를 받을 수 있는 건축물이 다르게 되어 가격 또한 같을 수 없게 된다.

본건 부동산 주변 가격조사의 대상은 단순히 가까운 부동산이 아니다. 예를 들어 본건 건물 맞은편에 위치한 건물들이 높은 가격으로 형성되어 있다고 하자. 그러나 용도지역을 검토한 결과 본건 건물은 제2종 일반주거지역에 속하고 맞은편 건물은 일반상업지역에 속한다는 사실을 알게 되었다면 이 가격정보는 본건 건물의 가격지표로 삼을 수 없는 죽은 정보라고 할 수 있다.

왜냐하면 대략 건축 가능한 건물 층수만 감안해도 두세 배 이상 차이가 나므로 유사한 부동산으로 볼 수 없기 때문이다.

상기의 예는 다소 극단적일 수 있지만 실제로 서울에서 조금만 떨어져도 바로 이웃한 부동산과 세분화된 용도지역이 제각각인 경우가 많아서 허가가 날 수 있는 시설 및 토지활용도의 차이가 큰 경우가 많다. 그러나 시세 조사 시 용도지역 등 제한을 간과한 채 주변 부동산들의 시세만을 분석하게 되므로 본건 부동산이 싸다고 판단되어 덜컥 투자하는 경우가 발생한다.

만약 경매에 나온 매물 중에 임야나 잡종지 등의 감정평가액이 주변 시세에 비해 저렴하다면 용도지역 등이 불리한 것이 주된 이유가 될 수 있다. 본건 부동산 주변 가격조사의 대상은 단순히 가까운 부동산이 아닌 용도지역 등이 같은 인접한 부동산이 되어야 한다. 참고로 용도지역 등 각종 제한은 '토지 이용계획 확인서'에서 확인할 수 있다.

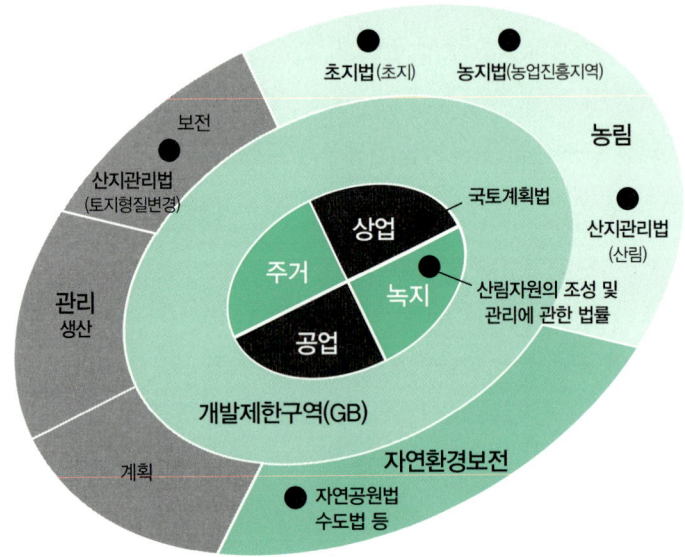

● 용도지역 및 용도구역의 개념

● 건폐율과 용적률

건폐율

[건폐율]은 대지면적 가운데
최대한 건축을 할 수 있는
면적을 나타내는 비율입니다.

$$\frac{\overset{(건축면적)}{60㎡}}{\underset{(대지면적)}{100㎡}} \longrightarrow \underset{(건폐율)}{60\%}$$

대지면적 100㎡   60㎡

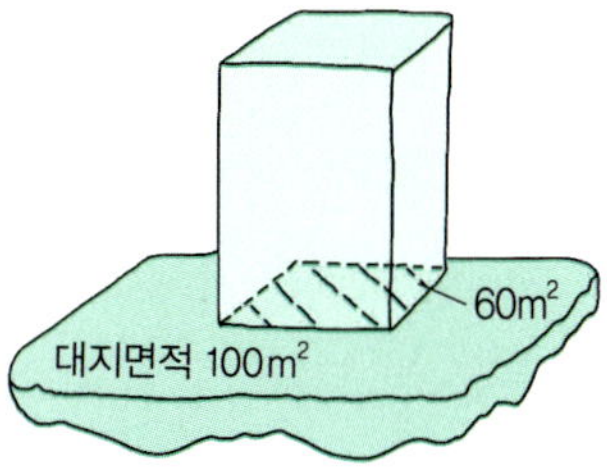

*건폐율이 너무 높아요

*건폐율이 너무 낮아요

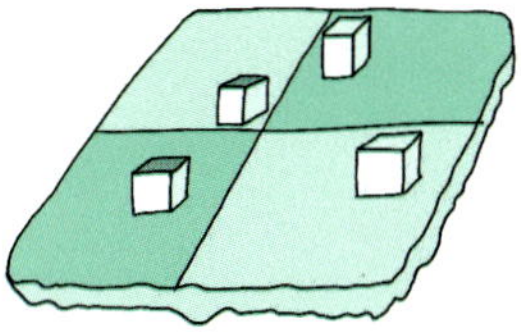

용적률

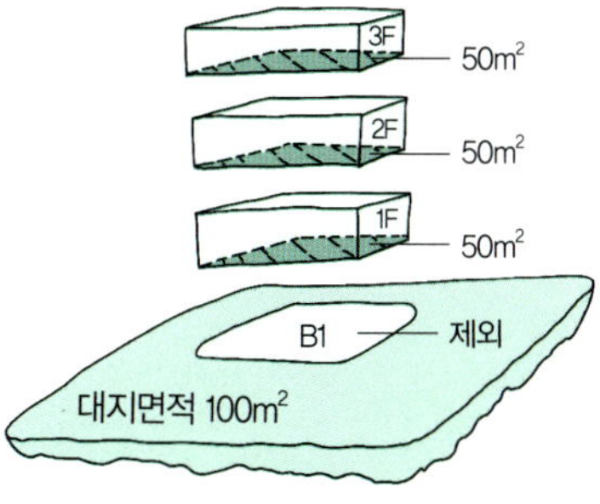

3F ── 50㎡
2F ── 50㎡
1F ── 50㎡
B1 ── 제외
대지면적 100㎡

$$용적률 = \frac{\overset{(지하 1층 제외)}{1층 + 2층 + 3층\ (150㎡)}}{대지면적\ (100㎡)} = 150\%$$

건폐율이 높으면 건물을 넓게 지을 수 있고 용적률이 높으면 건물의 층수를 올릴 수 있다. 건폐율과 용적률이 높아지면 그만큼 큰 건물을 지을 수 있는 것이다. 그래서 건폐율과 용적률이 높은 지역의 토지 가격은 상대적으로 비싼 편이다. 건폐율과 용적률이 높을수록 대지를 효율적으로 이용할 수 있어 건축주나 토지 소유주 입장에서는 유리하다.

하지만 주택은 다르다. 아파트의 건폐율이 높다는 것은 동과 동 사이의 공간이 좁다는 뜻이다. 이미 완성된 건물의 입장에서는 건폐율과 용적률이 높을 경우 밀도가 높아 그만큼 일조, 통풍, 채광 등에서 불리하고 이는 거주 측면에서 단점으로 작용해 주택가격에도 부정적인 영향을 줄 수 있다.

43 용적률이 땅값을 결정한다

건폐율은 '수평적', 용적률은 '입체적' 건축 밀도

건폐율은 대지면적에 대한 건축면적(1층 바닥면적)의 비율이다. 위에서 내려다봤을 때 300㎡ 대지 위에 150㎡의 건물이 있다면 건폐율은 50%가 된다. 나머지 50%는 마당이나 녹지공간이 되는 것이다. 건폐율을 정하는 이유는 건축물 주위에 최소한의 공지를 확보함으로써 건축물의 과밀을 방지하고 일광, 채광, 통풍 등에 필요한 공간을 확보하기 위해서다.

$$건폐율 = \frac{건축면적}{대지면적} \times 100$$

용적률은 건축물의 연면적(건축물 각 층 바닥면적의 합계)을 대지면적으로 나눈 값이다. 이때 연면적에는 지하층 및 주차용으로 쓰이는 바닥면적은 포함하지 않는다. 예를 들어 300㎡ 대지에 바닥면적 150㎡의 2층짜리 건물이 서 있다면 용적률은 100%가 된다. 용적률을 규제하는 이유는 미관, 조망, 일조, 개방감 등을 좋게 해서 쾌적한 환경을 조성하기 위한 것이다.

$$용적율 = \frac{연면적}{대지면적} \times 100$$

용적률이 높을수록 건축물을 높게 지을 수 있는데 아파트의 경우 용적률이 크다면 그만큼 빽빽하게 들어서 있다는 것을 뜻한다. 한편으로는 재개발이나 재건축 사업의 경우 용적률이 클수록 분양물량이 증가해 투자수익이 높아진다.

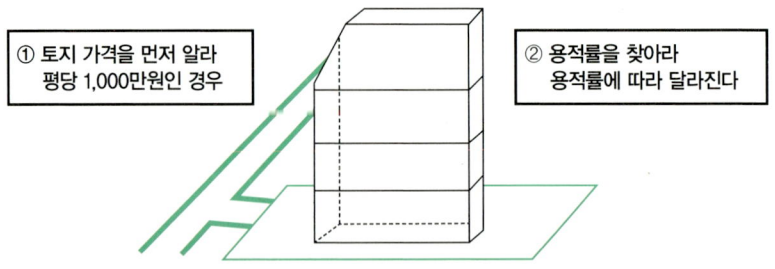

● 용적률 · 건폐율로 따져 보는 부동산의 가치

① 토지 가격을 먼저 알라
　평당 1,000만원인 경우

② 용적률을 찾아라
　용적률에 따라 달라진다

- 토지 가격이 1,000만 원/400%인 토지의 가격은 250만 원
- 토지 가격이 1,000만 원/200%인 토지의 가격은 500만 원
- 토지 가격이 1,000만 원/100%인 토지의 가격은 1,000만 원
- 토지 가격이 250만 원 + 건축비 400만 원 = **650만 원**
- 토지 가격이 500만 원 + 건축비 400만 원 = **900만 원**
- 토지 가격이 1,000만 원 + 건축비 400만 원 = **1,400만 원**

용도지역에 따라 달라지는 건폐율과 용적률 기준

　　건축물에 의한 토지의 이용도를 보여 주는 건폐율과 용적률은 용도지역에 따라 그 기준이 다르다. 최대 한도는 「국토의 계획 및 이용에 관한 법률」에서 정하고 있으며 개별 토지의 건폐율과 용적률은 그 토지가 속한 시 · 군 · 구의 조례로 정하게 된다. 이미 지어진 건축물의 건폐율과 용적률을 확인하려면 건축물대장을 보면 된다. 단독주택, 다가구 등은 일반건축물대장을, 연립, 다세대, 아파트와 같이 구분 소유권을 행사할 수 있는 공동주택의 경우 집합건축물대장으로 확인하면 된다.

　　건축물대장에는 대지면적, 연면적, 건축면적을 비롯해 건폐율과 용적률 등 건축물의 현황이 기록돼 있다. 건축물대장은 인터넷으로 쉽게 발급받을 수 있다. 민원24 홈페이지(www.minwon.go.kr)에 들어가서 '건축물대장 등초본발급(열람) 신청' 메뉴를 클릭하면 된다.

● 용도지역에 따른 건폐율과 용적률 최대 한도 기준

용도지역		건폐율		용적률	
		국토의 계획 및 이용에 관한 법률			
		법률	시행령	법률	시행령
주거지역	제1종 전용주거지역	70% 이하	50% 이하	500% 이하	50~100% 이하
	제2종 전용주거지역		50% 이하		100~150% 이하
	제1종 일반주거지역		60% 이하		100~150% 이하
	제2종 일반주거지역		60% 이하		150~250% 이하
	제3종 일반주거지역		50% 이하		200~300% 이하
	준주거지역		70% 이하		200~500% 이하
상업지역	중심산업지역	90% 이하	90% 이하	1500% 이하	400~1500% 이하
	일반상업지역		80% 이하		300~1300% 이하
	근린상업지역		70% 이하		200~900% 이하
	유통상업지역		80% 이하		200~1100% 이하

● 건축물 대장 등초본

집합건축물대장(표제부, 갑)

고유번호	2611012600-3-00020009		명칭	
대지위치		지번	2-9	도로명주소
※대지면적 437㎡	연연적 2,819.51㎡	※지역 일반상업지역		※지구
건축면적 228.8㎡	용적률 산정용 연적 2,594.69㎡	주구조 철근콘크리트조		주용도 공동주택(아파트)
※건폐율 52.4%	※용적률 593.75%	높이 44.3m		지붕
조경면적 ㎡	공개 공지 또는 공개 공간의 면적 ㎡	건축선 후퇴연적 ㎡		건축선 후퇴거리 ㎡

건축물현황							
구분	층별	구조	용도	면적(㎡)	구분	층별	구조
주1	지1층	철근콘크리트조	기계실	224.82	주1	4층	철근콘크리트조
주1	1층	철근콘크리트조	계단실	28.6	주1	5층	철근콘크리트조
주1	1층	철근콘크리트조	경비실	5.28	주1	6층	철근콘크리트조
주1	1층	철근콘크리트조	감시제어반실	3.6	주1	7층	철근콘크리트조
주1	2층	철근콘크리트조	업무시설(오피스텔)	218.15	주1	8층	철근콘크리트조
주1	3층	철근콘크리트조	업무시설(오피스텔)	218.15	주1	9층	철근콘크리트조

이 등(초)본은 건축물대장의 원본내용과 틀림없음을 증명합니다.

땅값 기준으로 '㎡당 용적률 1% 가치' 산출

국토교통부는 땅값을 바탕으로 용적률 매매가격을 산출한다는 방침이다. 땅값에서 해당 용적률이 차지하는 가치를 분석하면 용적률 가치도 쉽게 매길 수 있다는 판단에서다.

국토부 관계자는 "땅값은 전국 공통요인, 지역요인, 개별요인 등에 의해 결정된다"며 "전국요인은 개발이익이라 볼 수 없는 만큼 지역적·개별적 요인을 통해 용적률 가치를 계산할 수 있다"라고 설명했다.

공공개발계획, 개발사업, 각종 계획변경 등으로 해당 지역 용적률과 땅값이 얼마나 올랐는지를 파악하고 전체 땅값 중 용적률 변수로 상승한 규모를 계량 분석하면 가치 산출이 가능하다는 지적이다.

예컨대 ㎡당 100만 원인 제1종 전용주거지역이 제2종 일반주거지역으로 변경돼 용적률이 100%에서 200%로 높아지고, 땅값이 200만 원 오른 사례를 계속 축적하고 모형화하면 입지특성별 용적률 1%의 가치를 돈으로 환산할 수 있다.

국토연구원은 이런 방식을 적용해 용적률 가치기준표를 만들었다. 2009년에 계량모형을 만들고 2010년에 계속 시뮬레이션한 결과 용적률 가치가 비슷하게 나왔다.

용적률 가치는 ㎡당 용적률 1% 값에 총 부지면적을 곱해 계산한다. 기존 용적률과 높인 용적률로 나눠 각각의 용적률 값을 계산해 차액(용적률 가치 증가액)을 구하면, 용적률을 사는 측은 차액만큼을 지불하고 구입한다. 용적률 %포인트당 가치는 땅값에 따라 달라지기 때문에 지가가 낮은 규제 지역의 용적률 판매 총량이 커지는 효과를 얻을 수 있다.

지방자치단체별로 용적률 가치기준표를 모두 만들기는 현실적으로 어렵다. 표준지 공시지가 대비 몇 %라는 형태로 용적률 가치를 간접 산출할 수 있을 것이라고 본다.

44 건폐율·용적률의 적용에 따른 토지가치 판독

전원주택은 건축법상의 용어는 아니고 전원, 즉 농촌이나 대도시 근교에 아파트나 연립주택 형태가 아닌 단독주택 형태로 짓는 건축물로 이해하면 된다.

주택을 짓는 데 가장 중요한 것은 아마 토지일 것이다. 농어민주택만 지을 수 있도록 돼 있는 일부의 토지를 제외하고는 단독주택을 건축하는 데 있어서 제약 사항이 많지는 않기 때문에 누구나 토지만 있다면 전원에 예쁜 집을 지을 수 있다.

단, 용도지역에 따른 건폐율이나 용적률, 층고제한 등에 대해 각 지자체별로 도시계획조례를 만들어 운영하고 있기 때문에 반드시 사전에 이 부분을 확인해야 한다.

건폐율은 대지면적에 최소한의 공터를 남김으로써 일조, 채광, 통풍이 원활히 될 수 있는 공간을 확보하고, 화재 등의 비상시에 대비하기 위해 정해 놓은 것이다. 건폐율이 높을수록 대지를 효율적으로 이용할 수 있다는 점에서 건폐율은 큰 숫자가 더 좋다고 말할 수 있다.

예를 들어 집을 짓는다고 가정해서 계산을 해 보면 건폐율을 다음과 같다.

77평(건축물 바닥면적) / 450평(대지면적) × 100 = 17.1%(건폐율)

즉 전체 부지를 하늘에서 바라봤을 때 건축물이 자리하고 있는 면적이 전체 면적의 몇 퍼센트인지를 규정하는 것이 건폐율이다.

강원도 평창군 도시계획조례에 의하면 "계획관리지역에서의 건폐율을 40% 이하"로 정하고 있기 때문에 바닥면적 기준 180평까지 지을 수 있다. 이번에 짓는 건축물이 바닥면적 77평이므로, 앞으로 건축물을 추가한다면 100평까지는 더 지어도 무방한 것이다.

용적률 계산 시에는 지하층 바닥면적, 지상층, 주차장 등은 면적에 포함하지 않으며, 용적률은 숫자가 클수록 건물을 높게 지을 수 있기 때문에 건폐율처럼 큰 숫자가 더 좋다고 말할 수 있다.

예를 들어 집을 짓는다고 가정하고 계산해 보면 다음과 같다.

> 77평(연면적)/450평×100 = 17.1%(용적률)

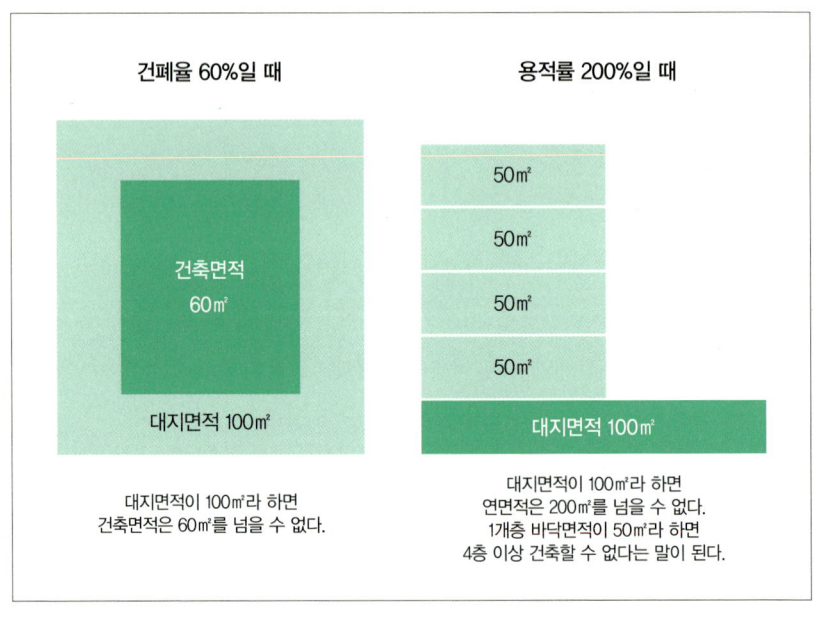

건축물 연면적은 바닥면적과 동일한 77평이므로(우리 집의 건축면적은 바닥면적과 동일하지만, 여러 층으로 이루어진 건축물로 짓는다면 연면적은 훨씬 높아진다) 용적률이 건폐율과 동일한 17.1%이다.

강원도 평창군 도시계획조례에 의하면 "계획관리지역에서의 용적률을 100% 이하"로 정하고 있기 때문에 건축연면적 기준 450평까지 지을 수 있다. 이번에 짓는 건축물이 연면적 77평이므로, 앞으로 건축물을 추가한다면 연면적 373평까지는 더 지어도 무방한 것이다.

건축물을 지을 때는 건폐율과 용적률 두 가지 요건을 모두 충족해야 하므로 이 집의 경우 앞으로 건축물을 추가한다면 100평의 바닥면적 이내에 연면적 373평 범위 안에서 지을 수 있다는 말이 되므로, 앞으로 바닥면적 100평짜리 건축물을 3층으로 지어도 허가가 무난하다는 것을 알 수 있다.

특히, 각 지자체별로 도시계획조례가 조금씩 다르기 때문에 반드시 해당 지자체 도시계획조례를 검토해 봐야 하고, 일반적인 건폐율과 용적률 외에도 다양한 제한 사항이 있기 때문에 도시계획조례 전체를 꼼꼼히 살펴보는 게 좋다.

행정안전부가 운영하는 '자치법규정보시스템'에 들어가서 해당 지자체 이름을 입력한 후 도시계획조례를 검색하면 바로 해당조례 페이지가 열리는데, 도시계획 조례뿐만 아니라, 지자체의 다양한 조례와 규칙을 한꺼번에 살펴볼 수 있다.

도시 지역 인근에 전원주택을 짓고 살고 싶다는 생각을 하는 분들을 위해 한 가지 사례를 더 들어 본다. 예를 들어 경기도 성남시 판교 지역에 단독주택을 건축하는 경우, 경기도 성남시의 도시계획조례에서 정하고 있는 건폐율과 용적률을 먼저 확인해야 한다.

같은 판교 택지개발지구라도 주거전용 토지와 점포를 겸용할 수 있는 토지로 나뉘며(점포를 겸용할 수 있는 토지가 용적률에서 유리하기 때문에 주거전용 토지보다 고가이다), 판교에서 분양된 주거전용 택지개발지구의 경우 건폐율 50%, 용적률이 100%라는 점을 감안하면 50평의 토지를 구입할 경우, 바닥면적 25평에, 건물 연면적 최대 50평까지 지을 수 있는 것이 된다.

　(판교 주거전용 택지가 현재 평당 1,000만 원에서 1,500만 원에 거래되고 있다고 하는데, 평당 1,000만 원이라고 해도 토지구입비만 50평이면 5억, 100평이면 10억 원인 셈이다.)

개발사업지구로
지정·고시된 이후의 땅값

사업지구 지정·고시 전후의 투자

다른 개발계획과 마찬가지로 정부의 대규모 개발사업도 준비단계, 계획단계, 시행단계에 이르는 일련의 과정을 거치면서 시행되고 개발된다. 하지만 차이가 있다. 타당성조사나 개발계획의 수립에 앞서 발표와 동시에, 또는 발표에 이어서 곧바로 사업예정지구 지정·고시의 단계가 이루어진다는 점이 그것이다.

'선계획·후발표'의 순서가 뒤바뀌어 추진되는 것이다. 과거 노무현 정부 당시 행정복합도시·혁신도시 건설 등 특별법에 의해 추진되는 정부 공약사업, 국가산업단지·경제자유구역 건설 등의 국가개발사업, 그리고 신도시 건설 등의 국토개발사업처럼 국가가 주체가 되어 추진하는 대규모 개발사업은 발표와 동시에 땅값이 급등했다.

개발의 폭발성과 추진압력이 그만큼 크기 때문이다. 이런 이유로 정부는 발표 즉시 해당 지역을 개발사업예정지구로 지정함과 동시에 토지거래허가구역, 투기지역으로 묶는 등의 온갖 잠금장치를 마련한다. 하지만 그럼에도 불구하고 땅값은 여전히 치솟는다.

그러면 개발사업지구로 지정·고시된 이후 땅값이 치솟고 있는 상황에서 일반투자자들은 어떻게 해야 할까? 땅값은 땅값대로 오르고, 또 각종 투기억제책으로 선뜻 투자하기가 녹록하지 않은 환경에서 말이다.

물론 지정·고시된 이후에도 땅값은 얼마든지 오르므로 그만큼 투자 여력은 있다. 하지만 그보다는 관점을 달리하여 투자하는 것이 바람직하다. 사업 예정지구로 지정되기 바로 직전 단계를 살펴보는 것이 그것이다. 이 단계까지의 추진 과정을 살펴보면 다음과 같다.

최초 단계인 개발사업 구상이 끝나면 먼저 관계 담당부서에서 사업후보지를 조사 선정하고 이어서 투자사업 타당성을 심의한다. 이후 예정지구 지정 제안을 상정한 후 예정지구 지정 및 시행자 지정단계로 이어진다. 이 예정지구 지정 제안 이후의 단계에서 주민 및 관계자 의견청취와 관계기관 협의와 심의가 이루어지는데, 이것이 통과되면 사업예정지구로 지정·고시되는 것이다. 이 주민의견 청취를 위한 공고·공람 개최일 시점이 바로 투자의 적기이다. 왜냐하면 이후 계획이 변경될 소지가 그만큼 적기 때문이다.

따라서 이 시기를 적정 시점으로 잡아 투자에 나서도 크게 위험하지는 않다. 정부개발사업은 그만큼 투자에 공격적일 필요가 있다. (실제 정부의 대규모 개발사업은 주민공고·공람 절차가 유명무실한 요식행위인 경우가 많다. 그만큼 정부가 일방적으로 밀어붙이는 경우가 많기 때문이다. 경우에 따라서는 발표와 동시에 투자를 적극 검토하는 것도 바람직하다. 신도시개발 발표가 그런 경우이다.)

정부공약사업은 그 실효성 여부를 철저히 따져야 한다. 하지만 여기서 주의해야 할 점이 있다. 정책의 실효성 여부를 파악하는 것이 그것이다. 매번 정권이 바뀔 때마다 새 정부는 많은 공약사업을 쏟아 낸다. 이는 대부분 특별법을 제정하여 추진하게 된다. 특별법을 제정하려면 국회의 동의를 얻어야 하는데, 그 과정에서 뜻밖의 난관에 부딪히는 경우가 종종 생긴다.

야당의 반발과 환경단체 등 압력단체의 거센 저항 등이 그것이다. 그 결과 추진이 좌절되는 경우를 우리는 종종 목격할 수 있다. 과거 이명박 정부의 '한반도 대운하 개발' 추진 중단이 그 대표적인 사례다. 이 경우 정부의 개발사업

발표를 그대로 믿어 투자한 사람은 지금 어떻게 되었는가? 이는 이른바 가능성만 믿고 하는 '묻지마 식 투자'의 전형으로, 매우 위험한 투자방식인 것이다.

따라서 정부의 개발사업 발표가 있으면, 먼저 그 사업의 실효성 여부를 면밀히 따져보아야 한다. 그 결과 정권과 관계없이 언젠가는 반드시 추진되는 사업, 예를 들어 신도시 개발사업 등은 미리 한발 앞서 투자하는 것도 좋은 방법이다. 시간이 흐를지는 몰라도 언젠가는 반드시 추진되는 사업이기 때문이다. 이른바 국토의 유한성 · 부증성 때문에 그렇다. 그렇지 않고 대운하 사업처럼 불투명한 사업은 반드시 사업확정 발표, 즉 개발계획이나 실시계획 승인 이후에 투자해야 안심할 수 있다.

● 개발 이슈와 지가상승 순위

위치	주요 개발 이슈	사업기간	사업비	지가 상승률(%)
제주	제2공항	~2025	약 4조 원	7.06
세종	행정중심복합도시	2003~2030	약 8조 원	3.51
부산	북항재개발	2008~2020	약 8조 원	3.02
대구	국가산업단지	2009~2018	약 1.8조 원	2.93
대전	첨단산업단지	2014~2020	약 1.2조 원	2.56
서울	국제교류복합지구	2014~	미정	2.18
강원	동계올림픽	2015~2018	약 13조 원	2.13
경북	도청신도시	2010~2027	약 2.2조 원	1.93
광주	자동차산업밸리	2015~2020	약 0.8조 원	1.90
전남	동북아관광, 문화거점	2015~2024	약 0.5조 원	1.82
울산	산학융합형 하이테크타운	2014~2020	약 0.2조 원	1.71
경남	진해글로벌 테마파크	2012~2020	약 3.5조 원	1.71
경기	평택고덕산업단지	2014~2017	약 15조 원	1.59
전북	새만금개발사업	2011~2030	약 6조 원	1.55
충북	충북경제자유구역	2013~2020	약 2조 원	1.40
충남	국제물류항만	~2030	약 1조 원	1.38
인천	경제자유구역(IFEZ)	2003~2020	약 47조 원	1.30

또 하나 주의해야 할 점이 있다. 사업의 축소 또는 지연 가능성이다. 정부 공약사업은 새 정부가 들어서면 이전 정부가 추진해 오던 정책이 중단되거나, 축소·지연되는 경우가 생길 가능성을 전혀 배제할 수 없다. 이미 새 정부는 이전 정부의 성과를 군이 활성화하거나 발전시킬 이유가 없다고 여긴다. 때문에 이전 정부의 정책은 그만큼 일관성 있게 지속적으로 추진되기가 어렵다. 이전 노무현 정부가 추진해 온 혁신도시가 그렇고 기업도시가 그렇다.

새 정부가 들어서 이전 정부가 추진해 오던 정책이 중단되고 축소되면, 이는 부동산 거품만을 만드는 결과를 가져올 뿐이다. 그리고 이 과정에서 이를 그대로 믿고 투자한 투자자는 막대한 피해를 입을 뿐이다.

● **조성토지의 용도별 가격기준**

용도	가격기준
• 주택건설용지 − 아파트건설용지 − 연립주택건설용지 − 단독주택용지 • 근린생활시설용지	• 「감정평가 및 감정평가사에 관한 법률」에 따른 감정평가업자가 평가한 금액(이하 감정평가액이라 한다). 다만, 아파트건설용지 중 임대주택용지의 공급가격은 조성원가 또는 그 이하의 금액을 말한다.
• 상업시설용지 • 업무시설용지 • 주상복합용지	• 감정평가액
• 산업시설용지 • 연구시설용지	• 조성원가 이하의 금액으로 개발사업시행자가 시·도지사와 협의하여 정하는 금액. 다만, 산업단지(법 제7조의2제3호에 따라 지정된 것으로 보는 산업단지를 포함한다. 이하 같다) 및 단위 개발사업지구 안의 산업시설용지의 면적이 산업단지 및 단위개발사업지구 유상공급면적의 100분의 50 이상인 경우에는 「산업입지 및 개발에 관한 법률 시행령」 제40조제2항에 따른 금액을 말한다.
• 물류시설용지	• 조성원가에 적정 이윤을 합한 금액
• 관광시설용지 • 위락시설용지	• 개발사업시행자가 정한 금액
• 공공시설용지	• 조성원가 이하의 금액으로 개발사업시행자가 시·도지사와 협의하여 정하는 금액

46 도로의 가격(감정평가)

　집 근처 어마어마한 규모의 백화점이 들어왔는데, 인근 도로가 몸살을 앓고 있다. 공중이 통행하는 도로인데, 특정 시설이 한 차선 정도는 독점사용하고 있다. 어떤 식으로든 실질적 도로 점용에 대해 관리청과 협의를 거치긴했을 것이다. 진입, 통행을 위한 목적으로 설치, 조성되는 '도로'는 「도로법」, 「국토의 계획 및 이용에 관한 법률」과 밀접한 관련이 있다.

　고속도로, 국도, 지방도로인 경우 도로구역으로 지정되고 협의와 수용의 절차를 거쳐 취득한 토지에 아스팔트가 깔린다. 「도로법」에 의해 설치되는 경우다. 시내 도로 대부분은 앞선 것과 조성 과정은 다르지 않지만 도로구간이 몇 십 미터에 불과한 것도 있다.

　「국토의 계획 및 이용에 관한 법률」에 '도시계획시설도로'로 불리는 것이다. 물론, 택지개발계획에, 그리고 지구단위계획에 이런 도로의 설치와 조성계획이 포함돼 있기도 하다. 도로만 설치하기 위한 사업과 도로를 포함한 광범위한 지구 개발의 차이로 이해하면 된다. 어쨌든 도로의 신설, 기존도로의 확장을 위한 공사는 현재진행형이다.

　지목이 도로인 것도 있지만, 다른 지목으로 남아 있으면서 도로로 사용 중인 토지도 널렸다. 도로를 확보하지 못하면 건축허가, 개발행위허가를 내주지 않으니 구석구석 도로가 자리를 잡는다. 도로인 토지를 국가나 지자체가 소유하기도 하고, 사인(私人)의 소유로 남아 있는 것도 많다.

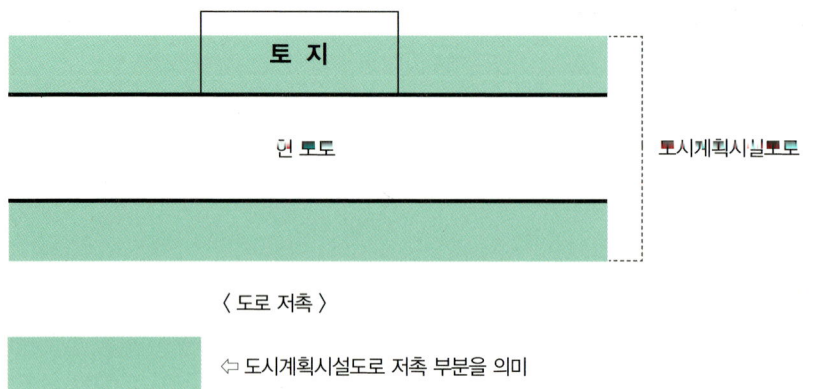

● 도로로 사용 중인 토지의 감정평가

토 지

현 도로

도시계획시설도로

〈 도로 저촉 〉

⇦ 도시계획시설도로 저촉 부분을 의미

　'기반시설'에 포함되는 도로는 '행정재산'으로 불리며 공중의 이익에 부합하도록 관리되고 있다. 도로의 보전을 위해 '접도구역'을 지정해 도로의 손궤를 불러오는 이용에 제약을 가하고, 꼭 사용해야만 하는 경우 '점용허가'를 내준다. 개인 도로는 도로의 사용문제 때문에 마찰이 적지 않다. 통행을 못 하게 하거나 과다한 사용료를 요구하면 분쟁은 불가피하다.

　'도로'로 사용 중인 토지를 평가하는 문제는, 감정평가에서는 난제 중의 하나다. 도로의 성격, 개설 경위, 소유자가 통일되지 않는 것도 그렇고, '도로'인 토지를 평가하는 규정도 복잡하기 때문이다. 공도, 사도, 사실상 공도, 사실상 사도, 예정공도, 사도법상 사도 등 법률 용어부터, 새마을도로, 단지 내도로, 부채도로 등 도로의 성격에 따른 분류까지 들어가면 일반인들은 머리가 지끈거린다.

　도로의 평가 규정 역시 변천을 거듭했다. '도로'인 토지를 평가하는 사유 중단연 토지보상을 빼놓을 수 없으니 「공익사업을 위한 토지 등의 취득 및 보상에 관한 법률」의 규정이 가장 상세하다고 이해할 수 있다. 사도법상 사도를 인근 토지의 1/5 이내로 평가하고, 사실상 사도는 1/3 이내로 평가한다는 규정을 보면, 도로인 토지가 그 주변 대지나 공장용지, 농경지로 사용 중인 토지에 비해 상당히 헐값으로 취급된다는 것을 알 수 있다.

도로의 사용료를 역산해도 실제 몸값은 그리 높지 않다. 인근 대지를 매매할 때면 진입도로가 그에 묶여 하나의 거래대상이 되는데 매매계약서에 '도로 몇 평'이라고 쓰는 걸 보면, 일반 대지와 같은 대우는 기대할 수 없다.

감정평가 실무기준에서 '사도'를 평가할 때 평가대상에 그 도로를 사용하고 있는 다른 토지들도 포함돼 있다면 전체를 한 묶음으로 평가할 수 있도록 규정한 것은, 도로만의 가격을 별도로 내놓기 어려운 속내를 드러낸 것이다. 또한 다른 토지에 얹혀 매매되는 현실을 반영한 것일 수도 있다.

감정평가기법 중 원가법을 도로의 평가에 사용하면 혼란스러워질 수 있다. 건축허가를 위해 특정 부분을 진입도로로 확보했을 텐데, 도로로 사용할 부분이라고 해서 매매할 때 다른 가격을 책정했을 리는 없다. 결국에는 도로예정지의 취득가격에 도로 포장 등의 비용을 더하면 도로가격은 일반 대지 가격을 넘어선다.

불합리하지 않은가? 거래사례비교법은 어떨까? 확실히 '도로'만의 매매가 빈번하다면 적용을 마다해야 할 이유가 없다. 일반인들이 도로에 부여하는 심리도 알 수 있으니 통계적인 분석만 거치면 된다. 그러나 사례가 적고 상황이 일률적이지 않다. 표본이 충분하지 않고, 질적 특성의 계량화가 어렵다면 아쉽지만 접어야 한다.

그런 면에서 현재 도로의 평가 규정도 궁여지책으로 볼 수 있다. 사도의 가치가 인근 토지의 1/3 이내라는 것은 33% 수준이면 괜찮다는 내용인데, 판례는 이를 '용도의 고착화', '통행제한 불가', '독점적 사용·수익 포기' 같은 문구로 치장했다.

감정평가 실무기준에서 '용도의 제한이나 거래제한 등에 따른 적절한 감가율', '해당 토지로 인하여 효용이 증진되는 인접 토지와의 관계', '토지보상법의 도로평가기준'을 고려해서 감정평가를 하도록 한 것도 같은 맥락이다. 물론 공도는 사정이 다르다. 용도의 제한을 풀 수 있는 권한을 가진 자의 소유물이라고 특별 대접을 받고 있다고 감히 말할 수 있다.

정리하면, 도로 하면 흔히 떠올리는 '사도'에 적용되는 '0.33'이란 수치를 가장 일반적인 값으로 기억할 필요가 있다. 과세를 위한 개별공시지가 산정 시에도 도로인 토지는 바로 인접한 대지 가격의 33%로 결정된다. 그런데 이것도 들여다보면 애매하다. 1필지 도로부지가 띠 모양으로 수백 미터에 걸쳐 있다면 인접한 대지만 수십 필지일 수 있다. 어느 가격의 33%인지 자의적일 수밖에. 필자의 생각에 도로는 논리적인 도출 과정이 아니라 합리적인 책정 수준으로 평가되고 있다.

47 보상예정지 토지의 가격평가

현황평가 원칙

토지에 대한 보상액은 가격시점에 있어서의 현실적인 이용 상황과 일반적인 이용방법에 의한 객관적 상황을 고려하여 산정하되, 일시적인 이용 상황과 토지소유자 또는 관계인이 갖는 주관적 가치 및 특별한 용도에 사용할 것을 전제로 한 경우 등은 고려하지 아니한다(법 제70조제2항). 이를 현황평가주의라 한다.

국토교통부는 환지예정지로 지정된 토지라도 공공시설 용지 및 체비지 등으로 감보되지 아니하여 환지처분이 되지 아니한 상태로서 다른 공공사업에 편입된 경우에는 종전 토지의 현실적인 이용 상황으로 평가되어야 한다고 한다(1998. 1. 24. 토정 58342-109).

그러나 토지의 현실적인 이용 상황은 객관적 자료에 의하여 판단할 것이지, 법령의 규정에 의하여 의제되거나 사업시행자 또는 토지소유자의 주관적인 의도 등에 의하여 좌우되어서는 안 되는 것이다(1998. 9. 18. 선고 97누13375). 다만 현실적인 이용 상황이 위법행위에 기인한 것이거나, 허가 없이 이루어진 것인 경우에는 그러하지 아니하다. 그리고 한 필지의 토지가 여러 가지 용도로 사용된다면 그 각각의 용도에 따라 보상액을 산정하여야 할 것이다.

위와 같은 현황평가주의에는 다음과 같은 예외가 있다. 즉 토지의 물리적인 이용 상황을 중심으로 살펴보면, ① 일시적인 이용 상황, ② 미불용지, ③ 무허가 건물 등의 부지, ④ 불법으로 형질변경된 토지, ⑤ 도로 및 구거 부지, ⑥ 건축물 등의 부지가 있고, 법률적인 규제사항을 포함하여 살펴보면, ① 공법상 제한을 받는 토지, ② 당해 공익사업의 시행을 직접 목적으로 하여 용도지역이 변경된 토지 등이 있다.

일반적 이용방법에 의한 객관적 상황의 기준

일반적인 이용방법이라고 함은 토지가 놓여 있는 지역(공간적 상황)에서 당시(시간적 상황)의 당해 토지를 이용하는 사람들의 평균인이 이용할 것으로 기대되는 이용방법을 말한다. 예를 들어 대지는 영구적인 건축물의 부지로 사용되는 것이 일반적인 이용방법일 것이다.

토지소유자 또는 관계인이 갖는 주관적 가치라 함은 다른 사람에게는 일반화할 수 없는 애착심 또는 감정가치를 말한다. 예를 들어 집안을 일으킨 묫자리이므로 더 큰 보상을 할 수는 없는 것이다. 특별한 용도에 사용할 것을 전제로 한 경우라 함은 당해 토지의 일반적인 이용방법이 아닌 아주 예외적인 용도에 사용할 것을 전제로 한 것이다. 예를 들어 임야에 주유소를 지으려고 한 경우에 주유소로 보상을 할 수는 없는 것이다.

나지 상정 평가

토지에 건축물 등이 있는 때에는 그 건축물 등이 없는 상태를 상정하여 토지를 평가한다(규칙 제22조제2항). 다만, 건축물 등이 토지와 함께 거래되는 사례나 관행이 있는 경우에는 그 건축물 등과 토지를 일괄하여 평가하여야 하며, 이 경우 보상평가서에 그 내용을 기재하여야 한다(규칙 제20조제1항단서).

개별공시지가와 보상평가

　　예전에는 토지보상을 더 많이 받기 위해서 집단저항(데모)의 방법을 많이 사용했지만 지금은 데모보다는 어떻게 하면 개별보상을 더 많이 받을 수 있는 각자가 연구하는 추세다.

　　토지보상은 「부동산 가격공시에 관한 법률」과 「감정평가 및 감정평가사에 관한 법률」에 의해서 표준지공시지가를 기준으로 공시기준일부터 가격시점까지의 지가변동률, 생산자 물가 상승률, 당해 토지의 이용계획, 위치, 형상, 환경 이용 상황, 기타 가격형성에 영향을 미치는 요인들을 종합해서 두개 이상의 감정평가 업체가 평가한 가액을 산술 평균하여 계산한다. 만약 토지소유자가 추천하는 감정평가업자가 참여한다면 세 개 기관에서 평가한 금액을 산술평균한다. 개별공시지가를 올려달라고 항의해 봐야 보상가액에는 영향이 없다.

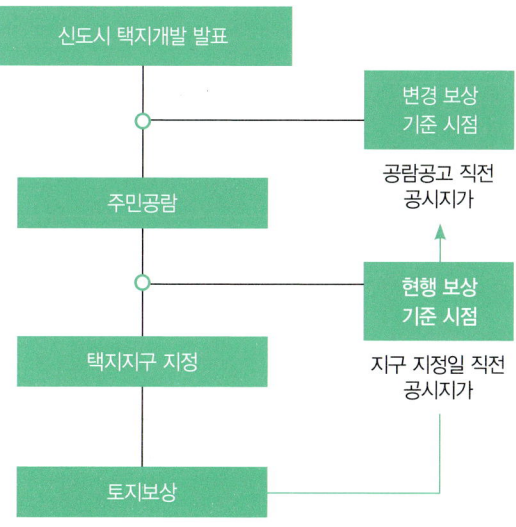

● 토지보상 기준 시점 변경안

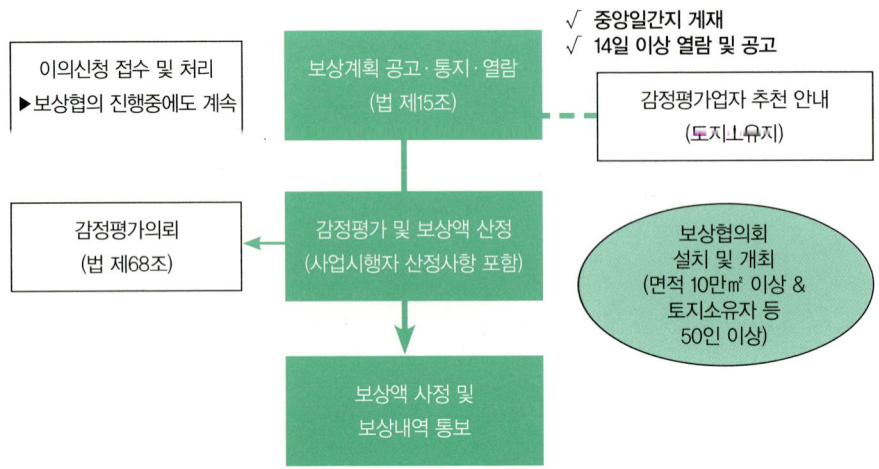

● 토지보상 절차

보상계획 공고 · 통지 · 열람
(법 제15조)

√ 중앙일간지 게재
√ 14일 이상 열람 및 공고

이의신청 접수 및 처리
▶ 보상협의 진행중에도 계속

감정평가업자 추천 안내
(토지노유지)

감정평가의뢰
(법 제68조)

감정평가 및 보상액 산정
(사업시행자 산정사항 포함)

보상협의회
설치 및 개최
(면적 10만㎡ 이상 &
토지소유자 등
50인 이상)

보상액 사정 및
보상내역 통보

더 중요한 점은

1) 소유자들이 감정평가업자를 추천하는 것이 좋다. 아무래도 이런 감정평가 업자들은 소유자의 편에서 평가할 것이기 때문이다.

2) 감정평가에 적극적으로 협조하면서 인근 지역의 부동산 매매자료나 수용 대상 부동산의 특성 등을 본인에게 유리하도록 감정평가 업자에게 제공하 는 것이 좋다.

3) 보상물건에 대한 감정평가 내용을 확인하는 것도 빼놓아서는 안 된다. 한 마디로, 토지 및 지장물 등이 적정하게 평가되었는지를 따져봐야 한다는 것이다.

4) 보상금 수령에 필요한 서류나, 수용재결이나 행정소송의 기한을 잘 따져 서 활용해야 한다.

5) 가장 중요한 것은, 보상 지역은 세무관서의 관심대상지 직역에 포함되기 에 부당행위를 해서는 안 된다는 것이다. 훗날, 추징을 당할 수 있다.

감정평가에 관한 규칙

제14조(토지의 감정평가)

① 감정평가업자는 법 제3조제1항 본문에 따라 토지를 감정평가할 때에는 공시지가기준법을 적용하여야 한다. 〈개정 2016.8.31.〉

② 감정평가업자는 공시지가기준법에 따라 토지를 감정평가할 때에 다음 각 호의 순서에 따라야 한다. 〈개정 2013.3.23., 2015.12.14., 2016.8.31.〉

1. 비교표준지 선정: 인근지역에 있는 표준지 중에서 대상토지와 용도지역 · 이용상황 · 주변환경 등이 같거나 비슷한 표준지를 선정할 것. 다만, 인근지역에 적절한 표준지가 없는 경우에는 인근지역과 유사한 지역적 특성을 갖는 동일수급권 안의 유사지역에 있는 표준지를 선정할 수 있다.

2. 시점수정: 「국토의 계획 및 이용에 관한 법률」 제125조에 따라 국토교통부장관이 조사 · 발표하는 비교표준지가 있는 시 · 군 · 구의 같은 용도지역 지가변동률을 적용할 것. 다만, 다음 각 목의 경우에는 그러하지 아니하다.

가. 같은 용도지역의 지가변동률을 적용하는 것이 불가능하거나 적절하지 아니하다고 판단되는 경우에는 공법상 제한이 같거나 비슷한 용도지역의 지가변동률, 이용상황별 지가변동률 또는 해당 시 · 군 · 구의 평균지가변동률을 적용할 것

나. 지가변동률을 적용하는 것이 불가능하거나 적절하지 아니한 경우에는 「한국은행법」 제86조에 따라 한국은행이 조사 · 발표하는 생산자물가지수에 따라 산정된 생산자물가상승률을 적용할 것
   3. 지역요인 비교
   4. 개별요인 비교
   5. 그 밖의 요인 보정: 대상토지의 인근지역 또는 동일수급권내 유사지역의 가치형성요인이 유사한 정상적인 거래사례 또는 평가사례 등을 고려할 것

③ 감정평가업자는 법 제3조제1항 단서에 따라 적정한 실거래가를 기준으로 토지를 감정평가할 때에는 거래사례비교법을 적용하여야 한다. 〈신설 2016.8.31.〉

④ 감정평가업자는 법 제3조제2항에 따라 토지를 감정평가할 때에는 제1항부터 제3항까지의 규정을 적용하되, 해당 토지의 임대료, 조성비용 등을 고려하여 감정평가할 수 있다. 〈신설 2016.8.31.〉

투자와 등기부 판독법
(담보대출가의 판독)

　은행 감정가는 시세보다 낮다. 부동산을 담보로 은행에서 자금을 차입하려고 하면 멀쩡한 부동산을 절반 이하의 가격으로 평가하는 황당한 경우를 당한 적이 있을 것이다.

　일반 매매로 10억 원은 충분히 하는 단독주택용지를 가지고 융자를 받아보려고 은행에 문의하면 감정료를 선납받아 50% 정도로 감정해버리고는 비도시 지역일 경우라면 용도지역(지역에 따라 다소 다름), 지목에 따라 감액 평가하고는 융자 가능 금액이 1억 원도 안 된다는 황당한 소리를 들어본 일도 있을 것이다.

　채권자인 은행의 입장에서 보면 당연하다. 최대한 낮게 감정해야 대출금액이 적어지고 그래야 나중에 경매로 넘어갔을 때 채권회수가 유리하기 때문이다. 경매에 넘어갔는데 은행이 돈을 다 받지 못하면 그 대출을 실행한 담당 직원은 문책을 당할 뿐만 아니라 이는 권고사직 사유에 해당한다고 하니, 이해해줘야 하지 않겠는가? 또한 감정가격을 시세 이상으로 평가해서 은행에 손실을 초래한 경우 부동산을 평가한 감정사나 감정회사도 문책을 당할 수 있다.

　이런 과정들을 보면서 감정가격이 시세보다 낮다는 인식을 자연스럽게 가지게 되는 것이다. 하지만 은행이 돈을 빌려줄 때는 형편없이 낮게 감정하지만, 채권회수를 목적으로 감정할 때는 거의 시세보다 높게 감정한다는 점을 명심하자. 경매가 목적인 감정에서 가격은 높을수록 낙찰자를 제외한 모두가 즐거우므로 매매가격이나 시세보다 높아지게 되는 것이다.

등기부 등본을 통해 현재 사실관계를 파악

부동산 거래 현장에서는 가끔 급하게 팔려고 내놓으면서도 시세보다 현저하게 저가에 매도하는 이른바 사정이 급한 '급매물'이 왕왕 눈에 띈다. 급매물로 나온 이유는 여러 가지지만 대체로 하루 빨리 처분해야 하는 매도자의 속사정으로 인한 경우가 대부분이다. 특히 부도 위기에 봉착했거나, 보증을 잘못 섰거나, 급전이 필요해 사채를 썼거나, 경매·공매 직전인 경우이거나, 사업상 긴급자금이 필요하거나, 재산 상속문제가 있거나, 이민을 가게 되어 내놓는 매물 등 원인도 각양각색이다.

급매물 중에서 가격 협상이 가장 용이한 매물은 등기부상 하자 있는 매물이다. 사고자 하는 부동산의 등기부를 적극적으로 분석해 보면 매수자는 급매로 나온 매물의 성격을 확인할 수 있다. 등기부는 번지만 알면 발급받을 수있는데 등기부상 기재 내용을 검토·분석해 보는 것이다.

등기부는 소유권 변동사항과 함께 권리관계를 일반인에게 공시하는 공적장부이다. 부동산 표시와 소유권, 저당권·가압류 등 권리관계를 눈으로 확인할 수 있다. 등기부는 부동산에 대한 다양한 정보를 제공하는 숨은 보물창고다. 등기부는 크게 소유권 정보와 채권·채무관계 등 두 가지 정보가 기재돼 있다.

소유자의 비밀스러운 부동산 정보가 숨겨져 있어 남들이 알려주지 않는 부동산 건강진단서 역할을 하는 게 등기부이다. 등기부 '갑구'에서는 소유관계, '을구'에서는 채무(빚)의 흐름을 한눈에 읽을 수 있다.

표제부 대상물의 표시에 관한 사항으로 토지는 소재·지번·지목·면적을, 건물은 소재·지번·종류·구조·면적을 기재한다.

갑구 소유권 및 소유권 관련 권리관계(가등기, 가처분, 예고등기, 가압류, 압류, 경매 등)에 관한 등기사항이 기재된다. 소유권과 관계있는 내용이 등기한 순서대로 나오므로 마지막 부분에서 현재의 부동산 소유주가 누구인지 확인할 수 있다.
갑구에서 다른 등기가 있다면 소유권에 관한 분쟁의 소지가 있을 수 있으니
각별히 주의해야 하며, 이때 순위번호에 나오는 등기 순서가 권리의 우선순위가 된다.

을구 소유권 이외의 권리관계(저당권, 전세권, 지역권, 지상권 등)를 표시하며 기재사항이 없을 때는 두지 않을 수 있다. 을구에 가압류, 근저당권에 관한 내용이 있으면 해당 건물은 빚이 있다는 것으로 이해하면 된다. 빌린 돈의 금액은 설정내용에 자세히 기재돼 있으며 통상 빌린 돈의 120~130%를 설정하게 된다.

등기사항전부증명서(말소사항 포함) - 토지 (1)

[토지] 경상북도 청도군 청도읍 (2)

고유번호 1749-1996-

【 표 제 부 】 (토지의 표시)

표시번호	접 수	소 재 지 번	지목	면 적	등기원인 및 기타사항
1 (전 2)	1999년11월13일	경상북도 청도군 청도읍	전 (3)	1134㎡ (4)	부동산등기법 제177조의 6 제1항의 규정에 의하여 2001년 10월 17일 전산이기

【 갑 구 】 (소유권에 관한 사항)

순위번호	등 기 목 적	접 수	등 기 원 인	권 리 자 및 기 타 사 항
1 (전 3)	소유권이전	1999년11월13일 제14739호	1999년11월9일 매매	소유자 황익 4704 -******* 대구 중구 남산동
				부동산등기법 제177조의 6 제1항의 규정에 의하여 2001년 10월 17일 전산이기
2	압류	2007년10월4일 제17473호	2007년10월1일 압류(교통과-24566)	권리자 대구광역시중구
3	강제경매개시결정	2015년4월21일 제7476호	2015년4월21일 대구지방법원의 강제경매개시결정(2015 타정6470)	채권자 유동화전문 유한회사 서울 강남구 강남대로 450 (역삼동)

열람일시 :

1/2

갑구 · 을구 열람으로 소유자의 재정 상태 확인

등기부 '갑구'란에서 확인해야 하는 내용으로는 소유자의 나이와 소유권 보유시기와 연한, 취득 방법이다. 이를 확인함으로써 급매물 출현 가능성을 살필 수 있다.

소유권 보존일자를 보면 소유자의 부동산 취득 날짜가 나온다. 소유자의 나이가 많거나 적으면 급매물로 처분할 가능성을 높인다. 고령이거나 젊은 소유자가 상속 · 증여받거나, 이혼 등 특별한 사정이 있다면 어느 정도 싼 값에 급매로 나올 가능성을 높인다.

【 갑 　　　 구 】		(소유권에 관한 사항)		
순위번호	등 기 목 적	접 　수	등 기 원 인	권 리 자 및 기 타 사 항
10	소유권이전	2005년2월17일 제4173호	2005년1월19일 매매	소유자 　▓▓ ▓▓▓-1●●●●●● 서울특별시 ▓ ▓ ▓ ▓▓▓

'갑구' 사항란은 소유권에 대한 내용이 기재돼 있고, 개인의 빚으로 인한 가압류, 세금을 제때 납부하지 못해 과세기관으로부터 압류나 가등기 등 소유권에 대한 사항이 접수된 일자순으로 기재돼 있다.

가압류가 설정돼 있다면 민사소송이 진행되고 있고 채무가 얽혀 있다는 의미이고 압류가 설정돼 있으면 세금을 제때 납부하지 않았다는 뜻이다. 이런 매물은 소유자가 금전적으로 어려운 상태이기 때문에 가격을 낮춰 매물로 내놓을 공산이 크다.

을구에 제한물권이 설정된 내역을 살피면 같은 가격의 매물이라도 급매물로 나올 가능성을 엿볼 수 있다. 대출이 많으면 소유자의 재무 상태가 안 좋은 경우다. 특히 근저당 설정 날짜, 추가 근저당 내역과 금액 등을 종합적으로 살펴보면 급하게라도 부동산을 처분할지 여부를 예측할 수 있다. 또 설정된 채권에 대한 채무액과 권리설정액(근저당 한도액), 채권 최고금액과 이율, 연체 여부, 기간, 채권자의 상황 등을 확인할 수 있다.

【 을 구 】			(소유권 이외의 권리에 관한 사항)	
순위번호	등 기 목 적	접 수	등 기 원 인	권 리 자 및 기 타 사 항
13	근저당권설정	2005년2월17일 제4174호	2005년2월17일 설정계약	채권최고액 금300,000,000원 채무자 ▦▦ 서울 ▦▦▦▦▦▦ ▦ ▦▦▦▦▦▦▦ 근저당권자 주식회사 ▦▦은행 ▦▦ ▦▦▦▦▦▦ 서울 종로구 ▦▦▦▦▦▦ (개인여신팀)

급매 가능성 타진, 미리 협상전략 짜둬라

이렇게 등기부를 잘 분석해 보면 급매로 나온 물건의 성격을 확인할 수 있다. 급매는 촌각을 다투는 초급매물은 통상 부도 위기를 넘기기 위해, 부동산을 담보로 잡고 빚보증을 섰거나, 급전이 필요해 추가로 사채를 썼거나, 법원 경매·공매 예정인 경우, 사업상 긴급자금이 필요한 경우, 공동으로 재산상속을 받은 경우, 이민이나 외국 발령 등 전출 때문에 내놓은 급매물 그리고 이혼으로 인한 재산분할 때문에 급하게 처분하는 경우 등 원인도 다양하다. 이런 상황을 확인한 후 거래를 진행하는 공인중개사를 통해 매수자가 협상의 주도권을 가질 수 있도록 미리 전략을 짜둘 필요가 있다.

중개업소는 급매의 경우 가격 흥정을 위해 현 소유자의 약점을 노출하지 않는 게 일반적이다. 따라서 매수자가 등기부를 살펴 협상 전략을 짜두고 매도자를 만날 필요가 있다. 특히 과도한 담보대출을 받았거나 가족들에게 보증을 섰다가 경매 처분되는 부동산의 경우 가격을 더 낮춰서 매입할 수도 있다.

파는 사람의 심리 파악도 중요하다. 매도자를 만나 현재 다른 유사 매물과 비교하고 있다는 사실을 알리는 게 좋다. 저가에 넘길 경우 매도자 사정에 맞춰 잔금 기간을 짧게 잡고 계약조건을 변경할 수 있음을 알리는 것도 도움이 된다. 강제 처분 직전인 매물의 경우 최근 낙찰가를 밝히며 경매를 피하면 매도 차익을 챙길 수 있다는 것도 밝힌다. 협상이 잘 이루어지도록 매도자 가족이나 중개사, 채권자 등 입회인과 함께 만나 도움을 받는 것도 한 방법이다.

등기부가 깨끗한데 급매물로 나왔다면 의심부터 해 봐야 한다. 등기부상 하자로 저가에 계약할 때는 등기명의자와 직접 계약해야 한다. 매도인 측 대리인이나 일부 지분권자와 계약할 경우 훗날 법적 분쟁에 휘말릴 여지가 높다. 등기 명의인과 계약 상대방의 일치 여부를 반드시 확인하고, 불일치하면 주민등록증과 위임장, 인감증명서를 확인해야 한다. 소유자가 두 명 이상인 공동소유이면 각각 지분에 대해 매각을 일임하는 위임장을 받아 둬야 한다.

토지 '실거래가 공개시스템'을 가격 판독에 활용하라

2016년부터 토지거래 정보가 국토교통부 '실거래가 공개시스템' 홈페이지에 제공되기 시작했다. 반가운 일이 아닐 수 없다. 전국의 토지 실거래가가 제공되기 때문이다. 공개되는 항목은 물건 소재지(동·리), 매매 가격 및 면적, 계약일(10일 단위), 용도지역 및 지목이다. 기존에 아파트와 주거용 건물에 대해서 공개하던 방식과 마찬가지로 거래당사자의 인적사항 및 세부지번 등 개인 정보에 해당하는 내용은 제외된다.

토지 실거래가 정보에 관한 다섯 가지 꿀 팁을 소개한다.

토지 실거래가가 공개되었다고 하는데 토지가 뭐지?

2006년 이후 실제 거래된 전국의 순수토지는 498만 건이다. 단독주택처럼 토지와 건물이 따로 있는 경우는 어떨까? 이런 경우 토지 실거래가에서는 정보를 찾을 수 없다. 단독주택은 이미 단독주택 실거래가에서 확인할 수 있기 때문이다. 국토교통부 실거래가 공개시스템은 순수토지만을 대상으로 한다.

실거래가의 기준일은 계약일인가? 등기를 넘긴 날인가?

실거래가 자료가 모이게 되는 근거법이 있다. 2006년부터 부동산 실거래 신고 제도를 시행하고 있는 것이 이런 정보를 볼 수 있는 근거가 된다.

● 국토교통부 실거래가 공개시스템

> **실거래가조회 결과**

토지 지역별 - 매매

ⓘ 부산광역시 강서구 강동동

기준 : 2018년 1분기, 구분(지분:지분거래), 단위(면적:㎡,금액:만원) **연세**

법정동명	지목	용도지역	1월			2월			3월		
			계약일	거래면적	거래금액(구분)	계약일	거래면적	거래금액(구분)	계약일	거래면적	거래금액(구분)
강동동	전	개발제한구역	1~10	496	7,800 지분	1~10	2,284	76,420			
						11~20	2,284	95,500			
						11~20	4,288	116,000			
		제1종일반주거지역	21~31	3	250	21~28	885	121,000			
			21~31	19	1,650						
			21~31	21	1,860						
			21~31	31	2,750 지분						
			21~31	32	2,840 지분						
			21~31	35	3,050 지분						
			21~31	310	27,500						
			21~31	310	27,500						
			21~31	330	29,200						
	답	개발제한구역	1~10	513	7,233 지분	1~10	324	10,780			
			21~31	4,212	120,000	11~20	324	13,500			
						11~20	2,694	73,250			
						21~28	1,812	32,880			
		제1종일반주거지역	21~31	80	3,372	11~20	56	3,740			
			21~31	99	4,172	11~20	483	32,135			
			21~31	1,927	190,000	11~20	509	33,865			
						11~20	605	40,260			
		자연녹지지역				11~20	2,448	66,600			

이 제도에 따르면 '토지 및 건축물, 아파트 분양권(입주권)의 매매계약' 체결 시, 거래당사자(또는 중개사)는 60일 내 실거래 금액 등을 신고하여야 한다. 신고하지 않으면 당연히 벌금을 내게 된다.

여기서 혼돈하면 안 되는 것이 있다. 우리가 일상적으로 알고 있는 부동산 거래라 함은 잔금까지 다 지불한 정상적인 거래를 말한다. 그런데 국토교통부에서 제공하고 있는 실거래가는 계약일이 기준이므로 실제 거래량보다는 많을 수 있다는 점이다. 계약 이후에 해지를 하거나 잔금을 내지 않은 경우가 있을 수 있다.

이 경우 계약 조건이 변동되거나 무효, 취소, 해제 등이 될 경우 별도로 다시 정정 신고를 해야 한다. 계약 이후에 소유권이전이 되지 않은 물건이 대량 발견된다면 무조건 조심해야 할 일이다. 이런 제도를 악용할 경우 선의의 피해자가 생길 수 있다. 일정 금액 이상으로 계약된 물량은 많은데 실제 소유가 넘어간 부동산이 없다면, 이건 문제가 크다.

우리 스스로 대안을 찾아야 한다는 점이다. 따라서 토지거래에 있어서 정말 중요하다고 판단되는 경우는 국토교통부에 신고가 된 실거래 금액만 믿을 게 아니라 소유권이전이 완료되었는지도 확인해야 한다. 국토부에서 얘기하는 실거래가와 소유권이전과는 별개의 얘기가 될 수 있다.

나만의 검색조건을 설정할 수 있어야

토지에 대한 적정가격을 판단하기는 쉽지 않은 일이다. 비록 실거래 가격이 공개된다고 할지라도 어렵기는 마찬가지다. 토지의 용도에 따라 달라짐은 물론이고 도로상황과 방향, 모양 등 다양한 변수가 존재하기 때문이다. 그렇더라도 "평당 얼마씩 한다"라는 말을 검증하기에는 충분한 환경이 마련된 셈이다. 이제는 토지거래 특히, 좋은 땅이라는 말에 속아 황당한 금액에 매입하고 속상해하는 일은 많이 사라질 것으로 보인다.

토지는 28개의 지목이 있으나 실제 이용환경과 부동산 공적장부에 기록된 지목과는 일치하지 않는 것이 너무 많은 것이 현실이다. 지목은 답으로 되어 있으나 전 또는 과수원 등으로 사용하는 경우가 많다. 임야임에도 농산물을 채취하거나 일부는 농지로 사용하는 경우도 의외로 많다. 따라서 종합적인 검색을 통해서 토지 실거래가의 후보군을 충분히 확보하고 분석할 필요가 있다.

실거래가보다 더 소중한 정보는?

토지 실거래가 공개는 주거용 건물과 그 내용과 맥락이 유사하다. 정확한 위치확인이 불가능하다는 점이다. 아파트와 연립주택 같은 경우는 명칭과 층수 등이 포함되므로 더 이상의 자료는 사치일 수 있다. 그러나 단독주택 또는 토지와 같은 부동산은 해당 동 또는 리의 면적과 가격만으로 실제 시장 환경을 예측하거나 판단하기에는 무리가 있다. 역시 현장답사가 정답이다. 그러나 토지 실거래가 공개 덕분에 현장 답사를 실시하기 위한 자료가 충분해졌다는 점이 중요하다.

무엇보다도 거래량이 중요하다. 아무리 싼 토지라도 거래량이 없다면 심각하게 생각해 볼 일이다. 반대로 가격은 높으나 거래량이 뒷받침된다면 이건 의미가 다르다. 이 말은 인근 지역과의 비교도 중요하다는 점과 같은 말이다. 실거래가보다 거래량이 중요하다는 점! 토지에서는 진리에 가깝다.

공개되지 않은 번지를 알아내는 방법?

계약이 체결된 날짜와 계약금액과 면적만 가지고 어느 땅인지 찾기란 쉽지 않다. 모래사장에서 바늘 찾기와 같다. 이걸 쉽게 찾을 수 있다면 나만의 훌륭한 정보가 될 소지가 있다. 하지만 공개되지 않은 정확한 위치를 알아내는 방법이 있다. 공짜로 알아내는 방법과 돈이 들어가는 방법이 있다.

공짜로 알아내려면 시간을 투자해야 하기 때문에 실제로 공짜는 아니다. 다만 현찰이 들어가지 않는다고나 할까?

먼저 국토부에서 제공하는 실거래가에는 토지의 지목과 면적, 토지 이용계획에 대한 힌트가 있다. 이 3박자가 맞아 떨어지는 필지가 있다면 성공한 셈이다. 필요하다면 이렇게 나온 결과를 검증해 보기 위해서 등기부등본을 발급받아 보길 바란다. 성공했다면 웃을 수 있는 일이다.

그런데 실제 주소만 안다고 해결되는 것도 아니다. 지목과 용도, 토지 이용계획을 확인하고 도로상황도 감안함과 동시에 비슷한 면적 등등 고민해야 할 일이 굉장히 많다. 실제 실거래가를 조사하는 일은 생각보다 쉽지 않다.

Tip 〉 **지주 소재 파악** 〉

- 등기부등본을 보면 이름과 주소가 나온다. 전화번호부를 뒤져 보면 소유주를 확인할 수 있다. 전화번호부 책에는 이름 옆에 주소가 나온다. 만일 전화번호가 안 나온다면, 편지나 직접 방문하여 의사타진을 해야 한다. 이때 매수 목적은 실사용으로 해야 한다. '투자 하려니 팔아라'하는 말은 무덤을 파는 일이다.

PART **03**

Conclusion
토지 리모델링과 세금이
수익을 담보한다

Chapter 08

토지의 원가적산

실제 사용목적에 따른 토지 가격 평가방법

토지의 가격을 논할 때 예전에는 공시지가의 몇 배 아니면 주변 시세를 비교하여 저 땅이 얼마 정도 하니까, 이 땅은 얼마 정도 하는 것이 타당하다고 평가하는 방식이 일반적으로 토지 가격을 논하는 기준이었다. 그러나 이 방식은 주먹구구식이지 실제 사용 목적에 따라 토지 가격을 평가하는 방법은 아니다.

토지를 매입할 때 토지 가격을 정확하게 평가하기 위해서는 토지매입자가 토지매입 목적에 맞게 토지를 전용하여 타용도로 사용 변경할 때까지 지불하는 모든 비용과 시간을 토지매입가에 반영해야 한다. 이것이 토지매입시 가격 계산법의 기본이다. 이 정석으로 계산하고 정리한 후 매입 여부를 결정해야 한다는 뜻이다.

복잡하지 않게 토지 가격의 진짜 평당 가격을 구하는 법을 단순한 사례를 들어 설명해 보겠다. 그러나 투자자로서 토지를 매입하는 경우는 토지매입에 따른 차후 예상 수익률까지 따져야 하므로 여기서는 제외한다.

먼저 토지전용을 한 후 주택건축까지만 이야기하고, 추가로 일반적인 사례 몇 가지를 소개하려고 한다. 가장 보편적인 사례인 농지를 매입하여 200평을 농지전용하고 30평 주택을 건축하는 경우를 예로 들어 보자.

1. 농지의 상태가 택지로서 문제가 없고 바로 건축을 할 수 있다면 최종 대지로 전환되어 택지로 조성되기 전까지의 비용을 계산한다.

농지의 경우 농어업인을 위한 농가주택이 아닌 일반주택이라면 농지전용비 감면이 없으니,

1-1. 농지전용비는 공시지가의 30%(최대 ㎡당 5만 원), 공시지가가 ㎡당 2만 원이고 660㎡(약 200평)을 전용한다면 660㎡×2만 원×0.3=396만 원

1-2. 농지전용 대행비 150만 원과 건축 신축허가 시 설계인허가 비용 150만 원 정도(협의에 따라 조정이 가능한 부분이 있지만 일반적으로 청구되는 비용으로 계산)

1-3. 전기인입비 50만 원 내외

1-4. 상수도설치비용(지하수개발 시 소공인 경우 200만 원 내외, 대공 800만 원 내외, 마을상수도 연결 시 1~300만 원 내외)

1-1~4까지 비용합계 :

396만 원+300만 원+50만 원+200만 원

(소공 기준)=946만 원

약 1,000만 원가량이 든다.

농지 상태가 택지로 조성하기 위해 토목공사가 필요한 경우의 비용은 다음과 같다.

1-5. 토목공사비

토지의 상황에 따라 직영공사로 굴삭기 02(일대여료 30만 원 내외), 06(일대여료 45만 원 내외)을 부르고 성토작업이 필요한 경우 아래와 같이 토지원가가 소요될 것이다. (15톤 덤프트럭으로 작업 시 흙을 받아오는 거리에 따라 차당 2~6만 원 내외, 평균 4만 원-흙 값이 아니라 15톤 차량 운반비로 보는 것이 맞다.)

석축 작업이 필요한 경우 15톤 덤프기준 발파석 차당 15만 원 내외, 온양

석 등 문양석의 경우 평균 25만 원 내외로 평균치를 계산해 본다.

만일, 토목회사에 일괄 계약을 맡기고 진행하면 평당 2만 원에서 토목공사의 정도에 따라 10만 원 정도의 일괄 공사견적을 받는다. 그럼, 200평 택지조성 기준 토목회사에 일괄계약으로 공사를 맡겼을 경우 토목공사비는 400만 원에서 2,000만 원까지 예상할 수 있다.

직영공사를 하면 토목회사에 맡겼을 때보다 절반 정도 경비절감이 되는 것이 일반적이다. 대신 직영공사를 진행하면 토목공사에 대해 기본적인 지식이 있어야 한다. 그렇지 않다면 토목공사를 진행할 현장 책임자를 섭외해서 진행하는 경우도 있다.

다시 토목공사비까지 포함하여 계산해 보면,

1-1~5까지 소계는 946만 원+(400만 원-2,000만 원)=약 1,400-3,000만 원 정도를 농지를 택지로 조성하는 데 드는 비용으로 예상된다.

1-6. 농지전용에 따른 취득세

공시지가가 농지에서 대지로 용도 변경되면서 높아지게 된다. 공시지가 낮은 지역에서는 큰 금액이 아니나 주변 대지의 공시지가를 알게 되면 현재 농지에서 대지로 전용 시 취득세(공시지가 증가분에 대한)를 예상할 수 있다.

농지 공시지가가 ㎡당 2만 원이고 660㎡(약 200평) 전용 후 대지 공시지가가 ㎡당 10만 원이 되었다면, 공시지가가 ㎡당 8만 원이 증가한 것이므로 8만 원×660㎡×0.02%=105만 6,000원 (약 100만 원, 공시지가가 낮은 지역은 더 적게 나오고, 공시지가가 높은 지역은 이 비용이 많이 올라갈 것이다.)

1-1~6까지의 대략적인 소계로 약 1,500~3,100만 원의 비용이 추가적으로 발생한다. 이 산출된 금액을 전용면적 200평 기준으로 평당 추가비용을 나눠 보면 평당 약 7만 5,000원~15만 5,000원의 평당가가 상승했다는 것을 알게 된다. 물론, 공시지가가 낮은 지역과 높은 지역에서는 이 편차가 높

아진다.

그럼 이 사례에 나온 농지 200평 매입비가 매수 시 평당 10만 원이었다면 실제 택지로 전환 시 계산되는 평당 가격은 평당 17만 5,000원~25만 5,000원이 되는 것이다. 여기에 택지조성에 따른 시간과 현장을 오가며 들어가는 경비와 소소한 세금 등을 더한다고 생각해야 한다.

이 사례와 같이 200평만 매입한 상황이라면 매도자에게 평당 10만 원에 매입했지만 실제 매입가격은 평당 17만 5,000원~25만 5,000원에 매입한 것과 같다.

그리고 농지 400평을 매입하고 그중 200평만 전용한 것이라면,

(200평×10만 원)+(200평×(17만 5,000원-25만 5,000원))=2,000만 원+(3,500만 원-5,100만 원)=(5,500-7,100만 원)÷400평=평당 13만 7,500-17만 7,500원에 매입한 것으로 계산식이 나온다.

여기서 나온 금액을 가지고 주변의 비슷한 조건의 대지가격과 비교한다면 내가 높은 가격으로 매입한 것인지 아니면 저렴하게 매입한 것인지 판단할 수 있다. 만일, 주변의 비슷한 조건의 대지가격이 15만 원이라면 농지를 전용하여 택지로 조성하는 것보다 큰 이익은 없고 시간과 경비가 든다는 점 때문에 농지는 저렴한 것이 아니라는 뜻이 된다.

여기에 추가적으로 추가비용에 넣어야 하는 경우도 있다. 예를 들면, 도로포장을 해야 하는 경우, 농지전용 후 건축행위 신청 시 하천점용이나 구거점용을 받아야 하는 경우, 다리를 놔야 하는 경우 등등 현황과 상황에 따라 추가비용을 대략적으로 계산해서 이를 모두 매입하는 토지 가격에 반영해서 매입가격을 판단해야 한다고 본다.

다음으로 농지전용이 아닌 산지전용의 경우를 들어 보겠다.

산지전용의 경우는 농지전용비가 공시지가의 30%인 것과는 달리 전국적

으로 매년 산림청에서 고시하는 산지전용비 기준에 따라 적용을 받는다. ㎡당 평균 4,000원 내외이다. 다시 말해 평당 공시지가와 상관없이 만 원을 조금 넘는다는 뜻이다. 따라서 임야가 공시지가가 높은 지역에서는 산지 전용 시 농지전용보다 전용비가 많이 절감된다.

그러나 공시지가가 낮은 지역에서는 오히려 산지전용비가 더 나올 수도 있다. (공시지가가 무척 낮은 지역은 농지전용이 비용이 더 절감될 수도 있다는 뜻도 된다.) 그리고 토목회사의 인허가대행비도 산지전용 인허가대행비가 농지전용 인허가대행비보다 최소 100만 원 이상 더 든다. 또한 경사도와 임목도 등 조사사항이 더 많기 때문에 절차도 조금 더 까다롭다. 여기에 대부분의 임야는 경사지가 많으므로 그에 따른 토목공사비를 계산에 포함해야 한다.

여기까지 계산식을 구했다면 산지전용 시 평당 추가비용을 계산할 수 있을 것이다. 임야의 매수가격에 이 평당 추가비용을 포함해 평당 가격을 구하면 임야의 실제 매입가격이 된다. (농지매입 시 실제 매입가격 평가 방법을 참조하기 바란다.)

다음으로 과수원을 조성하기 위해 농지나 임야를 매입하는 경우를 보자.

과수원의 경우 과수원 조성에 따른 비용이 발생한다. 농지의 경우는 별도의 농지전용절차를 밟지 않기 때문에 유실수 식재비용과 수확기까지 들어가는 비료 및 농기계의 감가상각비 등을 예상해야 한다.

물론, 원하는 종목의 유실수가 식재되어 있지 않다면 원하는 유실수 묘목을 구입해야 하는데 보통 한 주당 3,000~10,000원 내외에 살 수 있다. 그리고 식재는 한 주당 차지하는 면적이 유실수의 종류에 따라 1주당 1~3평 정도를 배치한다.

그럼, 과수원 조성에 따른 묘목 값이 나올 것이고 수확 예상 시기까지 대략적인 과수원 조성비용을 예상할 수 있을 것이다. 이 예상 금액을 농지의 평당 금액에 반영해 과수원 조성 시 실제 농지가격을 대략적이나마 예상할 수 있다.

그리고 임야는 산지전용을 하여 지목변경을 하는 경우는 택지 조성 시 산출하는 방식을 대입하여 추가비용을 계산하고, 지목변경을 하지 않고 수종개량(산의 나무 종류 변경)을 하는 경우는 벌목비용과 처리비용까지만 계산하면 된다. 수종개량의 경우는 합법적으로는 토목공사가 허용되지 않고 있으니 이 부분은 꼭 참고해서 판단하기를 바란다.

여기까지 과수원 조성에 따른 평당 비용이 산출되면 매입비용에 포함하여 실제 매입평당 가격을 계산해 보고 주변 과수원의 평당 매매가격을 비교하면 매입가격이 적정한지 판단이 설 것이다. (물론, 여기서도 시간과 경비 계산은 각자의 판단에 맡긴다.)

이제까지 실수요자가 시골에 가서 진행할 수 있는 개발행위를 대비한 토지매입 시 실제 매입 평당 가격을 산출하는 법에 대해 대략적인 방법을 알아보았다.

어찌 생각하면 복잡하고 불필요해 보일 수도 있지만 이런 방식으로 계산하고 토지를 매입하는 이유는 토지매입 시 자신의 용도에 맞게 토지를 변경하는 비용을 계산하여 실제 토지개발 시 추가되는 비용으로 인한 평당 가격 상승분을 계산하지 못하면 주변 시세 대비 토지를 비싸게 매입한 꼴이 되는 경우가 생기는 것을 막기 위함이다.

분명, 자신이 처음부터 토지를 개발하고 가꾸면서 내 구상대로 터를 만들어 낸다는 것에 대한 만족감과 보람은 계산식으로는 뽑을 수 없는 부분이다. 그러나 현실적으로 토지매입 시 평당 가격을 산출함으로써 단지 평당 가격이 낮다는 이유 하나로 토지 매입을 결정하는 우를 범해서는 안 될 것이다.

특히, 오지의 임야를 저렴하게 매입하여 개발하려는 사람들은 임야개발의 경우 평당 토지 가격이 낮은 경우 오히려 개발비용이 배보다 배꼽이 큰 경우가 비일비재하며, 매입가격에 더해 추가 개발비용이 만만치 않음을 꼭 명심하고, 계산한 후에 토지매입을 결정했으면 한다.

다음으로 고려할 사항은 주변 시세 대비 토지 가격 비교는 물론 전국적으로 같은 조건의 토지들의 가격대와 비교해서 그 지역 토지 가격이 합리적인 가격인지를 판단해 보는 것이다.

비슷한 조건인데 가격차이가 난다면 그 이유를 알아보고 그 이유가 합당하다고 생각하면 토지를 매입해도 되지만, 지역적인 토지부동산시장의 분위기로 인해 거품이 끼었다고 판단되면 당연히 매입을 보류해야 한다.

토지매입은 딱 떨어지는 이론으로 정립할 수 있는 것은 아니지만 앞에서 말한 사항들을 가장 기본적인 지식이라 생각하고 마음속으로 이해될 때까지 공부하기 바란다.

대지화 경향에 투자하라

5년 이상 땅 공부를 하고도 선뜻 투자전선에 진입하지 못하는 사람이 의외로 많다. 그 이유는 땅 투자의 핵심을 파악하지 못했기 때문이다. 현장답사 전에 일단 반드시 숙고할 것은 공부(공적서류) 파악이다. 허투루 파악한다면 하나 마나 소모전이 된다. 지적도의 중요성을 재삼 강조하고자 한다.

지적도로는 내가 볼 땅을 비롯해 인근의 지목의 분포도와 길의 유무를 통한 현장감을 개괄적으로 알아볼 수 있다. 내가 볼 땅은 물론 동떨어진 지역까지도 토지 이용계획확인서에 등재된 인터넷 지적도에서 알아볼 수 있다.

인터넷 지적도는 도로, 용도, 지목, 개별공시지가 등을 참고할 수 있어 인근의 현장감을 인지할 수 있다. 인근 땅까지도 지번이 공개된 터라 가능한 일이다. 물론, 길은 현장에서 파악해야 정확하다. 만약 지목이 온통 거대한 임야로 뒤덮인 상태라면 현장감이 떨어질뿐더러 맹지가 다량 분포되어 있을 터이다.

악산에 주의해야 한다. 토지 이용계획확인서만으로 땅 점검을 하는 사람들이 있는데 이는 잘못된 방법이다. 지적도에 집중할 필요가 있다. 용도지역과 규제사항은 현장감과 확연히 차이가 있기 때문이다.

지목에 지나치게 집착하는 사람이 있다. 무조건 건부지나 대지를 원한다. 대지의 위치를 감안해야 하건만 길과 대지에 집착한다. 외부와 단절된 대지와 길은 무용지물인데 말이다. 이런 대지와 길은 차후, 지역의 애물로 전락

할 수 있다. 접근 및 인접성이 떨어진 상태의 대지를 살 바에는 차라리 대지 인근 농지나 임야가 낫다. 가격 면에서 유리하기 때문이다. 대지라는 이유 하나로 개별공시지가를 높게 평가받아 세금을 더 내고 평당가가 높아지는 일이 일어나니 말이다.

농업진흥구역 땅이 싸게 나왔다고 넙죽 계약하는 사람도 보았다. 문제는 매입목적인데 투자목적으로 그 땅을 샀다면 낭패다. 100% 실수요(영농) 목적의 땅을 투자목적으로 샀으니 말이다. 투자목적의 땅은 활용도가 다양해야 하건만 농업진흥구역에 예속된 땅들은 활용도가 지극히 단순하기 때문에 투자목적의 땅으로 적합하지 않다.

잠재성이 전무한 상태에서 최소비용으로 최대효과를 노릴 수 있는 여건은 찾아오지 않는다. 땅의 활용도가 다양하다는 것은, 변수에 능수능란하게 대처할 수 있다는 의미를 담고 있다. 반대로 땅 활용도가 단순하다면 변수에 길이 막힌다.

주거, 업무, 상업, 공업용(주택, 상가, 사무실, 공장)으로 적용 가능하다면 변수 대처가 가능하나, 농업용(절대농지)처럼 활용가치가 낮다면 변수 발생 시 휴경지(묵정밭)로 전락할 수도 있다. 경지정리가 된 땅의 용도가 제한되어 있다 보니 잠재력을 상실한 현상이 벌어지는 것이다. 농업보호구역이 생산관리지역으로 용도 변환하는 사례는 있으나 농업진흥구역은 그대로 잔류한다. 그 고유의 생명력이 강한 편이다.

귀농 · 귀촌 시대이다 보니 농업용 토지를 찾는 사람들이 늘고 있다. 그러나 농어가주택 수준의 전원주택이 오지지역에서 많이 발견되고 있어 매입 시 주의가 필요하다. 이런 집들은 하드웨어(건축 상태, 건축 양식)는 전원주택 모형을 유지하고 있으나, 소프트웨어(접근성, 변수)는 농어가주택 수준에 머문 경우가 태반이다.

52 대지와 관리지역 원형지 중 어느 땅이 더 좋을까

일반적으로 관리지역을 구입해 전용받아 집을 지을 경우 그 지역의 대지와 시세를 비교해 지가의 차이가 30% 이상 되면 투자가치가 있다고 본다. 그러나 정확한 것은 아니다. 구입한 관리지역이 마을과 200m 이상 벗어나 있으면 전기가설비용이 큰 부담이 될 수 있어 배보다 배꼽이 더 커질 수 있다.

또 공시지가를 확인해서 공시지가가 높으면 전용부담금이 평당 20% 추가된다. 하수처리 문제 등을 고려해서 주거와 인접거리 등도 확인해야 한다. 종종 하수처리 문제 때문에 이웃 토지의 지주와 마찰이 발생해 공사가 중단되는 경우도 있다. 만약 공사를 하다 중단하게 되면 그 피해가 크며 불필요한 경비가 많이 들어 손해가 막심해 대지를 구입하는 것보다 못하다.

전용허가를 받아서 집을 지을 경우 대체로 수도권에서는 평당 3만~5만 원 정도 추가비용이 들어간다. 이런 점 때문에 관리지역 전 · 답 · 임야 · 대지 등과 비교분석을 해야 되며 자신이 투자할 수 있는 금액대가 얼마인지부터 확인을 해야 한다.

무조건 대지는 비싸고 관리지역은 싼 것으로만 생각해서는 안 된다. 예를 들어 평당 30만 원에 대지를 구입할 수 있는 지역에서 관리지역을 27만 원에 구입해 대지화하는 데 평당 8만 원 정도가 더 들었다면 평당 5만 원을 손해 보는 셈이 된다.

관리지역 같은 경우 지금 당장은 돈이 되는 땅이 아니나 추후에 투자가치가 높아질 수 있다. 그렇다면 관리지역은 정확히 무슨 의미이고, 세분화했

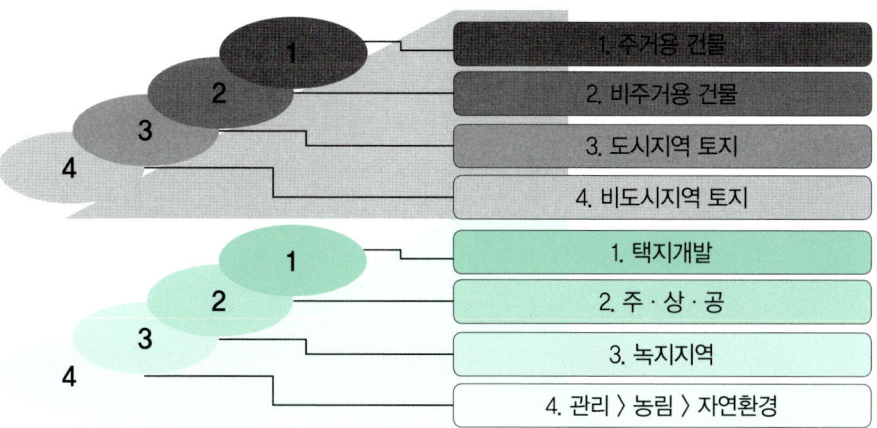

● 대지와 원형지의 가격 비교

| 1. 주거용 건물 |
| 2. 비주거용 건물 |
| 3. 도시지역 토지 |
| 4. 비도시지역 토지 |

| 1. 택지개발 |
| 2. 주·상·공 |
| 3. 녹지지역 |
| 4. 관리 〉 농림 〉 자연환경 |

을 때 보전관리지역, 생산관리지역, 계획관리지역은 각각 어떠한 지역을 말하는 걸까?

우리나라 전 국토에서 관리지역이 차지하는 비율은 26%나 된다. 그러나 대지는 1.5% 정도밖에 되지 않아 그 희귀성으로 대지는 비싸다는 고정관념이 자리를 잡고 있다. 물론 큰 평수에서는 관리지역 전답이 대지와 비교해 훨씬 싸다. 그러나 같은 곳에 있는 관리지역이라도 300평대가 평당 20만 원이라면 1,000평대는 15만 원, 2,000평대는 13만 원 하는 식으로 그 평수에 따라 평당가가 달라진다.

부동산 가격이 좋을 때는 300평이 필요한 사람도 빚을 내어 1,000평짜리를 매입한 후 일부는 잘라서 되팔아 이득을 볼 수 있었으나 최근에는 이런 식의 투자는 위험천만하다. 작은 평수의 관리지역을 찾기 힘든 현실에서 이들 관리지역의 가격은 대지가격과 거의 비슷하다. 그러므로 대지와 관리지역을 놓고 비교 선택을 해야 할 때는 다양한 분석이 필요하다.

53 대지화 원가 소요비용
적산 학습

토지구입에서 전원주택 등기까지의 단계별 소요비용을 나열해 보았다. 지역 및 지형, 구조 등에 따라 다소의 차이가 있음을 고려해 참조하기 바란다.

사례 1

관리지역 전(답) 200평을 평당 50만 원(공시지가 40만 원/평)에 구입하여 건축(1층 30, 2층 20평) 후 등기 시

▶ **전기 및 전화인입비용, 지하수 개발지용, 정화조 및 하수도시설비용 제외**

- 농지보전부담금+토목공사비=토지 지목변경에 따른 추가 취득가액 4,400만 원

- 설계비+건축비=건물 취득가액 1억 3,300만 원

- 전→대지로의 지목변경 관련 총 비용=취득단가+농지보전부담금+토목공사비=14만 4,000원(72만 원/평)

- 조경공사비=10∼15만 원/평

- 95-C형(철골조 단열 보강패널형): 1층 30평 기준 평당 210만 원(마감별도)
  95-D형(경량철골보강 단열 패널조립형): 평당 230∼240만 원(마감별도). 기본마감 평당 약 20만 원

- 조적조: 약 230만 원 내외(지역에 따라 공사비 차이가 있음)

- 농어촌주택표준설계도활용 시 설계비 절감 및 건축비 10% 정도 절감 가능

● 단계별 소요비용 예시

(단위: 천 원)

구 분		금 액	산출근거	비 고
취득 시	취득단가	100,000	200평×500	
	중개수수료	2,000		법정수수료는 중개가액의 0.9% 이내이나 일반적으로 약 2%의 정액을 받음
	취득세	2,000	실거래가의 2%	거래신고금액 기준
	농어촌특별세	200	실거래가의 0.2%	취득세액의 10%
	등록세	2,000	실거래가의 2%	거래신고 금액 기준
	지방교육세	400	실거래가의 0.4%	등록세액의 20%
	등기 관련 수수료 등	450	실거래가의 0.45%	지역 및 제 증명 등에 따라 약간의 차이 있음
	등기관련 증지, 채권, 인지	160	실거래가의 약 0.2%	채권은 할인매각 기준
	계	107,210		
건축준비	농지보전부담금	24,000	200평×공시지가×30% =200×400×0.3	전용면적(㎡)×전용농지의 개별공시지가 (원/㎡)×30%, 상한선 5만 원
	토목공사비	20,000	200평×100만 원	
	설계비용	7,500	50평×15만 원	농어촌주택표준설계도 검토
	계	51,500		
건축단계	건축비	125,000	50평×250만 원	
등록 시	취득세	3,540	취득가액의 2%	건축일체비용 (등록 시 세금＝취득가액의 3.16%)
	농어촌특별세	354	취득세액의 10%	
	등록세	1,416	취득가액의 0.8%	
	지방교육세	283	등록세액의 20%	
	계	5,593		
합계		289,303		

농지전용 허가를 받을 때 도로확보 확인

전용허가를 받을 때 가장 중요한 조건은 전용허가 신청 시 4m 이상의 도로가 확보돼 있어야 한다는 것이다. 실제 도로가 있어도 지적도상에 도로가 없으면 전용허가가 나지 않으므로 반드시 지적도를 열람해야 한다.

전용허가를 받을 때는 농지보전부담금(대체농지 조성비+농지전용부담금)을 물어야 하는데, 미리 각종 부대비용을 조사해 농지 구입비용과 개발비용을 합친 금액이 기존 대지가격의 70%를 넘어 서지 않을 때에만 구입하도록 한다. 70%를 넘으면 대지를 사는 것이 유리하다.

농지취득 후 2~3년 후 전원주택을 지으려는 경우

농지를 구입하여 2~3년 후 전원주택을 지으려는 사람은 농지법에 강제 처분 규정이 있다는 사실을 반드시 명심하고 농지를 구입해야 한다. 만약 1년에 30일 이상 농사를 짓지 않거나 농업경영 계획서대로 이용하지 않을 경우 강제처분 대상이 된다. 강제처분 대상 토지가 되면 반드시 처분할 수밖에 없다.

농지구입 후 바로 전원주택으로 이용할 경우

농지를 구입한 후 바로 전원주택으로 이용하려는 사람이라면 농지취득자격증명을 구비할 필요 없이 바로 농지전용 허가를 신청한 후 전원주택을 지으면 된다. 지역에 따라 차이가 있지만 전용허가(건축허가)를 신청한 후 2년 이내에 주택공사를 착공해야 하고 착공 후 1년 이내에 준공해야 한다. 토지거래 허가구역은 1년 이내에 착공해야 한다.

관리지역 임야 200평을 평당 50만 원(공시지가 40만 원/평)에 구입하여
건축(1층 30, 2층 20평) 후 등기 시

● 단계별 소요비용 예시

(단위: 천 원)

구 분		금 액	산출근거	비 고
취득 시	취득단가	100,000	200평 X 500	
	중개수료	2,000		법정수수료는 중개가액의 0.9% 이내이나 일반적으로 약 2%의 정액을 받음
	취득세	2,000	실거래가의 2%	거래신고 금액 기준
	농어촌특별세	200	실거래가의 0.2%	취득세액의 10%
	등록세	2,000	실거래가의 2%	거래신고 금액 기준
	지방교육세	400	실거래가의 0.4%	등록세액의 20%
	등기 관련 수수료 등	450	실거래가의 0.45%	지역 및 제 증명 등에 따라 약간의 차이 있음
	등기 관련 증지, 채권, 인지	160	실거래가의 약 0.2%	채권은 할인매각 기준
	계	107,210		
건축준비	대체산림자원 조성비	1,247	200평 X 3.3058 X 1,886	준보전산지: 1,886원/m^2 보전산지: 2,451원/m^2
	토목공사비	30,000	200평 X 15만 원	
	설계비용	7,500	50평 X 15만 원	농어촌주택표준설계도 검토
	계	38,747		
건축단계	건축비	125,000	50평 X 250만 원	
등록 시	취득세	3,275	취득가액의 2%	건축일체비용 (등록 시 세금 = 취득가액의 3.16%)
	농어촌특별세	328	취득세액의 10%	163,747
	등록세	1,310	취득가액의 0.8%	
	지방교육세	262	등록세액의 20%	
	계	5,175		
합계		276,132		

▶ 전기인입비용

주택용 3kW 신청 시 표준공사비 180,400원, 내선공사비 약 35만 원, 5kW 초과 시 kW당 70,400원이 추가되며 전주 등의 지지물까지의 지표상 직선거리에서 기본거리 200m를 공제한 나머지 거리 매 1m에 대하여 42,900원을 추가

● 표준공사비 단가표

1. 기본공사비 (단위: 원)

구 분		가공공급			지중공급		
		공급가액	VAT	계	공급가액	VAT	계
저압	매1계약에 대하여 계약전력 5kW까지	164,000	16,400	180,400	392,000	39,200	431,200
	계약전력 5kW 초과분의 매 1KW에 대하여	64,000	6,400	70,400	92,000	9,200	101,200
고압 또는 특별고압	신증설 계약전력 매 1kW에 대하여	13,000	1,300	14,300	33,000	3,300	36,300

2. 거리공사비 (단위: 원)

구 분			가공공급				지중공급	
			단상		삼상			
			공급가액	VAT포함	공급가액	VAT포함	공급가액	VAT포함
신설거리 공사비	기본거리를 초과하는 신설거리 매 1M에 대하여	저압	39,000	42,900	43,000	47,300	60,000	66,000
		고압 또는 특별고압	43,000	47,300	좌동	좌동	110,000	121,000
첨가거리 공사비	기본거리를 초과하는 첨가거리 매 1M에 대하여	저압	5,000	5,500	좌동	좌동		
		고압 또는 특별고압	11,000	12,100	좌동	좌동		

▶ 전화인입비용

400m까지는 기본요금으로 설치가 되지만 거리가 멀면 건축주가 부담해야 한다. 40m마다 전주 1본에 56,200원에 부가세 5,620원을 추가해 61,820원이 든다.

▶ 지하수개발비용

지하수맥 여부와 지하수의 양은 지역주민들에게 문의하면 알 수 있다. 한편 가정에서 사용할 용도로 지하수를 개발하는 경우 동력장치가 없을 때는 신고와 허가 과정을 거치지 않아도 되지만, 동력장치가 있을 경우 1일 양수능력이 100t에 토출관 직경이 40㎜ 이하면 신고만으로 가능하고 1일 양수능력이 100t에 토출관 직경이 40㎜를 넘으면 허가를 받아야 지하수를 개발할 수 있다.

지하수를 개발하는 데 드는 비용은 건당 대략 600~800만 원가량이나, 100~200m 정도 깊이로 파고 200mm 파이프를 땅속에 박고 수중펌프, 지하수 집, 제어박스 설치 등 모든 것을 다 한다면 900만~1,000만 원 정도 예상되며, 지표 수위가 어느 정도인지에 따라 다르지만 수량이 풍부하고 수질이 좋은 지역이라면 개발비용을 많이 절감할 수 있다.

▶ 정화조 및 하수도 공사

정화조 및 하수도 공사 역시 설치하고자 하는 곳의 조건에 따라 다르다. 수변구역이나 상수도 보호구역 같은 곳은 오수처리시설 규정이 매우 까다로우므로 해당 관청에 문의해야 한다. 토질이 무난하고 굴착 및 시공조건이 원만한 일반적인 곳인 경우 5인용의 오수처리 시설은 정화조와 설치비 포함하여 120만~200만 원 정도다. 만약 수세식 화장실이 아닌 경우에는 단독정화조만으로도 가능하며 이 경우 설치비는 50만~70만 원가량이다.

전원주택 고수들이 맨홀 뚜껑을 세는 이유 – 열 길 물속은 알아도 한 길 땅속은 모른다

혼자 땅을 사서 집터를 장만하는 것은 건축과 토목에 웬만큼 지식과 경험이 없으면 아예 도전하지 않는 것이 현명하다. 대부분의 초심자들이 땅을 우습게 아는 경향이 있고, 살아가면서 그 대가를 치른다. 땅을 제대로 몰라서 그렇기도 하지만, 집터로서의 땅속이 얼마나 중요한지 간과하기 때문이다. "열 길 물속은 알아도 한 길 사람 속은 모른다"라고 하는데 '사람'을 '땅'으로 바꾸면 집터로서의 땅을 보는 기준이 된다.

고수는 땅바닥부터 훑어본다

집터를 마련하면 건축 기초를 하기 전에 땅속 1m 깊이로 대략 5~6종류의 관이 묻힌다. 상수, 해(오)수, 우수, 전기, 통신, 가스관이다. 개별적으로 조성한 택지는 가스관을 묻지 않고 LP 가스통으로 대체하기도 한다. 하지만 단지화가 된 전원주택지는 공용 (LP)가스탱크를 묻어 도시가스와 같은 시스템으로 세대별 가스관을 땅속에 묻는다.

그래서 전원주택단지를 보러 가면 고수는 땅바닥을 훑어보고 하수는 하늘(전망)을 쳐다본다. 땅속 1m에 묻힌 기반시설이 살아가면서 편안하게 발 뻗고 잘 수 있도록 보장하는 가장 기초적인 안전장치인데도 불구하고 이걸 물어보는 사람은 아직 한 명도 만나보지 못했다. 그러면서 땅값 타령만 한다. 땅값의 진정한 가치는 입지도 중요하지만 이런 기반시설의 충실도에 달려있다. 대부분 수요자들이 이걸 간과하니까 업자들은 이런 데에 돈을 쓰지 않는다.

가장 쉽게 이것을 확인하는 방법은 도로 위에 맨홀이 몇 개 있는지를 헤아려 보는 것이다. 맨홀 뚜껑에는 매설된 관의 종류가 모두 표기돼 있어 종류별로 배치가 어떻게 되어 있는지만 봐도 제대로 기반시설을 깔았는지 알 수 있다.

도로 개설 공사를 하기 전에 가장 먼저 가스관을 깐다. 나중에 굴착공사를 할 때 가스관을 건드리면 대형 사고로 이어지기 때문에 가장 먼저, 가장 깊게 묻는다. 만약 가스관이 도로 오른쪽에 묻히면 전기선은 왼쪽으로 간다. 혹시 있을 수 있는 가스 누출 시 전기선의 스파크로 불이 붙어 폭발할 수 있는 위험을 차단하기 위해서다. 통신선은 전기장에 의한 간섭효과를 막기 위해 전기선과 반대로 깔린다. 따라서 가스·통신선이 같은 라인으로, 전기선이 반대편에 깔리는 것이 정석이다. 그 중간으로 우수, 상수, 하수관이 깔린다.

유감스럽지만 이렇게 정석대로 기반시설이 잘 정비된 전원주택단지는 아직 보지 못했다. 특히 경사지에 조성되는 것이 대부분인 교외 전원주택단지는 우수, 배수가 단지 안전에 매우 중요하지만, 30년 또는 60년 빈도로 나타나는 홍수를 대비해서 강우량을 계산해 배관을 매설하는 경우는 거의 없다. 공공개발 사업으로 조성된 택지개발지구가 아니고서야 이렇게 땅속에 돈을 투자하지 않는다. 수요자들이 땅값을 매길 때는 주변 나대지 시세를 기준으로 비교하기 때문에 땅속에 투자한 돈은 제대로 평가받기 어렵기 때문이다.

진정한 땅의 가치? 땅속 비용도 감안해야

대부분의 전원주택단지 개발업자들이 통상 3.3㎡(1평)당 15만~20만 원 선의 공사비로 택지 조성을 마무리한다. 지금까지 공기업과 공동사업으로 대지조성사업만 해 왔던 필자의 경험으로는 정석대로 택지 기반시설을 조성했을 때 적정 공사비는 평당 50만~60만 원 선이다. 게다가 일반 전원주택단지는 도로 등 공용부지를 포함해 분양면적으로 공급하는 꼼수로 평당가를 물타기 한다.

택지개발사업으로 조성한 택지는 공용부지를 제외한 전용 대지면적으로 공급한다. 당연히 공급단가가 조성원가보다 두 배 가까이 올라간다. 기본적인 기반시설 공사비 차이까지 감안하면 평당 100만 원 이상 차이가 날 수 있다. 이런 숫자의 장난을 배제하고 냉정하게 땅값을 매겨야 진정한 땅의 가치가 나온다. 무엇보다 눈에 보이지 않는 부분에 적정한 비용을 지불하려는 의지가 있어야 제대로 된 땅이 만들어진다. 땅 위에 선 건물은 그런 바탕 위에서만 제대로 기능할 수 있다.

도로에서 대지 내부로 인입된 관은 가능하면 바닥이 안정된 주차장 부지나 진입보도 쪽에 맨홀을 한곳으로 모으는 것이 좋다. 유지 관리 측면에서도 편리하고, 침하현상에 따른 하자도 방지할 수 있다. 도로 위에 맨홀을 제대로 설치하지 않은 전원주택단지를 살펴보면 대지 내부에도 맨홀이 거의 없다. 광역상하수도 공급이 되지 않는 지역은 도로에서 인입된 배관을 주택 기초에 매설된 관에 바로 연결하고 따로 유지 관리용 맨홀을 설치하지 않는 사례가 많다.

필자가 늘 하는 말이지만, 싸고 좋은 땅은 있어도 싸고 괜찮은 땅은 없다. 제대로 집을 지으려면 땅값보다 기반시설 조성비가 배로 들어가는 경우도 많다. 2000년이 넘은 로마의 유적지에서도 상하수도관이 제대로 남아 있어 감탄을 금치 못하게 한다. 그런 나라들이 선진국으로 발전했다. 눈에 보이는 데만 돈을 쓰는 나라는 절대로 선진국의 문턱을 넘지 못한다. 땅은 쓰는 사람의 수준에 따라 보물단지가 되기도 하고 애물단지가 되기도 한다.

전원주택 토지전용비용 적산

구분 세부내역 조건

- 예산수립의 전제조건 토지면적 100평 / 관리지역(畓)
- 토지 평당 매입가 30만 원(관리지역 15~80만 원/평)
- 바닥면적 30평
- 평당공사비 250만 원(고가 350만 원/ 중가 300만 원/저가 250만 원)
- 조적조, 붉은 벽돌 마감 공사

구분 세부내역 산출근거 금액(원) 비율

▶ 토지구입 제 비용

- 비용 토지구입비: 100평×30만 원= 3,000만 원
- 중개수수료: 토지비×1%= 30만 원

▶ 전용비용

- 전용부담금: 100평×7만 원=700만 원
- 대체농지조성비: 100평×11,900원=119만 원
- 지역개발공채: 100평×2,000원=20만 원
- 토목설계비: 100평×3만 원=300만 원
- 경계측량비: 1필지×40만 원=40만 원

- 세금 취득세: 3,000만 원×2%=60만 원

- 등록세: 3,000만 원×3%=90만 원

- 교육세: 90만 원×20%=18만 원

- 농어촌특별세: 60만 원×10%=6만 원

  소 계: 4,383만 원(32.81%)

- 설계감리비 · 설계용역비: 30평×5만 원=150만 원

- 감리용역비: 설계비의 30%=63만 원

- 허가관련비용: 약 3만 원(허가수수료, 채권, 면허세)=3만 원

- 도로점용료: 20㎡×60일×300=36만 원

  소 계: 252만 원(1.89%)

- 건축공사비: 30평×250만 원=750만 원

- 부가세(시공사 이윤): 7,500만 원×5%=375만 원

- 부대공사비: 7,500만 원×5%=375만 원

  소계: 8,250만 원(61.76%)

▶ 소유권 보존

- 등기 취득세: 1억 5,000만 원×0.8%= 300만 원

- 등록세: 설계비의 30%= 120만 원

- 교육세: 등록세×20%= 24만 원

- 농어촌특별세: 취득세액×10%= 30만 원

- 보존등기비: 과세표준×3.16%

  소 계: 474만 원(3.54%)

  합 계: 1억 3,359만 원(100%)

■ 상기 자료는 예산수립을 위한 참고용으로 작성된 것이다.

■ 상기 예상금액은 세부항목별로 변동사항이 많으므로 금액에 집착하지 않기를 바라며, 건축주 스스로 자신의 여건에 따라 지출항목을 정하고, 균형 있는 예산을 편성하기 위한 참고자료로 사용하기 바란다.

■ 항목은 현장 여건에 따라 달라지는 항목이다.

55 전원주택지의 원가산정
해설

전원주택을 지을 땅을 구입할 때 단순하게 싸다는 이유만으로 구입을 하는 경우가 많다. 하지만 전원주택지로 만들 때 들어가는 비용을 따져 보아야 한다. 농지와 전원주택단지의 차이가 바로 여기에 있다. 농지 상태의 가격은 싸지만 그 땅을 전원주택을 지을 수 있는 땅으로 만들 때는 비용이 많이 든다. 땅 모양이 이상하면 손실되는 토지도 있다는 것을 염두에 두어야 한다. 결국 인근에서 분양하고 있는 전원주택단지 가격보다 훨씬 비싼 값을 치르게 된다.

전원주택지의 원가를 계산해 보았다.

전원생활을 하려면 토지를 구입해야 한다. 토지를 구입할 때 어떤 땅을 구해야 할 것인지를 두고 많이 고민하게 된다. 경관이나 공부상의 하자 등은 육안으로 혹은 서류상으로 선명하게 드러나지만 그렇지 않은 것들도 많다.

가장 큰 변수가 바로 공사에 대한 부분이다. 경관이 좋고 서류상 하자가 없는 좋은 땅을 샀다고 생각했는데 측량을 하면 현황과 다른 경우도 있고, 공사하는 과정에서 비용이 많이 추가되는 경우도 있다. 게다가 토지의 모양에 따라서는 손실되는 토지도 많다. 내부도로나 자투리 공간으로 땅을 버리게 된다.

그래서 단순하게 싸다는 이유만으로 구입을 하면 공사하는 과정에서 더 많은 비용이 들 수 있다. 토지를 구입하기 전에 토지의 원가가 얼마나 들 것인지를 계산해 보아야 한다.

토지의 원가를 산정할 때 염두에 둘 것들을 정리해 보았다.

전원주택을 지을 수 있는 땅은 기본적으로 몇 가지 전제조건을 갖추고 있어야 한다. 가장 중요한 것이 토지 이용계획확인서상에 관리지역이라야 한다. 관리지역이라 하더라도 인허가에 문제가 없고 도로가 접해 있어야 한다.

이런 조건을 충족하고 있다면 토지를 구입할 때, 첫째, 지적도상에 나타나 있는 토지와 실제 지적측량과에 나타나는 모양이 일치하는지를 확인해야 한다. 둘째, 도로에 접한 토지 부분이 현황상의 도로로 들어가 있는지도 확인해야 한다. 셋째, 토지의 높이와 도로와의 높이 차이가 어느 정도인지를 확인해야 한다. 넷째, 상하수도 연결은 용이한지를 잘 파악하여야 한다. 다섯째, 토지의 향은 어느 쪽이며 주위에 혐오시설은 없는지를 유심히 살펴보아야 한다.

땅을 매입해 전원주택을 짓기 위해서는 이런 부분들을 해결한 후 공사를 시작해야 한다. 단순하게 싸다는 이유만으로 땅을 찾게 되면 이런 문제를 해결하는 과정에서 비용이 많이 발생하게 된다.

대표적인 예가 일반 농지의 구입과 전원주택단지 내 필지의 구입이다. 개인이 일반 농지를 구입해 집을 짓는 것과 전원주택단지 내 필지를 구입해 집을 지을 때 농지를 구입하는 것이 원가가 훨씬 쌀 것이라고 생각해서 농지를 선택하는 경우가 많다. 하지만 그 땅을 집을 지을 수 있는 여건으로 만들기 위해서는 많은 비용이 필요하다.

이런 측면에서 전원주택단지로 개발해 놓은 땅이 위험부담이 적고 손실되는 토지도 없어 따지고 보면 원가가 더 싸다.

토지의 현황 분석 및 원가계산

- 위치: 강원도 횡성군 둔내면 삽교리
- 토지면적: 975.2㎡(295평)
- 용도 및 지목: 관리지역 농지(전)

김 씨는 강원도 횡성군 둔내면 삽교리 소재의 땅 975.2㎡를 2006년 8월경에 3.39㎡당 15만 원에 구입했다. 관리지역에 속한 농지(전)였다. 구입하고 1개월 후에 전원주택을 짓기 위해 횡성군청에 문의했는데 군청에서는 민원인이 직접 인허가를 진행하기에는 어려움이 있으니 가까운 토목설계사무소에서 대행을 하는 것이 낫겠다고 답변했다. 그래서 김 씨는 근처에 있는 토목사무소를 찾아 인허가 대행을 의뢰했다. 약 45일 정도 경과 후 농지전용허가를 취득할 수 있었고 다시 건축설계사무소를 찾아 건축설계를 했다.

설계를 마친 후에 건축 착공에 들어갔는데 실제 토지대장상 면적과 지적현황 측량과의 면적이 차이가 났다. 구입한 땅 중 122.3㎡(37평)가 구거로 들어가 있었다.(사진 A부분) 또 지목은 밭으로 돼 있지만 현황은 임야인 부분이 82.6㎡(25평)나 되었다.(사진 B부분) 주택을 계획하는 과정에서 사진에서 C와 D부분 99.2㎡(30평) 정도는 내부도로로 사용해야 하므로 도로로 빠졌다. 사진의 E구간은 자투리 토지인 관계로 텃밭으로 사용해야 했다.

● 김 씨의 토지 지적도

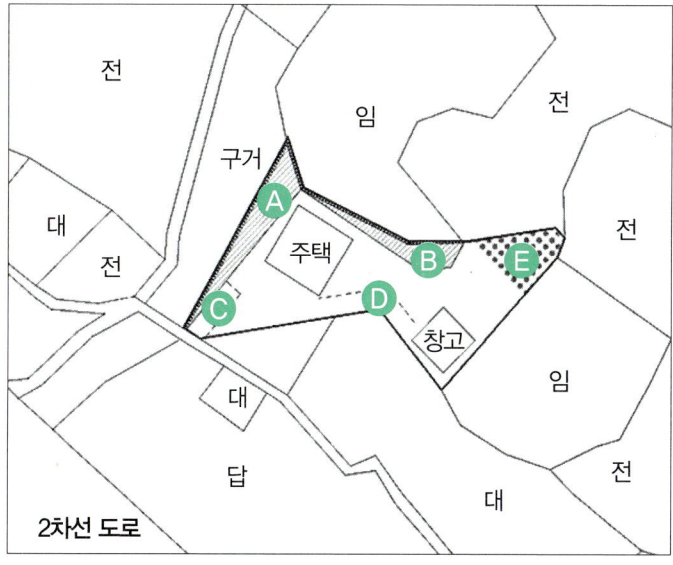

이러한 현황을 토대로 전체 면적 975.2㎡(295평)를 모두 찾아 사용할 수 있도록 공사를 하고 그 후에 사용 현황에 맞추어 전원주택지의 원가를 산정해 보았다.

내부도로 132㎡(40평)와 텃밭 99㎡(30평)는 실제 주택지에서 손실되는 토지로 계산에 넣지 않았다. 또 인허가 비용 및 공사기간에 따른 기회비용, 시행착오에 따른 손실, 공사의 위험부담률 등은 비용에 넣지 않았다. 이런 경우를 차치하고도 3.3㎡당 15만 원 하는 농지를 구입해 전원주택을 지을 수 있는 땅을 만드는 데 든 비용은 3.3㎡당 31만 3,509원이다.

남 씨는 전원주택단지로 분양하는 토지를 구입했다. 위치와 땅의 모양이 김 씨의 토지와 비교했을 때 훨씬 좋다. 앞에는 저수지도 있고 서울을 기준으로 했을 때 고속도로는 물론 국도를 이용한 진입이 훨씬 쉽다.

김 씨의 토지와 같은 지역에 있지는 않지만 그 정도의 위치에 있었다면 월등히 좋은 환경임에도 불구하고 3.3㎡당 32만 원 정도면 충분히 구입할 수 있다.

● 남 씨의 토지 지적도

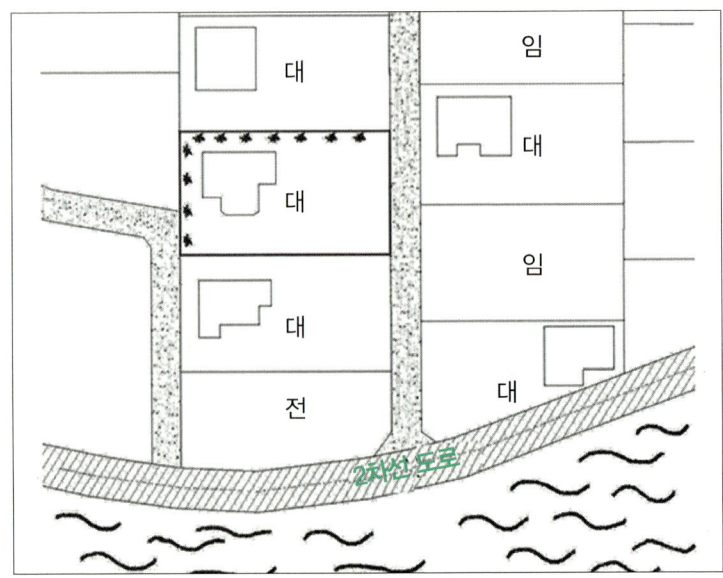

남 씨 토지의 경우는 인허가에 대한 절차가 이미 끝났고 주택 건축에 필요한 기반시설(전기, 수도, 오폐수관로, 기본조경, 내부도로 등)을 모두 마치고 분양하는 것이다. 택지로 진행되는 과정에서의 위험부담을 줄일 수 있고 기회비용도 들지 않는다. 또한 손실되는 토지도 없다.

전원주택용으로 토지를 구입할 때는 이런 부분에 대해 꼼꼼히 따져보는 것이 좋다. 단순히 싸다는 생각으로 땅을 구입하면 결국 손해를 볼 수 있으므로 주의해야 한다.

▶ 876㎡(265평) 전원주택지 원가계산 내역

- 토지매입가격(3.3㎡당 15만 원): 3,975만 원
- 옹벽공사(구거와 접한 A구간, 35m×2.5m=87.5㎡): 1,200만 원
- 석축공사(임야와 경계를 이룬 B구간, 40m×2.5m=100㎡): 800만 원
- 절토와 성토 및 다짐 공사(876㎡×2m=1,752㎥): 1,200만 원
- 하수관로 매설(500㎜×2.5m×10개): 400만 원
- 집수정 공사(1.2m×1m×1m×1개): 33만 원
- 지하수 공사(70m 소공구 1개, 물탱크실 별도): 500만 원
- 조경(나무 10주): 200만 원

  총계 8,308만 원

지난 2009년 K씨는 강원도 홍천에 부지 495㎡(150평)를 마련하고 바닥면적 115㎡(35평)인 단층 목조주택을 짓는데 총 1억 9,901만 원을 썼다. 토지비용, 설계 및 감리비용, 건축공사비 및 등기비용으로 나누어 꼼꼼하게 비용을 집행했다. 사실 아담한 전원주택이 들어서기에 적정한 495㎡(150평) 답(畓)을 매입한 것은 무척 운이 좋은 경우라 할 수 있다.

〈A토지 비용〉
- 토지대: 관리지역의 495㎡(150평(畓))×3.3㎡(평)당 매입가 30만 원 = 4,500만 원
- 제반비용: 중개수수료/대체농지조성비/지역개발공채/토목설계비/경계측량비/기타 추진비용 = 1,742만 원
- 세금: 취득세/등록세/교육세/농어촌특별세=261만 원
▷ 합계: 6,503만 원

+

〈B 설계 및 감리 비용〉
- 설계용역비/감리용역비/허가관련비 등 기타
▷ 합계: 498만 원

+

〈C 건축공사비 및 등기비용〉
- 시공비: 115㎡(35평)×3.3㎡(평)당 건축비 350만 원 = 1억 2,250만 원
- 등기비용: 취득세/등록세/교육세/보전등기비 = 650만 원
▷ 합계: 1억 2,900만 원

=

▶ 건총비용: A + B + C = 1억 9,901만 원

56 전원단지 개발 조성원가 해설

전원단지 개발에는 어느 정도의 비용이 들까?

투자수익이 큰 토지거래에서는 일반 물건보다는 주로 개발용의 큰 부지 (약 3,000~1만 평 이상)의 부동산 거래가 활발하다. 시기적으로는 통상 겨울로 접어들면 비수기이고 다음 해 자금계획에 따른 토지를 처분하는 사람들이 많을 때 거래가 활발하다.

최근 2년 이상 부동산 침체기가 지속되는 가운데 아직도 부동산을 매입하여 개발 후 처분한다면 수익성이 있을까? 결론을 말하자면 수익성은 언제나 있다. 수익성이 없을 수가 없다. 수요자는 꾸준하나 요즘 같은 시기는 수요자들이 잠시 대기 상태라는 점만 다를 뿐이다. 사업을 한다면 1~2년 장기계획을 세우면서 자금을 적절히 활용한다면 무리는 없을 것이다.

그렇다면, 전원단지개발 과연 어느 정도 개발비용이 들어갈까? 이 비용을 알 수 있다면 토지를 매입할 때 수익성이 있을지 없을지 판단할 수 있을 것이다. 임야를 구입하여 주거용지로 개발하려면, 인허가 대행비, 제세공과금, 토목공사비의 비용이 들어가게 된다. 주택건축과 준공비용 등은 건축비에 해당되므로 개발비용과는 무관한 비용이다.

경사도 15도의 200평의 임지를 구입하였다고 가정하겠다. (보통 임야는 경사도가 15~20도 정도이므로 아래 금액에서 크게(±300만 원) 벗어나지 않는다.)

- 인허가 대행비

  주택 1건의 개발행위비용과 건축허가 및 준공비용이 소요되며 1건으로 계산. 1건당 개발행위는 150만 원, 건축허가는 200만 원(건축허가는 건축허가 대행 및 준공 대행비이며 세부 설계는 별도)

- 제세공과금: 평당 13,000원

- 토목공사비용

– 석축시공과 토공(부지정리: 하수관로설치비 포함): 평당 8만 원, 총 1,600만 원

– 보강토 또는 옹벽시공과 토공(부지정리: 하수관로설치비 포함): 평당 15만 원,

  총 3,000만 원

합계 : 2,210만 원–3,610만 원(토지대비 평당 12만 원~18만 원 소요)

● 전원단지 스케치

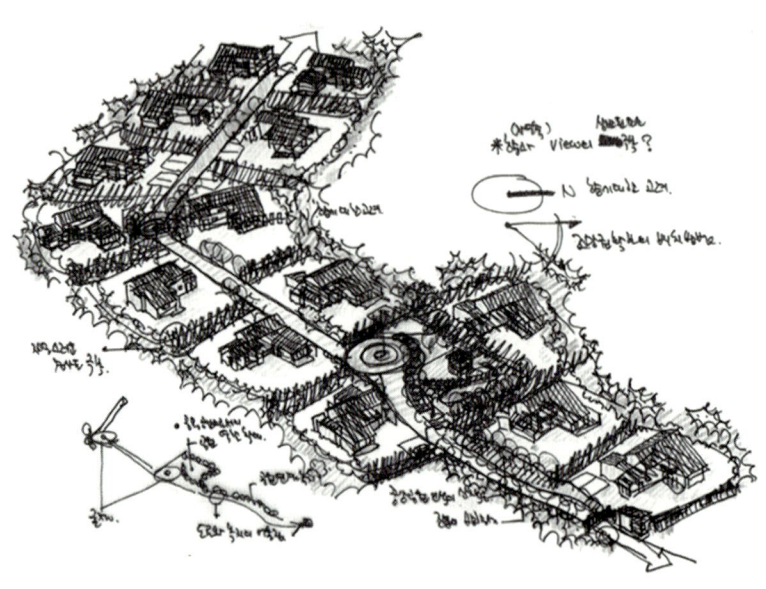

토공과 부지정리 공사에서 석축과 보강토(옹벽) 시공의 차이점은 크다.

임야의 경우 200평 임야를 법면에 석축시공을 하면 30% 정도의 법면이 발생하여 평지는 140평 정도가 나온다. 임야의 경우 200평 임야를 법면에 보강토 또는 옹벽 시공을 한다면 법면 발생률이 10% 내외이며 평지는 180평 정도가 나온다.

위 기준은 거의 오차가 없는 가격이므로 경사 15~20도의 임야를 구입하여 직접 공사를 한다면 자금계획을 잡을 때 편하게 위 금액을 조성비용으로 생각하면 된다.

전원주택단지 개발을 통한 투자법

전원주택단지 개발을 위해 먼저 짚고 넘어가야 할 사안에는 여러 가지 있다. 그중에서도 가장 신경을 써야 할 것은 행정적인 측면에서 '허가가 날 수 있느냐'이다. 부지에 따라서는 현재 상태로도 개발 허가가 날 수 있는 땅이 있고, 현 상태에서는 허가가 불가능하기 때문에 국토이용계획변경을 통해서 전원주택단지를 개발해야 하는 땅도 있다.

이러한 것을 알아보기 위해서는 부지 소재지의 시·군 사무소에서 '토지이용계획확인서'를 발급받아, 개발하고자 하는 부지에 관한 법적, 행정적 제약과 허용, 기타 내용들을 살펴보아야 한다.

물론 이 내용도 일반인들이 이해하기에는 한계가 있으므로 건축설계사무소나 토목설계사무소에 의뢰해 그 '토지 이용계획확인서'가 내포하고 있는 의미를 잘 파악해서 준비해야 한다.

전원주택단지 개발 시 체크사항

전원주택단지 개발을 위해서는 토지가 필수적인데, 입맛에 꼭 맞는 토지를 찾기란 그리 쉽지 않다. 게다가 제대로 된 토지라면, 신청만 하면 주택허가를 받을 수 있고 단지 내 공공시설 또한 다 갖추어져 있어 가격이 높을 것이다.

토지 가격과 무관하게 전원주택을 신축하려고 하면 자기가 원하는 필지를 언제 어디서든 구할 수 있겠지만, 전원주택에 살기를 희망하는 사람들 대부분은 '어떻게 하면 저렴한 금액에 내가 원하는 부지를 구해 우리 가족의 보금자리를 만들 수 있을까'에 더 관심을 갖고 있을 것이다.

이러한 목표를 달성하기 위해서는 무엇보다 전원주택부지의 가격이 저렴해야 하는데, 저렴한 부지를 찾는다는 것이 쉬운 일은 아니다. 하지만 개중에는 저렴한 부지를 찾게 되는 경우도 있는데, 그 경우 '어떻게 해야 이 부지를 전원주택단지로 만들 수 있을까'를 고민하게 된다.

이 점에 관해서는 반드시 토지 PM 전문가의 조력을 받아서 인허가조건 등을 충족해 나가고 개발 마스터 플랜을 수립해 나가야 할 것이다.

이 과정에서 대표적으로 걸리는 것이 진입도로 문제와 마을주민들의 민원, 부지가 가지고 있는 자연적인 특성, 법적·행정적 규제 사항일 것이다.

진입도로 문제, 마을 주민의 민원

진입도로란, 내가 구입한 부지에 접근할 수 있는 도로로서, 전에는 도시계획구역 외 지역에서는 3.0m 폭이면 가능했지만, 지금은 국토이용에 관한 계획에서 전 국토를 재계획하고 있으므로 도시계획구역 내에서와 거의 마찬가지로 최소 4.0m 폭의 도로를 확보해야 한다. 물론 단지의 규모가 크면 진입로의 폭도 넓어야 하는 것은 당연하다.

또한, 생태계, 환경에 관한 보고서도 첨부되어야 한다. 특히 지방에 위치한 부지를 전원주택단지로 개발하고자 할 경우, 대부분의 부지가 임야일 텐데 현재 도로가 있는 곳에서 임야까지 도로를 확장하려고 하면 거의 대부분 논과 밭으로 되어 있는 농로를 통하게 될 것이다.

이 경우 기존 도로 폭이 좁으면 확장을 해야 하는데 도로 주변의 농지 주민들이 쉽게 도로 사용승인을 해 주는 경우가 드물기 때문에 도로 확장을 위해서는 그 지역 주민들의 도움이 절대적으로 필요하게 된다. '이들의 도움을 어떻게 얻어내느냐'가 가장 큰 변수이며 이러한 일을 해결하는 데는 시간이 얼마나 걸릴지 알 수 없는 경우가 허다하므로 부지 매입 시 특별히 신경을 써야 할 것이다. 하물며 맹지인 경우에는 더 말할 나위 없다.

마을민원 또한 전원주택 개발자가 신경을 써서 조심스럽게 접근해야 할 문제이다. 마을민원의 유형은 케이스마다 다르기 때문에 무엇이라고 꼭 짚어서 말하기 어렵다. 그러므로 전원주택을 짓는 사람으로서 특히 주민들과의 유대관계를 원만히 해야 하고 그 마을 일원이 되고자 특별한 노력을 기울여야 할 것이라 여겨진다.

부지의 특성, 법적·행정적 규제 사항

또한 부지의 특성은 지금 시점에서 매우 중요한 요소이다. 그 전에는 임야로서 준농림지면 전원주택개발이 가능했지만 지금은 난개발을 막기 위해 여러 가지 규제사항을 첨부해 놓은 상태로 이러한 규제사항은 전원주택 개발허가를 받는 데 큰 영향을 끼친다.

예를 들면 부지의 표고(해발 100m, 150m, 175m, 200m 등)와 부지의 경사도(15%, 20%, 25%, 30% 등) 및 수림대의 수종과 보존가치 등이 있다.

부지개발을 위해 전에는 허가 후 준공시점에서 우물이나 수도를 체크했는데, 지금은 허가 전에 용수 가능하여야 하며 음용수로서 수질이 적합하고 수량이 충분한지를 먼저 서류상으로 제시해야 허가를 받을 수 있다.

하지만 이 모든 것이 다 준비되었다 하더라도 시나 군에서 만든 지역, 지구제, 조례, 건축법 등에 저촉되지 않아야 하는데 대부분의 전원주택부지는 시·군에서 전원주택부지로 계획을 해놓지 않은 부지이므로 국토이용계획법과 주택건설촉진법, 시·군·구의 조례, 건축법, 산림법 등의 규제사항을 알고 진행해야 한다.

경우에 따라서는 국토이용계획변경을 통해서 전원주택단지를 개발하는 경우도 생기는데, 이것은 오랜 기간을 요하게 되고, 경비 또한 상당히 소요된다. 그러므로 전원주택단지 개발 시에는 철저한 사전 점검이 이루어져야 낭패를 미연에 방지할 수 있다.

단지개발을 위한 기본적인 마스터플랜

이러한 법적·행정적 규제, 주민들과의 관계를 원만히 해결한 후에는 '단지개발을 어떻게 진행할 것인가'가 과제로 남게 된다. 이것은 소규모인 경우에는 별 문제없이 전원주택 개발자가 진행할 수 있지만, 중규모 이상이 되면 전체적인 마스터플랜(master plan)이 매우 중요해진다. '마스터플랜에 따라 개발진행 및 과정을 어떻게 풀어나갈 것인가'가 중요한 과제가 될 것이다.

대부분의 전원주택 개발자들이 부지를 구입하는 데 대부분의 자금을 지출하기 때문에 정작 부지를 개발할 때는 자금 부족을 겪게 된다. 자금이 부족하면 공사진행이 더뎌지고 그러한 여파로 예기치 않은 문제점들이 발생한다. 심지어는 여러 가지 문제점으로 인해 재산상의 손해를 입는 경우도 종종 발생하게 된다.

그러므로 개발을 위한 계획(plan)이 중요한데, 언제, 얼마만큼의 자금이 필요하고, 그 필요한 자금을 어떠한 방법으로 동원할 것인지를 사전에 철저하게 계획해 두어야 단지개발이 성공적으로 이루어질 수 있다.

Chapter 09

토지 가공으로 보는
원가 계산법

57 토지성형이 가능한 땅을 잡아라

　정부의 각종 개발 계획이 발표되면 많은 사람이 토지투자에 관심을 보이지만 정부의 강력한 부동산 규제정책으로 최근에는 부동산 투자에 대한 관심은 줄어들었다. 토지 투자는 다른 투자에 비해 상대적으로 현금 유동화가 어렵고 장기적인 투자로 인식되어 막연한 두려움을 갖고 있는 사람이 많다. 여기서는 토지에 대한 다양한 정보와 사례를 통하여 토지 투자에 대한 이해를 높이고자 한다. 최근 토지 투자에서 유행하는 것은 리모델링이다. 아파트나 상가 등을 리모델링해서 수익을 극대화하는 것처럼 토지도 리모델링을 잘 하면 가치를 극대화할 수 있다.

　화성에 사는 K씨는 최근 간선도로에서 약 10m 떨어진 곳에 있는 농지 1,150평을 매입했다. 매입 당시 가격은 도로가 인접한 곳은 평당 35~42만 원 정도로 호가를 형성하고 있었는데 맹지(도로와 전혀 접하지 않은 토지)라서 평당 12만 원을 주고 1억 3,800만 원에 매입을 했다. 그는 전문 컨설턴트로부터 토지 리모델링을 권유받았다.

　토지를 점검한 결과 단점은 도로보다 지면이 낮고 돌 등이 많으며 진입도로가 없다는 점이고, 장점은 도로에서 약 12m밖에 떨어지지 않은 점이다. 또한 혁신도시라는 개발 이슈로 건너편에는 대형음식점들이 들어서고 있었다.

　K씨는 토지성토 및 정리 작업에 860만 원을 들였고 인접 지주와 협상을 통하여 도로와 인접한 땅의 일부를 1,075만 원에 매입했다. 기타 비용(780

● 부정형 토지를 성형하라

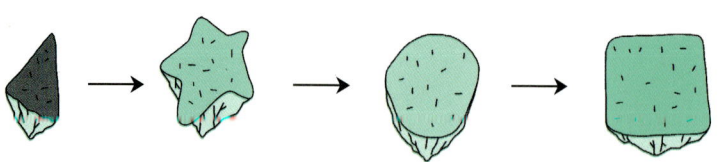

토지의 분할과 합병은 토지의 생산이다.

만 원)과 조경공사비(1,500만 원)까지 합치면 모두 4,890만 원이 든 셈이다.

토지의 가치는 도로와의 연접성과 개발가능성 등에 의해 결정된다. 또 시각적인 면도 중요하다. 관청과 협의를 통해 구거(용수나 배수를 목적으로 만든 인공적인 수로)를 덮고 인접 지주와 협상 등을 통하여 도로를 약 8m 개설하였다. 또 유실수 등 관상수와 묘목 등을 심어 보기 좋게 꾸몄다. 리모델링 비용을 더하면 토지 매입비는 모두 1억 9,000만 원으로 평당 12만 원짜리 땅이 16만 원짜리로 바뀐 것이다. 이는 주변 시세의 절반 가격이다.

도로에 연결된 땅과 그렇지 못한 땅은 약 20%~30% 이상의 가격 차이가 난다. K씨처럼 인근 지주와 협상을 통하여 확장포장 작업 등을 하면 땅의 가치를 높일 수 있다. 도로는 사람으로 말하자면 혈맥이다. 토지는 반드시 도로의 사정에 따라서 가격이 결정 나기 때문에 다시 한번 도로의 중요성을 강조한다.

도로 개설 및 포장은 할 때와 안 할 때의 부가가치를 비교 분석해 결정하는 것이 바람직하다. 아울러 토지를 임야나 농지처럼 가치를 높이기 위해서는 3~5평의 컨테이너 같은 창고나 원두막 같은 시설물이 있는 것이 좋다.

일반적으로 '리모델링'이라고 하면 건축물을 대상으로 한정하기 쉽다. 하지만 토지(땅)도 리모델링이 필요할 때가 있다. 예쁜 땅이 보기가 좋고 값도 잘 오르기 때문이다. 토지를 리모델링하는 목적은 그 가치를 더 높이려는

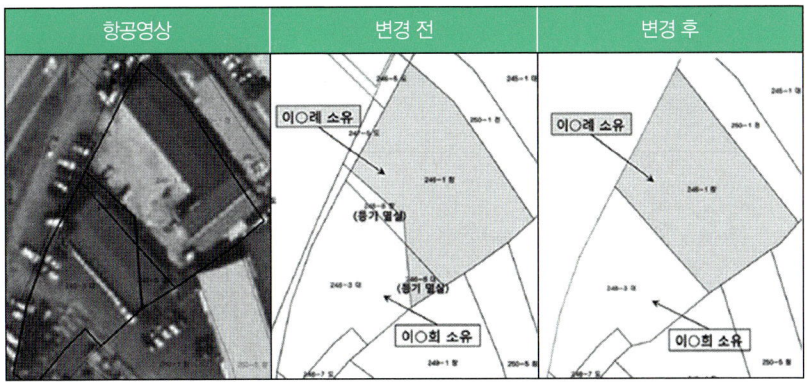

항공영상	변경 전	변경 후

데 있다. 즉 토지의 가치를 하락시키는 물리적인 현황을 보완하여 그 가치를 상승시키는 것이 토지 리모델링의 목적인 셈이다.

물론, 토지 리모델링의 실행 여부는 리모델링에 투입되는 비용 대비 토지 가치의 상승분을 감안하여 결정된다. 당연하지만, 충분히 리모델링을 할 가치가 있다고 판단될 경우에만 토지 리모델링은 시행될 것이다.

대표적인 토지 리모델링에는 '화장작업'과 '정지작업'이 있다. 토지를 화장한다는 말은 사람의 얼굴을 예쁘게 단장하듯 토지를 잘 정돈하여 외관상 보기 좋고 깔끔하게 하려는 일련의 미화작업을 말한다. 예를 들면, 잡초를 매고, 땅의 표면을 고르거나 불필요한 돌을 솎아내어 평평하게 고르고, 진입도로를 넓게 포장하는 작업 등이 있다. 또한 나무가 우거진 야산의 경우 잡목을 베어 평평한 지반 상태를 가진 임야로 만드는 작업도 해당된다.

한편, '정지작업'이란 땅(토지)과 도로의 높이가 맞지 않을 경우 이를 맞추는 작업, 즉 높이 조정 작업을 말한다. 정지작업이 필요한 이유는 땅과 도로가 평평하게 맞지 않을 경우 미관상은 물론이거니와 도로의 이용에 어려움이 따르기 때문이다.

정지작업에는 '성토'와 '절토'라는 방법이 있는데, 성토는 도로보다 낮은 땅을 높이는 방법을 말하고 절토는 도로보다 높은 땅을 낮추는 방법을 말한다. 통상 절토는 흙을 덜어내는 작업이므로 남는 흙을 되팔 수도 있다.

반면, 성토의 경우 인근에 흙을 쉽게 구할 수 있는 건축공사 현장이나 산을 깎아 내리는 토목공사 현장이 있는지 여부에 따라 투입되는 비용이 크게 달라지므로 보다 꼼꼼한 준비과정이 필요하다.

약간의 흠결로 인해 저평가된 토지를 싼 값에 매입한 후, 토지 리모델링(성토 또는 절토)을 통해 가치를 높이게 된다면 이 또한 부동산 재테크의 모범답안이 될 것이다.

토지 리모델링

▷ 토지 리모델링이란: 토지를 물리적 또는 법률적으로 바꿔서 효율적으로 이용하고 토지의 가치를 올리기 위한 행위
▷ 토지 리모델링은 땅에 관한 적극적이고 공격적인 전략
▷ 사례
  → 도로옆 꺼진 논을 평평하게 성토작업 후 밭으로 지목변경
  → 맹지에 도로를 내어 토지가치를 올려 파는 방법
  → 토지를 분할하여 주말농장으로 분양하는 방법 등등

물리적 토지 리모델링

• 맹지에 진입도로 내기
• 하천점용허가
• 도로점용허가 도로연결허가
• 구거점용허가
• 하천, 구거의 타목적 일시 사용허가
• 농지 임야의 일시사용허가
• 묘지 개설 및 이장
• 개간 매립
• 폐교, 무인도 입찰 및 활용

법률적 토지 리모델링

• 토지분할
• 토지합병
• 형질변경
• 벌채, 수종갱신
• 토석채취, 골재채취, 채석허가
• 야적장 허가
• 사도개설
• 지목변경
• 등록전환
• 용도변경(토지, 건축물)
• 용도지역변경
• 농업진흥지역 및 보전산지 해제
• 그린벨트 해제
• 농지전용
• 산지전용

58 전원주택 땅값, 얼마가 적당할까

사람들이 살고 싶어 하는 땅은 어디일까?

은퇴 후 전원주택 선호 지역을 부동산 전문가들에게 설문조사해 본 결과 1위가 양평, 2위가 경기도 광주, 3위가 가평군, 4위가 용인, 5위 남양주, 6위가 제주도, 7위가 파주시, 공동 8위는 인천 강화군, 강원도 홍천, 평창이 꼽혔다.

사람들이 전원주택지를 고를 때는 교통, 편의시설, 자연환경 등 여러 가지 복합적인 사항을 고려한다. 최근 서울에 직장이 있는 30~40대에게는 서울로의 출퇴근 거리, 즉 교통편의성도 필지를 고르는 데 중요한 요소가 되고 있다.

비싸야 좋은 땅일까?

비싼 곳이 꼭 좋은 땅이라는 보장은 없다. 그러나 잘 생각해 보면 사람마다 땅을 보는 눈이 다르기 때문에 선호하는 요소에 따라서 책정되는 가격도 달라질 수밖에 없다.

도심과 같은 편의시설을 원하거나 반대로 조용한 곳을 원하는 등 기준에 따라서 땅값은 열 배 이상 차이 날 수도 있다. 심지어 이런 경우도 있다. 필자가 구입하려고 했던 강 전망의 땅이 있었는데 이 땅은 다른 곳에 비해 배 이상 비쌌다. 그런데 예상치 않게 강 옆에 있는 도로의 소음이 심해서 구입을 포기했던 적이 있다.

집을 지을 수 있는 땅인가?

우리나라는 기본적으로 집을 지을 수 있는 대지 자체가 적은 편이다. 인구 밀도가 높기 때문인데 도심을 나와서 지방으로 가게 될 경우 필지의 형질이 얼마나 복잡한지, 땅을 구입해서 바로 집을 지을 수 있는지를 꼼꼼하게 살펴보아야 한다. 그렇지 않은 경우엔 추가로 시간과 비용이 들어가는 등 여러 문제가 생기기 때문이다.

지역마다 다른 땅값

먼저 양평의 경우 필지 가격이 60만 원대에서 300만 원대 이상 형성되어 있는 곳도 있다. 양평군은 다른 지역에 비해 크기 때문에 필지 가격이 다양하고 차이도 심한 편이다. 다분화되어 있다. 때문에 자신의 예산에 맞춰서 구입하기 좋은 곳이기도 한다.

파주의 경우 80만 원에서 150만 원대로 형성이 되어 있는데, 최근 신도시 건축과 함께 이슈에 따라서 등락 편차가 심한 곳으로 만약 관심이 있는 경우 지속적으로 지켜볼 필요가 있다. 또한 연예인들이 살고 있는 단지의 경우 일반적인 필지 가격에 비해서 훨씬 상회하는 경우도 있기 때문에 역시 많은 조사가 필요하다. 단순히 전원주택단지 혹은 개별 필지만 놓고 본다면 양평에 비해서 활발한 개발이 이뤄지지는 않고 있으나 차후 발전 가능성이 매우 높아 보이다.

포천은 60만 원에서 100만 원대로 최근 전철 연장선과 관련해서 이슈가 있었으며, 과거에 비해서 매우 가파르게 상승한 점이 주요 포인트다. 서울과의 거리는 도로 사정에 따라서 개발될 가능성이 높기 때문에 앞으로의 발전 가능성을 생각하면 매력적일 수도 있다.

김포는 80만 원에서 150만 원대로 파주와 비슷한 가격대이다. 그리고 최근에 개발이 많이 진행되면서 주변 여건이 나아지고 있다고 한다. 양평에 비해서는 좀 더 넓은 느낌이 드는 땅을 고를 수 있다는 점이 매력 포인트다.

경기도 광주는 80만 원에서 200만 원대 이상이다. 경기도 광주는 수도권 진입에 있어서 매우 유리한 지리적 요건을 갖추고 있다. 그래서 서울 혹은 수도권에 직장이 있는 직장인들에게 인기가 높은 곳이기도 한다. 만약 출퇴근이 용이한 곳을 선택하고자 한다면 경기도 광주 역시 좋은 선택이 될 수 있다.

가평은 60만에서 150만 원대이다. 역시 최근 고속도로 개발과 함께 고속전철 개발로 인해서 선호도가 매우 높아지고 있는 곳이다. 특히 남이섬이 가깝다는 이점은 지금 생각해도 매력적이다.

강원도 원주 주변의 경우 80만 원에서 150만 원대이다. 역시 최근 원주 신도시가 개발되기 시작하면서 서울로 진입이 쉬워졌고, 고속도로 개발과 여러 호재가 함께 있는 곳이다. 만약 도심의 편의시설이 필요하다면 원주 역시 좋은 선택이 될 수 있다.

또 최근 떠오르는 횡성과 홍천의 경우 50만에서 80만 원대 선에서 필지 매매가 형성되어 있다. 그러나 워낙 규모가 크기 때문에 강원도임에도 불구하고 경기도권과 비슷한 생활권을 누리는 곳도 있으니 잘 찾아보면 좋다. 필지 가격이 상승하고 있는 곳이니 저렴하다고 무조건 구입하기보다는 잘 살펴보고 결정하면 좋은 가격에 매입이 가능할 것으로 예상된다.

제주의 경우 120만 원대에서 300만 원대까지 다양하게 형성되어 있다. 섬인데도 매우 높은 지가를 형성하고 있다. 물론 이 가격은 예전에 비해 이미 두세 배 이상 오른 가격이다. 그러나 찾아보면 아직 지가 상승이 반영되지 않은 곳도 있으니 발품을 좀 들인다면 좋은 땅과 인연을 맺을 수도 있다.

지가는 늘 변하고 개발 여부에 따라서 달라지기 때문에 꾸준히 관심을 가진다면 좋은 가격에 거래할 수 있다. 역시 급하게 거래하기보다는 꼼꼼하게 살펴보는 것이 좋다.

59 조성된 전원 단지의 분양가를 분석하라

전원주택단지 분양 옥석을 구분하라

수도권 지역 양평과 용인은 전원주택지 용도의 토지 평당 가격이 높기 때문에 비싼 농지보다 임야를 개발해서 전원주택단지 분양을 하는 업체가 많다.

임야라고 하면 대부분 평지는 아니다. 임야 상태가 평지였다면 옛날부터 밭으로 경작하고 있었을 것이다. 물론, 전원주택 분양업체에서 분양하는 임야의 일부분은 평지형 임야도 있겠지만 대부분의 임야는 경사가 있는 지형이며 경사도의 차이가 있을 뿐이다.

임야를 개발한 전원주택단지의 경우 경사지형을 개발한 임야이기에 조망권 확보는 유리하지만 경사진 지형을 개발한 탓에 경사면이 발생한다는 단점이 있다. (분양면적 대비 실사용 면적의 축소 - 면 쌓기, 옹벽 쌓기 등 토목비용을 추가하지 않는 경우)

임야를 개발하여 전원주택단지를 조성한 경우 농지를 개발한 전원주택단지보다 평당 가격이 저렴하다. 실사용 면적대비 평당 가격(진짜 평당 가격)을 검토해 보면, 농지와 비교하여 평당 가격이 비슷하고 등기상 분양면적은 동일하지만 임야가 상대적으로 법면(경사면)에 주택지를 조성한 이유로 실제 사용면적이 줄어(감보) 실제 토지분양가는 비싼 편이다.

하지만 이것은 소비자에게 평당 분양가격이 낮다는 착시현상으로 비춰짐

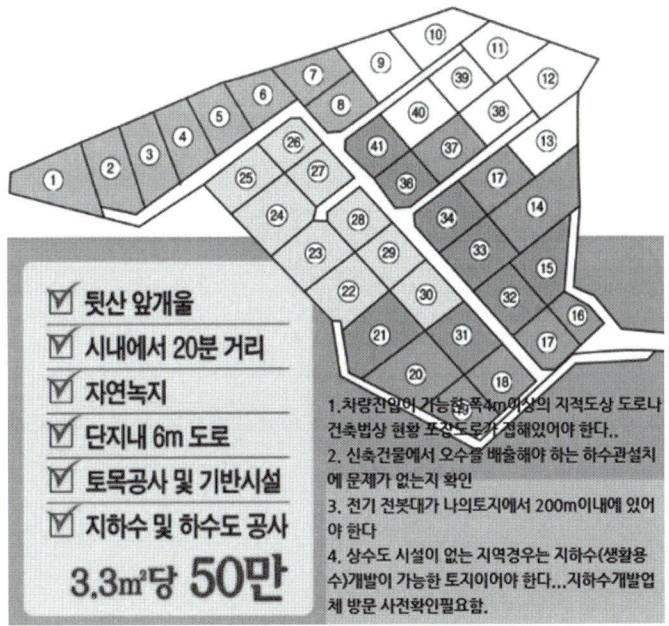

● 전형적인 전원주택단지 분양광고 예시

으로써 임야를 개발하여 전원단지를 분양하는 업체에게 유리한 점으로 작용한다고 본다.

처음부터 전원주택단지로 개발할 의사가 없는 기획부동산업체가 아닌 진짜 전원주택지 분양업체라면, 1. 임야를 매입하고 전체 부지를 개발하면서 도로 및 택지조성 공사를 진행하며 분양하는 업체, 2. 전체 부지를 개발할 자금이 부족하기에 가장 안쪽 부지에 개발행위허가를 득하고 도로개설을 하면서 분양하는 업체, 3. 분양하고자 하는 임야 가분할도만 가지고 분양하면서 가분할도를 기준으로 임야 분양가격만 책정한 후 개발비용은 분양받은 사람들에게 부담하게 하고 대신 평당 분양가격을 저렴하게 책정하고 진행하는 업체 등이 있다.

여기서 1번의 분양업체는 택지조성을 진행하거나 완료 후 분양하기 때문에 전원주택지 평당 분양가격이 가장 높다.

2번의 분양업체는 현황 임야인 상태에서 가분할도만을 가지고 전원주택지 분양을 하는 경우이기 때문에 전원주택지 분양을 받고자 하는 부동산 소비자에게 기획부동산업체로 오인받을 수 있다. 그리고 단지 내 도로개설이 분양받은 사람들이 개별로 진행하기는 현실적으로 어렵다는 것을 알기 때문에 업체에서 도로를 개설한 후 분양하는 경우이며 이 방법은 1번보다는 평당 분양가격이 낮고 3번의 분양업체보다는 높다.

3번의 분양업체는 처음부터 임야개발비용도 없고 전원주택지를 분양받고자 하는 부동산 소비자가 저렴한 평당 분양가격만 원한다는 것을 알기에 가분할도를 기준으로 개별 분양면적에 대해 소유권이전을 해 주는 조건으로 저렴한 평당 분양가격만을 강조하며 영업하는 방식을 택한 업체이다.

수도권 지역 전원주택지 분양시장에는 3번의 업체들이 생각 외로 많다. 택지조성 공사를 진행하면서 분양하는 것보다 평당 분양가격이 낮은 것을 더 선호하는 부동산 초보자가 많다는 것을 알고 있는 것이다.

분양을 받는 사람들에게 소유권이전을 해준 후 개발비용을 별도로 받아서 진행하는 업체이다. 예를 들어 양평읍 인근의 임야를 개발해서 도로와 조경석 석축 작업까지 완료한 전원주택단지 평당 분양가격이 평당 80~100만 원 내외이고, 바로 옆 임야 상태의 가분할도만 가지고 분양사업을 하고 있는 전원주택단지 분양업체의 분양가격이 평당 40~50만 원이라면 어느 쪽을 선택할 것인가? 개발비용을 평당 20만 원 이하로 책정하면 분양을 받는 사람들은 평당 60~70만 원 이하로 분양을 받는 것으로 착각하기 십상이다.

전원주택단지 분양의 허와 실을 구별하라

현황임야를 가분할도만으로 분양하는 업체의 경우 전원주택지 분양이

● 전원주택 구입 · 신축 시 장단점

구분	장점	단점
지어진 전원주택 매입 시	편리하다. 인근 대지 시세의 100%~130%	전문가가 아닌 이상 주택의 외관에 현혹될 수 있으며 비용 면에서 비싼 편이다. 왜냐하면 누구나 보상심리가 있어 초기에 들어간 비용보다는 1.3배~1.4배의 가격으로 내놓기 마련이기 때문에 실비용보다는 많이 들어간다.
개별 토지매입 후 신축 시	가격이 저렴하다. 인근 대지 시세의 60% 수준으로 주택 시공 시 본인의 의사를 충분히 반영할 수 있다.	자칫 잘못된 선택으로 외로움에 빠질 수 있으며 각종 인허가에 맞는 여건을 구비하려다 보면 어려움이 많아 중도 포기하는 경우가 많다. 예를 들면 지하수나 도로, 하수관로 등으로 인해 이웃 토지주와의 분쟁이 야기될 수 있으며, 이로 인해 초기 예상했던 금액보다 비용이 더 발생하는 경우가 허다하다. 겉핥기식의 인터넷 상식으로는 도저히 뛰어넘을 수 없는 함정이 많아 쉽사리 결정했다가는 낭패를 보는 경우가 많다.
단지조성토지 매입 후 신축 시	편리하며 비슷한 수준의 이주민이 있어 서로 의지할 수 있는 것이 장점이다. 인근 대지 시세의 85%~90% 이며, 주택시공 시 본인의 취향대로 의사를 충분히 반영할 수 있으며, 이후 마을이 조성되면 될수록 가격이 상승한다.	쉽사리 대단지가 조성되지 않는다. 모든 수분양자가 입주하기까지는 최소 5년에서 10년 정도가 소요되기에 일부 절토 부분이 있어 때론 주변이 흉물스러울 수가 있다.

순조롭게 진행되어 분양대금이 들어와야 개발을 진행할 수 있다. 그렇기 때문에 실제 상황에서는 분양을 받은 사람들이 분양계약서 작성 후 토지분할 후 소유권이전까지 통상적으로 2~3개월 안에 분양대금을 업체에 납부하는

것이 보통이지만 실제 개발에 들어가 자신의 택지가 완성되는 데까지 1년 이상 걸리는 일이 비일비재하다. 또한 분양이 순조롭게 진행되지 않는 경우 몇 년이 걸리기도 하기 때문에 이를 감수해야 한다.

진짜 운이 없는 경우에는 분양이 어느 정도 진행되었음에도 불구하고 전원주택 분양업체가 토지분할작업과 소유권이전은 해줬지만 단지개발 토목공사 개발은 포기하는 경우이다. 분양을 받은 사람 입장에서는 전원주택지용 땅은 확보되었는데 전원주택 전체단지 개발을 약속했던 업체가 약속을 이행하지 않아 피해를 받는 경우이며 쉽게 말해 정상적인 업체였는데 진행과정에서 기획부동산업체로 돌변한 사례이다.

임야를 개발해서 전원주택단지를 개발하는 업체와 분양계약서를 작성할 때는 주변 시세보다 평당 20~30만 원 이상 저렴하게 계약했다고 좋아했는데 저렴한 분양가격은 전원주택지 개발이 완료될 때까지 1년 이상 부담해야 하는 위험 상황에 대한 보험료라는 사실을 사람들은 잘 모른다.

자금력이 부족한 전원주택단지 분양업체에서는 전원주택단지 개발비용을 주택지를 분양하면서 확보하려다 보니 전체 단지를 개발했을 때의 이익금 중 일부를 포기하고 분양을 한다. 분양 받은 사람들은 이런 사정이 있는 임야개발 분양단지가 끝까지 진행될 것인지에 대한 위험부담을 안는 대신 평당 20~30만 원 정도로 저렴하게 전원주택지를 분양받는 셈이다.

3번의 가분할도에 의한 현황임야 분양 전원주택단지 분양업체는 분양면적에 따른 매매계약 금액을 낮게 책정하고 단지 내 공용도로개설은 업체에서 책임지되 개별필지 개발은 분양받은 사람들이 알아서 해야 한다.

업체에서 개별필지 토목공사까지 진행할 경우에는 평당 15만 원 내외의 공사비가 들지만 내가 직접 하면 평당 10만 원 이하로 할 수 있다고 생각하거나, 지금은 자금이 없으니 일단 토지만 분양받고 나중에 자금이 여유로울 때 토목공사를 하면 된다고 생각하는 사람들을 타깃으로 영업하는 분양업체다. 그런데 현황임야를 가분할도만 작성하고 분양하는 업체를 통해 분양받은 사람들은 한 가지 더 위험에 빠질 확률이 있다.

가분할도로 지적도상 내가 분양받고자 하는 필지의 위치는 알지만 현황임야에 올라가 내가 분양받을 임야의 위치가 어디인지 확인하기 어렵다는 것이다. '싼 맛'에 현혹된 현황임야를 가분할도와 전원단지 완성 조감도만 보고 계약하려는 사람들은 돌다리를 몇 번이고 두드려 보고 계약해야 한다. 그렇지 않으면 아주 위험한 상황에 빠질 수 있다.

전원주택 분양업체가 몇 번의 분양 성공실적이 있더라도 같은 조건의 임야를 개발하는 것이 아니기에 현장답사를 통해 현황임야 상태와 가분할도를 조합하여 자신이 선택하고자 하는 가분할도상의 필지 위치를 짐작할 수 있는 수준이 되기 전까지는 어느 정도 개발이 진행된 단지의 분양필지를 선택할 것을 권한다. '싼 게 비지떡'이란 말은 부동산시장에서는 자신의 현장분석 능력이 부족한 사람들의 변명일 뿐이다.

전원주택단지 부지매입 주의사항

1. 관할관청을 찾아가 공부상 확인 내용

1) 전원주택단지 개발지 번지로 산지전용 허가나 농지전용 허가가 나 있는지
2) 허가 후 사업자 변경은 없었는지
3) 허가 후 시행 기간이 지나서 허가취소가 되지는 않았는지
4) 분양 시 토지주와 사업시행자가 동일인인지 여부, 만약 토지주와 사업시행자가 다르다면 꼭 토지주와 계약할 것
5) 도로 부분의 등재 상태 확인: 개인이나 공유로 되어 있을 시 추후 집을 지을 때 토지사용승낙서 발급 문제 발생 여지. 대장에 도로로 등재하는 것이 추후 집 지을 때 안전.

2. 현장 확인사항

1) 상수도, 배수구, 전기 등 기반시설 확충 및 설치 용이 여부

2) 주위 혐오시설 유무 여부

3) 수변 지역 여부, 문화재 보호 지역 여부

3. 소유권 이전 여부

지분으로 분양받는 것 절대 삼가, 필지로 구분해서 분할 분양지 선택.

* 조감도만 보고 분양받았다가는 현장에서는 계곡이나 개울, 숲 등등 여러 요인으로 조감도처럼 반듯하게 분할이 안 되는 경우도 종종 있으니 현장 확인 필수

전원단지 분양매물 투자사례로 본 대지조성원가

전원단지 분양매물투자 실패사례에서 배운다

이번 사례는 임야를 개발하여 전원주택단지를 조성하는 전원주택지 분양업체를 통해 전원주택지를 구입했던 분의 실패사례이다.

박 씨는 전철역이 들어오는 양평읍에서 차량거리 10분 이내의 전원주택지를 구하기 위해 매물을 보러 많이 다녔다. 1억 5,000만 원 정도로 부지를 매입하고, 1억 5,000만 원 내외로 40평 정도 건축을 희망했다. 그런데 양평읍 주변에서 풍광 좋은 전원주택지로 쓸 만한 남향 터는 평당 80만 원대에서 토목공사까지 완료되어 집만 지으면 되는 부지의 경우엔 평당 100만 원대를 호가하는지라 마음처럼 쉽게 토지를 매입할 수 없었다.

그러다 양평 국도변에 걸려 있는 전원주택지 분양광고 현수막을 보고 산중턱 임야를 전원주택단지로 개발하고 있는 전원주택 개발업체 분양사무실을 방문하게 되었다.

분양사무실 벽에는 전원주택단지 조감도가 멋지게 걸려 있었고, 분양사무실 직원에게 가분할도에 도로며 필지모양, 분양면적까지 자세히 표시된 자료를 보며 전원주택단지에 대한 설명을 들었다. 현재 임야개발이 진행되어 건축허가도 2건 진행되어 택지조성 및 도로개설 토목공사 진행 중이라는 설명도 들었다. 직원은 지금 분양 초기인지라 가분할도 필지 중 원하는 필지를 먼저 선점하는 것이 좋다는 첨언도 했다.

박 씨는 분양사무실 직원의 안내를 받아 현장을 방문했는데 전원주택지로 분양 중에 있는 임야의 현황은 대부분 벌목 전 임야 상태이지만 건축허가를 받아 개발 중인 필지도 보이고 비포장 상태이긴 해도 진입로 개설된 상황을 직접 확인했다. 산 중턱이라 멀리 양평읍이 내려다보이는 풍광도 마음에 들어서 박 씨는 이 전원주택단지에서 자신의 터를 구하기로 한다.

이 전원주택단지 분양조건은 대지면적 200평+도로지분 30평=230평×평당 60만 원=1억 3,800만 원이었다. 계약 후 한 달 이내에 잔금이 완납되면 가분할도를 기준으로 토지분할을 해서 소유권이전을 해 주고, 단지 내 주 도로개설 및 포장까지 책임지는 조건이었다. 또 필지별 택지조성 토목공사는 분양받은 계약자가 직접 하는 조건이었다. 택지조성 토목공사는 분양받는 사람들의 취향이 각각 다르기 때문에 분양가격의 거품을 빼고 분양하는 것이라는 전원주택분양업체의 말이 그럴듯해 보였다.

박 씨는 양평 주변의 토지를 보러 다니면서 석축공사를 하더라도 택지조성 토목공사는 평균 평당 10만 원이면 된다는 얘기를 들었기에 토목공사비까지 평당 70만 원에 택지를 매입한다면 무척 저렴하게 매입하는 것이라 판단하고 현장 답사 후 분양사무실에서 두말없이 분양계약서를 작성하고 가계약금을 폰뱅킹으로 바로 업체통장으로 입금한 후 다음날 계약금 중 미납금액을 완납했다. 박 씨는 자신이 토지매입으로 책정한 1억 5,000만 원 내에서 소유권이전까지 완료할 수 있다면 지금까지 본 쓸 만한 매물들은 대부분 2억대 매물이었기에 저렴하다 판단한 것이다.

그리고 한 달 뒤, 박 씨는 분양업체로부터 잔금을 치러달라는 연락을 받았다. 박 씨가 분양받은 필지에 대한 토지분할은 완료되지 않았지만 분양계약서에 의하면 한 달 후 잔금을 치르는 것으로 되어 있으니 잔금을 치르라는 것이었다. 그러면서 잔금을 치르고 나면 박 씨가 원한다면 공유지분이라도 소유권이전을 해 줄 테니, 산지전용허가를 득하라고 했다. 그러면 자동으로 필지분할이 된다고 하면서. 그래서 박 씨는 토지대금을 지불했으니 소유권이전이라도 받아둬야 안심이 된다고 생각하고 잔금을 치른 후 공유지분으로 일단 소유권이전도 했다.

박 씨가 양평 전원주택지를 구입할 당시엔 양평 수질보전대책 지역 1권역 내의 토지 건축허가를 득하려면 세대원 전부가 양평으로 6개월 이상 주소지 이전이 필요한 시기였기에 박 씨는 부인과 함께 양평읍내에 있는 빌라를 임대하여 주소지를 이전했다. (과거에는 수질보전대책 1권역 내에 건축허가를 득하기 위해 매물을 소개해 준 부동산업체 대표의 집 등 양평에 사는 사람들의 집에 위장전입을 하는 사례도 많았다. 현재는 한강 수계 반경 1km 지역을 벗어났거나, 해당 부지에 하수종말처리장까지 연결된 오폐수관로가 매립된 지역에서는 세대원 전부 양평에 6개월 거주조건이 완화되었다.)

세월이 흘러 박 씨는 세대원 6개월 거주조건을 갖추게 되어 분양업체의 협조를 받아 공유지분 분할을 겸한 분양필지에 대한 산지전용허가와 건축허가를 득한다.

그리고 지적공사의 토지분할 및 경계측량을 했다. 그런데 박 씨가 분양받은 필지에 문제가 있었다. 현장답사 시 가분할도를 기준으로 짐작했던 위치보다 좀 더 아래쪽의 급경사지가 상당 부분 분양필지에 포함된 것이었다. 박 씨가 분양받고자 했던 부분의 일부는 가분할도의 뒤쪽 필지에 속한 땅이었고 본인이 분양받은 땅 중의 많은 면적이 급경사지에 포함되어 있었던 것이다.

분양계약 전 현장답사를 했지만 전원주택단지로 개발된 전체 임야 위치와 전망 등만 체크했지 가분할도의 위치를 정확히 체크하지도 않은 상태에서 분양받으려는 필지가 단지 앞쪽으로 위치해서 자신의 터 앞으로 집이 들어오지 않는다 판단하고 선택한 후 계약한 것이 실수였던 것이다. 지적경계 측량을 하기 전까지는 임야의 경우 부지경계를 제대로 파악하기 힘들다는 점을 간과한 것이다.

분양업체에서는 전원주택단지 개발 전 전체 임야 경계측량을 했겠지만 분양계약서를 작성하면서 가분할도상의 분할필지에 대하여 대략적인 위치는 설명할 수 있을지라도 제대로 설명해 주지 않았던 것이다. 애초에 이것을 제대로 설명해 주는 업체는 거의 없다. 박 씨가 분양받은 필지는 전망은 트였지만 대신 경사진 임야이기 때문에 콘크리트 옹벽 토목공사를 해야 제 부지 면적을 찾을 수 있다고 사전고지 하면서 분양하는 업체는 거의 없다는 뜻이기도 한다.

분양계약 조건처럼 평당 가격은 주변 시세보다 낮게 책정한 것처럼 보여도 개별필지 토목공사는 분양받은 사람이 직접 하는 것으로 계약한 단지이기 때문이기도 하다. 토목공사 방법은 분양받은 사람의 몫이라는 분양조건이 과다 토목공사비를 예상해야 하는 상황인 것이다. 박 씨의 등기부등본상의 면적 200평은 어디로 간 것도 아니고 지적공사의 경계측량 꼭짓점도 어디로 간 것이 아닌데 말이다. 부지의 절반 이상이 급경사이고 나머지도 완경사 임야였다. 임야는 조감도대로 토지경사도가 나오는 것도 아니고 밭처럼 경사도를 확인하기가 쉽지 않았던 점을 간과한 결과다.

박 씨는 지적공사 측량결과로 자신의 땅 절반 이상이 급경사라는 사실에 당황하면서 토목공사 비용을 알아보았다. 콘크리트 옹벽으로 공사를 하면 토목공사비가 7,000만 원 정도, 발파석을 조경석 쌓기로 하면 4,000만 원 정도였다.

부지를 매입하면서 예상 토목공사비를 최대 2,000만 원 정도로 잡았는데 부지의 경사가 크다 보니 부지 앞쪽 석축 높이만 6m 이상 쌓아야 하는 상황이었다. 건축 면적을 줄여야 하나 고민이 되었다. 콘크리트 옹벽을 쌓으면 제 면적을 찾기는 하겠지만 대신 일부러 숲 속에 주택지를 구한 목적이 희석되는 것 같아 박 씨는 그나마 토목공사비가 저렴한 조경석 석축작업으로 택지 조성 계획을 세웠다.

그리고 견적을 받은 토목공사업체 중 그래도 양평 지역에서 실력 있다는 업체라고 소문난 업체를 택해 공사를 진행했다. 그런데 조경석 석축 작업을 진행하다 보니 또 문제가 생겼다. 토목공사업체에서 말하길, 부지 높이가 있으니 발파석 석축을 면 쌓기 방식으로 쌓는 것이 부담스럽다는 것이다. 공사비가 더 추가되긴 하겠지만 200평 제 면적을 조금이라도 더 찾으려면 면 쌓기 방식으로 석축작업을 하자고 제안했다. 조경석 쌓기는 돌을 아래쪽부터 돌 하나씩 뒤로 물러서면서 쌓는 방법이고 면 쌓기는 돌을 최대한 직각에 가깝게 쌓아 올리는 석축 쌓기 방법이다.

하지만 박 씨는 예산 부족으로 일반 조경석 쌓기로 계약했는데 막상 4,000만 원을 들여 석축작업을 끝내고 보니 평평한 대지 실사용 면적은 아무리 봐도 100평이 조금 넘는 것 같았다. 대지 200평 중 100평 정도가 조경석 석축 경사면(법면)으로 실사용 면적에서 제외된 것이다. 급경사 임야 석축작업, 특히 조경석 쌓기 토목공사의 한계를 눈으로 확인한 것이다.

또한, 엎친 데 덮친 격으로 지하수 개발업자로부터 박 씨의 집터엔 수맥이 없어 지하수 개발이 어렵다는 얘기를 듣는다. 여기에 한 가지 더, 계약 조건에 따르면 주 도로 개설 및 도로포장은 분양업체에서 하지만 오폐수 및 우수 관로는 개인이 별도로 해야 하는 것이다. 집을 지으면 오폐수관로가 필요하다는 것을 집을 지어본 적이 없으니 몰랐던 것이다.

다행히 도로포장 전이라서 박 씨의 필지에서부터 오폐수관로를 200m 떨어진 단지 초입의 구거까지 연결하는 공사를 박 씨가 공사비를 지불하고 진행할 수는 있다. 그렇지만 공사비를 혼자 부담해야 한다는 것이 숙제이다.

지하수개발 어려움에 봉착한 박 씨는 전원주택단지 분양업체 사무실을 방문했다. 전원주택단지 사무실은 분양이 지지부진한 탓인지 사무실에 직원이 상주하지 않고 출장 중이라는 푯말과 함께 전화번호만 걸려 있는 상황이었기에 분양업체 사장에게 따로 연락해서 만났다.

건축허가를 받고 토목공사를 하면서 토목공사비도 많이 들었지만 지하수

개발을 하려고 해도 수맥이 없고, 오폐수관로 배관도 직접 해야 하는 어려움이 있다는 것을 어떻게 처리해야 할 것인지 화를 내 봤자 본인만 손해이기 때문에 박 씨는 좋은 말로 분양업체 사장에게 협조를 요청했다.

분양업체 사장의 답변은 지하수 개발이 어렵다면 박 씨의 집터 위쪽으로 지하수 개발을 시도해 보고 공용 물탱크를 설치할 수 있지만 지하수 개발에 따른 비용은 박 씨가 부담해야 하며(개별 배관 비용 별도), 오폐수관로 또한 박 씨와 같은 라인에 있는 필지를 분양받은 사람들이 1/n 하여 공사할 수 있도록 협조요청을 해 보겠다는 것이었다.

분양업체 사장의 협조적인 말에 박 씨는 돈은 들지만 해결책을 찾았다 생각하고 업체사장의 연락만 기다렸다. 그런데 한 달이 지나도 연락이 없어 업체 사장에게 전화를 했더니 사장은 분양받은 사람들에게 연락을 취해 협조를 구하는 중이니 기다려 달라고 했다.

또 한 달이 지나 연락을 취하니 역시 분양받은 사람들을 설득 중이라고 기다려 달라고만 한다. 건축업체를 선정했지만 지하수 개발 과정에서 건축계약은 일단 미뤄 놓은 상황이었는데 만약 건축업체와 계약까지 했다면 계약금은 건너간 상황이므로 피해액은 더 컸을 것이다.

한 달이 또 지나고 지친 박 씨는 분양업체 사장을 만났다. 벌써 석 달이 지났는데 어떻게 된 것이냐고? 토목공사 해 놓고 집을 지어야 하는데 지하수를 어떻게 할 것이냐고? 오폐수관로를 어떻게 할 것이냐고? 전원주택 분양업체 사장이 마지못해 답변한다. 전체 필지 중 박 씨 라인 쪽 필지를 분양받은 사람들은 대부분 아직 건축계획이 없기 때문에 공사비용에 대해서 지금 당장 부담하기는 어렵다고 했다는 것이다.

그리고 분양업체도 분양이 지지부진해서 분양이 안 된 필지들 중 박 씨 라인 쪽 필지에 건축허가를 득하고 토목공사를 한 후 지하수 개발해서 수도배관 연결해 주자니 비용이 만만치 않아 어려우니 분양이 좀 더 될 때까지 기다려주면 안되겠냐고 말이다. 박 씨 입장에서는 답답하기 그지없는 상황이 된 것이다.

개발도 진행되지 않은 원형지 임야이지만 전원주택단지로 개발될 것이 분명하기에 평당 60만 원이라는 금액이 무척 저렴하다 판단되어 계약을 하고, 경사지라 문제가 있는 필지를 배분받은 것을 알았지만 억지로 공사비를 마련해서 토목공사까지 진행을 했는데 지하수와 오폐수 관련 배관을 전원주택지 분양이 어느 정도 진행될 때까지, 특히, 자신의 터 주변으로 분양이 먼저 될 때까지 기다려야 한다는 답변이 당혹스럽기만 했다. 그렇다고 자금이 없다는 분양업체를 대신해서 지하수가 나올 만한 필지에 대하여 개발행위허가를 득하고 공용지하수 개발비용을 댈 수도 없는 노릇이었다.

1년 뒤 박 씨는 위 부지를 내놓았다. 1년이 지났지만 전원주택지 분양은 여전히 지지부진한 상황이었다.

위 사례는 전 세대원 6개월 거주 조건을 충족해야만 건축허가를 득할 수 있는 양평 수질보전대책 1권역 임야개발 전원주택단지 분양현장에서 어렵지 않게 접할 수 있는 사례이다.

박 씨가 최소한 주 도로 개설 및 포장 그리고, 오폐수와 우수관로에 대해서는 분양업체에서 책임을 져야 하며 식수확보 문제도 택지별로 해결이 되지 않았을 때 해결방법에 대해서도 확인한 후 계약을 했어야 했는데 이런 문제를 너무 쉽게 생각했던 것이다.

또한, 나무로 우거진 임야의 경우 경사진 밭과 달리 경계를 확인하기 어렵기 때문에 어느 정도 토목 공사가 완료된 임야개발단지의 경우 택지 모양을 어느 정도 확인한 후 선택했어야 함에도 불구하고 평당 가격이 주변보다 낮다는(?) 착각에 실수를 한 것이다.

부득이 재판매를 위해 매물을 접수하면서 투입한 비용만이라도 회수하길 희망하는 박 씨가 들인 비용은 다음과 같다.

토지매입비용 1억 4,500만 원(세금 포함)+건축 인허가비 등+토목공사비 4,000만 원 등=약 2억 원

박 씨가 문제를 해결하려면, 먼저 상하수도와 택지조성 공사를 완료한 전원주택단지 주변 시세가 평당 100만 원이라 잡고 실사용 면적 약 100평을 기준으로 매매가격을 책정하여 매매를 하는 방법이 있다. (매수자가 매도자의 실수를 인정하고 비용을 지불할 사람은 없으니까)

또는 전원주택분양업체 사장의 말대로 박 씨 위쪽 필지를 분양받은 사람들이 건축허가를 득하고 지하수를 개발할 때까지 기다려 함께 오폐수관로까지 해결하는 것으로 문제를 해결하는 방법이 있다. 불행 중 다행인 점은 양평에 임야 원형지 상태(나무가 우거진 상태)에서 전원주택단지 분양하는 업체 중 몇 년이 지나도 분양이 되지 않아 고생하거나 혹여 대출 등으로 자금압박을 받아 경매당하는 단지도 있는 반면, 박 씨가 계약한 업체는 지지부진하지만 계속 분양을 하고 있기 때문이다.

박 씨는 단지 내 다수 소유자의 도로이긴 하지만 분양업체가 남아 있는 상황에서 업체를 통해 토지사용승낙서를 교부받아 건축허가를 득했기에 도로문제도 일단 해결했고, 석축 토목공사도 해 놓은 상황이므로, 다시 말해 이미 투자를 많이 한 상황이기 때문에 세월의 힘을 빌려 단지에 조금씩 건축허가를 받는 필지가 늘어난다면 지금의 문제는 해결할 수 있을 것이다.

다만 조경석 석축토목공사에 따른 실사용 면적이 현저히 줄어든 문제는 건축자금도 부족한 상황이기 때문에 추가 토목공사 할 상황은 아니므로 돈을 더 들여서 토목공사 재시공을 하기보다는 조경석 석축에 까치발(?) 데크 확장 등을 통해 잃어버린 면적을 어느 정도 찾으면 석축을 다시 쌓는 것보다 공사비가 훨씬 절감할 수 있다.

61 임야의 투자가치 판독법 해설

임야의 사용용도와 사업성의 가치 판단은 매우 중요한 투자가치 판단 요소이다. 임야개발의 실무적 효율성이란 경험과 현실성을 바탕으로 원형지의 사업적 가치를 창출해 내는지를 알아보는 것이다. 임야가 쓸모 있고 좋은 부동산인지를 어떻게 가려내는지가 토지 최유효 활용의 근본적인 문제에 해당된다.

그러므로 임야를 매수한다고 가정하면 어떤 사업용도로 쓸것인가 하는 최유효 활용방안은 반드시 선행되어야 할 기준이다. 그러나 부동산은 현실적 효율성을 무시할 수가 없으므로 이것 또한 숙지해야 한다. 부동산의 현실적인 효율은 부동산의 사용범위와 한계를 결정짓는 것이므로 매우 중요하다.

따라서 산지투자를 계획할 때에도 효율성을 간파하여 명확한 결단력이 요구되는 것이다. 현장 답사 시에는 필수조건으로, 만일 점검관계 및 판단을 소홀히 하거나 착오가 발생할 때는 큰 낭패를 볼 수도 있다.

이것은 지적도나 기타의 서류상으로 공시되는 것이 아니므로 현장을 밟아보지 않고는 확인할 수 없는 것이다. 따라서 부동산은 효율성만 확인해도 좋은 부동산인지 부적합 부동산인지를 판단할 수 있다.

이것을 게을리하여 법적인 문제로 비화되는 경우도 종종 있다. 부동산의 현실적인 효율성이 좋다는 것은 좋은 땅으로, 사업성이 높다고 할 수 있고 투자가치가 좋다고 할 수 있다.

① 왕복 8차선 이상 150%
② 왕복 4차선 100%
③ 왕복 2차선 50%
④ 왕복 1차선 25%
⑤ 농로 10%
⑥ 인도 5%
⑦ 1차선으로 붙은 토지에 대형 건물의 수기효율성은 부족함.

도로만을 보고, 할 것인지 안 할 것인지를 판단해 본다.

부동산의 운영 및 부동산 답사 시 고려해야 할 실질적인 도로의 효율성이란, 도로에 따라서 약간의 차이가 있지만 대부분 다음과 같은 효율을 설정하면 된다.

왕복 4차선(편도 2차선)을 100%라고 기준했을 때, 기준에 해당하는 도로를 기준 도로라 하고 이것을 중심으로 개발 축의 방향을 살펴야 한다. 이는 개발축의 방향에서 나타나는 영향력의 한계가 주변의 부동산 편입비율 및 흡수, 발전되는 속도와 범위 등을 가늠하게 되는 관계라 할 수 있다. 이것은 도로에 유통되는 인구, 차량 등을 고려해 보는 것이다. 그러므로 왕복 8차선 도로의 실질적인 효율성은 150%이므로 도로에서 나오는 수기의 영향력은 150%의 활용성이 있다고 보아야 한다. 왕복 2차선 도로의 효율성은 50%에 지나지 않는다 하였으므로 수기의 영향력은 50%에 해당하고 주변의 부동산은 50%의 활용성이 작용하게 된다.

① 10°-100%
② 20°-80%
③ 25°-70%
④ 30°-50%
⑤ 40°-30%
⑥ 45°-20%
⑦ 60°-10%

임야의 경사도만 보고 사용 가능을 판단해 본다.

임야 경사도의 실질적 효율성을 논하는 것은 부동산 투자 시 투자하려는 목적과 계획상에서 차질이 생기지 않게 하기 위해서 경사도만 파악해 쉽게 판단하는 컨설팅법이다.

임야의 경사도와 효율성을 눈으로 짐작하여 다음과 같은 각도가 형성되는 곳에서 부동산의 미래적 한계성을 파악하는 것이다. 임야는 경사도에 따라서 개발 목적을 달성할 수 있는지를 판단하게 된다. 임야의 효율성이 50% 이하라면 한계성에 봉착할 수 있으므로 주의해야 한다. 즉 산의 각도가 30도 이상이면 개발하기 어렵다는 말이 된다.

① 남향 100%
② 동남향 80%
③ 남서향 60%
④ 북동향 40%
⑤ 서향 30%
⑥ 북향 20%
⑦ 북서향 10%

방위만 보고 사용용도에 맞는지 판단해 본다.

부동산의 방위로 실질적 효율성을 판단하는 것은 매우 중요하다. 임야에서는 더욱 그렇다. 주택의 방위도 같다. 이것은 다르게 효율성을 파악해 보면 묘지를 쓸려고 임야를 매수하는 경우의 묘지에 대한 임야의 효율적인 사업성은 위 효율성과 같다고 할 수 있다.

그러므로 남향에 해당하는 임야를 매수했다면 그것은 100%의 효율성을 안고 있다고 보아도 무방하다. 다른 개념으로 사용하면 동남향의 임야는 남향의 임야에 비해 20% 떨어지는 효율성을 가지므로 부동산의 가격도 남향 임야에 비해 20% 아래의 가격으로 산정할 수도 있다.

도로보다
① 20~30cm 높다면 100%
② 도로와 수평인 경우 80%
③ 20~30cm 낮다면 70%
④ 1m 낮은 경우 50%
⑤ 2m 낮은 경우 30%
⑥ 2m 이상 낮다면 5%

도로와의 표고만 보고 토지의 가치를 판단해 본다.

도로에서부터 높낮이가 크면 클수록 부동산의 효율성은 떨어진다. 그러므로 경사도(면)가 큰 임야는 그만큼 경제적인 가치도 떨어지기 마련이다. 도로에서 1m 이상 낮은 지역의 부동산은 50%의 효율성을 말한다. 나머지 50%는 비효율성에 해당하므로 그러한 부분도 고려해야 한다. 부동산을 개발할 때에는 비효율성에 해당하는 부분은 매립해야 하므로 매립에 대한 경비를 먼저 계산해야 한다. 토지의 궁합상에서는 높낮이를 위(位)라고 하는데, 하위(下位)의 부동산은 경계를 하는 것이 좋다.

---

① 철탑 30%
② 무허가 50%
③ 송수관 60%
④ 군사보호 20%
⑤ 개발제한 15%
⑥ 묘지 50%

혐오시설 혹은 지상권이 설치된 것을 확인하여 사용 범위를 판단해 본다.

부동산 궁합상 지상권이 설치된 곳에서의 효율성이란 철탑이 서 있는 임야를 매수하기 위해서 과연 사업성은 있는지, 사업성이 있다면 그 효율성은 어느 정도에 해당하는지, 그것을 언뜻 파악하기 곤란하고, 난감하리라 생각한다. 그러나 간단하게 효율성을 가지고 판단하면 쉽다. 부동산의 경험과 실전 경력으로 판단했을 때, 30%의 효율성이란 임야의 실용성이나 부동산의 가치가 30%밖에는 쓸모가 없다는 결론이 나온다.

그러므로 임야를 매수하기 전에 철탑이 서 있는 부동산이라면 위와 같이 판단하고 접근해야 손해를 줄일 수 있다. 따라서 70%의 부동산은 무용지물이 되는 경우가 많다. 부동산에 무허가 주택이 산재해 있다면 이 부동산의 효율성은 50%에 해당한다. 비효율적인 50%는 무허가주택을 철거하는 비용이나 보상 등으로 지급되는 관계가 있을 수 있으므로 50%의 효율성으로 생각해야 한다. 무허가 건축물이 철거되지 않은 상태에서도 부동산의 사용용도 및 활용 비율도 절반으로 상정해서 부동산을 답사하면 후에 손해나 착오를 줄일 수 있다.

62 농지전용부담금 계산 확실히 알자

농지전용부담금 계산법은 토지투자자라면 꼭 알아야 한다. 일반적으로 대한민국의 농지라는 것은 농업인만 취득할 수 있다. 농업인이 아닌 사람이 취득할 수 있는 것은 체험영농이라고 1,000㎡ 정도 취득이 가능하다. 1,000㎡는 약 300평 정도이다. 만약에 300평이 넘어 버리면 농업인이 되어야 하기 때문에 일반적으로 200평~250평 정도를 사서 전원주택을 짓는 것이다.

대부분 땅을 산다면 이렇게 사는 것이 정석이라고 할 수 있다. 농지는 농지전용허가를 받아야 하기 때문에 농지전용부담금을 내야 한다. 기존의 '대체농지조성비'가 '농지전용부담금'으로 명칭이 변경되고, 부과 기준이 조성원가에서 공시지가로 변경되었다.

이 농지전용부담금은 식량자급기반 유지 및 우량농지 보전을 위하여 농지전용허가 등을 받은 자에게 농지를 보전·관리 및 조성에 소요되는 비용을 납부하게 하는 목적으로 부과된다. 부과대상은 농지전용허가를 받는 자, 농지전용협의를 거친 구역예정지, 지역예정지 또는 시설예정지에 있는 농지를 전용하려는 자, 다른 법률에 따라 농지전용허가가 의제되는 협의를 거친 농지를 전용하려는 자 등('81.7.29 이전에 농지전용에 관한 협의를 거쳐 주거·상업·공업지역으로 지정된 지역 안의 농지는 부과대상이 아님—「농지법」 부칙 제7조제4항)이다.

납입절차는 관할청이 부과결정한 내역을 한국농어촌공사가 납입의무자에게 통지(납입금액, 산출근거, 납입기한, 납입장소 등)하는데 납입통지서 발행일로부터 30일 이내 납부하면 된다. 납부하지 않을 경우에는 5% 가산금이 부과되고 60일의 범위 내에서 납입기간을 1차례에 한해 연장할 수 있다.

부과 기준은 농지를 전용할 때 ㎡당 개별공시지가의 30%를 부과하기 때문에 지역에 따라 전용비가 다소 차이가 많이 나기도 한다. 그리고 ㎡당 개별공시지가의 30%가 5만 원을 초과하는 경우에는 상한 제도를 도입했기 때문에 이런 부분을 꼼꼼히 알아야 농지취득에 유리하다.

그럼 농지전용부담금 계산 방법에 대해 알아보자.

농지전용부담금 산출공식은 전용하는 농지의 면적(㎡) × 농지전용부담금 부과기준일 현재의 전용하는 농지의 개별공시지가의 100분의 30이다. 감면 대상일 경우에는 감면비율을 적용한다(「농지법 시행령」 제52조 별표2).

$$\text{전용면적}[m^2] \times m^2\text{당 개별공시지가} \times 30\%$$

만일 농지전용 허가 면적이 200평이고 ㎡당 개별공시지가가 3만 원이라면 [㎡당 3만 원×30%] = 594만 원

㎡당 개별공시지가가 17만 원이라면 [㎡당 17만 원×30%] = 51,000원

㎡당 개별공시지가의 30%가 5만 원을 초과했기 때문에 5만 원만 적용한다. → 660㎡[200평]×5만 원 = 3,300만 원

납부해야 할 농지보전부담금은 일반적으로 평당 165,000원이 된다.

만약, 다른 예를 들어

(잘못한 계산의 예)

농지허가면적 990㎡에 공시지가 1㎡당 100만 원이라면

공시지가×30%(0.3)×허가면적 990㎡ =2억 9,700만 원(?)

그래서 법에는 "농지보전부담금의 제곱미터당 상한금액"이 1㎡당 5만 원이라는 걸 명시해 두었다.

만약에 전원주택지의 땅을 사기 위해서 3억이 있다면, 땅을 2억 주고 사서 건축비를 딱 맞춘다면 될까? 안 된다. 각종 인허가 관련된 비용, 부담금 등으로 인해 딱 맞춰서 지을 수 없다는 것쯤은 알아야 한다.

63 경사진 토지의 '수평투영면적'을 알아야 원가를 계산할 수 있다

임야 개발의 기본 '수평투영면적' 학습

임야를 처음 매입하는 사람들 중 가끔 토지의 경사면이 완만하니 면적이 넓다고 말하는 경우가 있다. 물론 경사면이 완만한 상태로 경작물을 재배한다면 사용면적이 약간 넓어질 수는 있다. 그러나 실 건축이나 토지의 면적을 확인할 때 그 기준은 수평투영면적이다. 토지를 평면에 수평으로 놓고 면적을 계산하는 것이다. 위에서 수직으로 내려다보고 그 바닥면적을 계산하는 것이다. 부동산 상식 중에서 알아야 하는 기초 중에 기초는 대지면적, 건축면적, 연면적이다.

대지면적

건축법상 건축할 수 있는 대지의 면적을 말하는 것으로서 그 대지의 수평투영면적을 말한다. 다음 그림과 같이 비탈지지 않은 평평한 대지의 대지면적은 가로 길이×세로길이=대지면적으로 쉽게 구할 수 있다. 그러나 그림과 같이 비탈진 임야나 대지의 면적은 가로의 길이를 1번이 아니라 2번으로 계산한다. 즉 수평투영면적으로 구한 것이 대지면적이다.

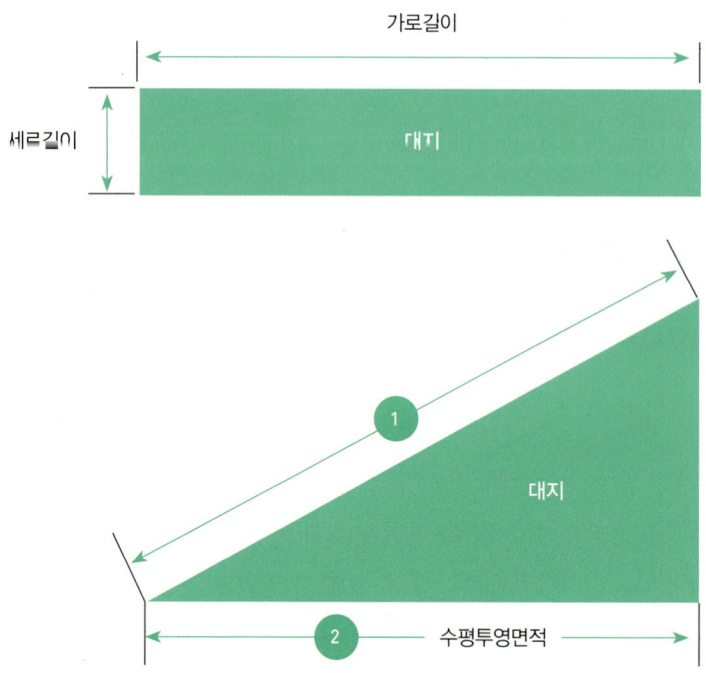

● 대지면적과 수평투영면적

가끔 이렇게 언덕이 있는 비탈진 기울어진 땅을 보게 되는데 실제 밭으로 사용 시에는 비탈져 있기 때문에 좀 더 넓은 상태로 사용할 수는 있지만 면적을 구할 때는 반드시 수평투영면적으로 구해야 하며 등기부나 건축물대장 등 부동산 공부에도 수평투영면적으로 기재가 된다(우리나라의 지적법상 면적은 수평투영면적을 면적으로 보게 되어 있다. 같은 100평의 면적이라도 경사에 따라 대장에 기재되는 면적이 다른데, 예를 들어 100평이 수평으로 있으면 100평이고 수직으로(경사각 90도) 서 있으면 면적은 0이다.)

임야의 면적을 계산하는 경우 수평투영면적으로 계산한다. 경사진 임야를 평탄하게 깎아 냈을 때의 면적으로 한다는 말이다. 따라서 경사가 가파르면 활용도는 떨어지겠지만 땅 자체는 더 넓게 쓰는 것이다.

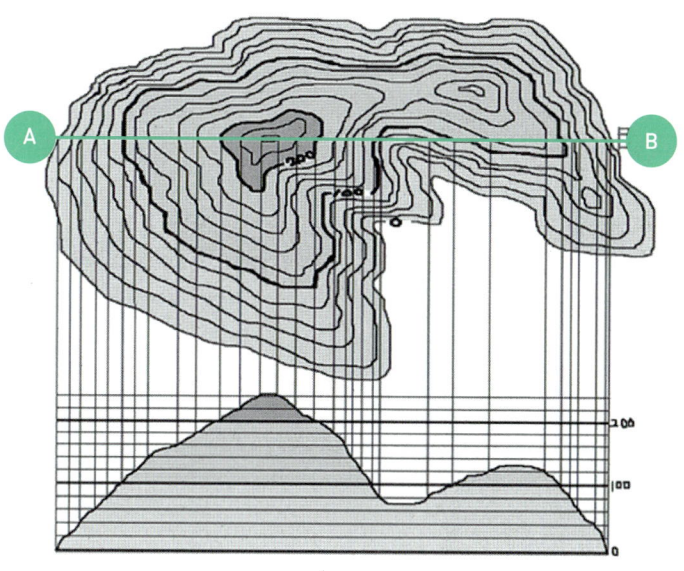

● 임야면적과 수평투영면적

지적은 평면 개념이므로 면적이 늘거나 줄지 않는다. 만약, 면적이 늘거나 줄어든다면 그때마다 도면을 바꿔야 할 것이다. 여기서부터 공부가 시작된다.

혹시 '지반고', '현재고', '계획고', '채취고'라는 용어를 들어 본 적이 있는가?

지반고 – 임야를 개발(전용. 형질변경)하기 전에 표토 본래의 높이를 나타 낸 도면(등고선에 의하며 종단면도, 횡단면도로 표기)

계획고 – 민원 신청인이 깎아내고자 하는 계획된 높이(단, 법령이 허용하 는 절개사면 경사각도와 총연장 높이 등 준수)

채취고 – 허가 등을 받은 후 실제로 공사하여 형성된 높이

현재고 – 채취고와 높이가 같음

대형 프로젝트에는 임야가 관련되고, 임야는 입체의 개념이다. 종단면도를 그리고, 횡단면도를 그려서 합성하면 입체가 된다. 임야 개발 시에는 반드시

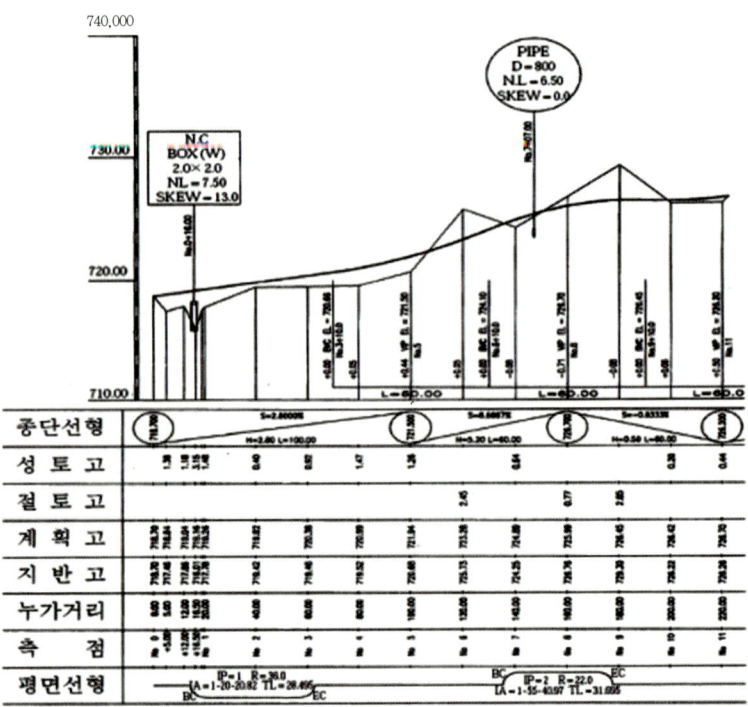

입체개념이 적용된다. 이것을 토대로 '토적계산표'가 나온다. 물론 전문가가 하는 일이지만, 원리를 알면 편하다. 요즈음은 기술이 발전하여 산출하기가 쉽지만, 이것은 원시적인 방법으로도 산출이 가능하다. 건축분야에서 열십자로 긋고 1각, 2각, 3각, 4각의 제도법을 쓰는 것이 바로 그것이다.

모눈종이를 사용하여 X축, Y축을 설정하고 편리하게 각각의 축척을 정하여 종·횡단면을 합성하고, 보이는 곳은 실선처리, 보이지 않는 곳은 점선처리를 하면 입체도면이 된다. 건축에서는 제3각법을 주로 쓴다지만 요즘은 360도로 자유자재로 응용한다.

성토의 투자학으로
땅값을 계산한다

64

매립 토사량(성토) 계산법

도로보다 낮은 땅은 흙을 매립해서 도로와 같은 높이로 만들면 평지 가격으로 매매할 수 있다. 당연히 땅을 매입할 때 흙 매립비용을 충분히 공제해야 가격 경쟁력이 있다. 도로와 같은 높이라면 평범하다. 나중에 좌우측 또는 전후방으로 집들이 건축되면 전망도 가릴 수 있고 도심지 주택처럼 포위당해서 살 수도 있다.

도시 아닌 곳에서 도시생활을 또 하는 격이다. 사전에 지적도를 보고 내 땅 전후, 좌우로 토지 생김새를 보면서 전망이 확보되는지 사방이 다른 집들로 막힐 수 있는지 확인할 수 있다.

도시에서도 한강 조망과 한강 조망이 아닌 곳은 프리미엄에서 억 소리가 난다. 조망권 때문에 분쟁도 생긴다. 전원주택도 한 폭의 그림같이 강을 조망할 수 있던 위치가 내 땅 앞에 다른 사람이 건축함에 따라서 강을 조망할 수 없을 경우에는 매매가격에서 엄청나게 차이가 난다.

부동산은 싸면 싼 이유가 있다. 내 땅이 지면과 같은 높이의 평범한 땅이라면 옹벽공사나 경계석축을 시공해서라도 인위적으로 땅의 높이를 올리는 것이 좋다. 전망을 조금이라도 확보하는 것이 바람직하다. 물론 추가 공사비는 감안해야 된다.

가로 20m, 세로 30m의 한 필지의 땅이 있다. 그런데 이 땅이 도로보다 1m 낮은 땅이다. 지면과 같은 높이로 흙을 매립한다고 가정할 때 개략적인 흙 값을 계산해 보자. 평수 계산은 가로×세로×0.3025이다. 약 180평이다 (181.50평). 성토량을 계산하려면 가로×세로×높이이다. $20 \times 30 \times 1 = 600\text{m}^3$이다. 일반적으로 15톤 덤프트럭이 적재할 수 있는 흙의 양은 10m^3(차량적재 기준)이다. 결국 도로보다 1m 낮은 180평(600m^3)의 땅은 흙을 매립하는 데에 15톤 덤프트럭 60대가 필요하다. 덤프트럭 한 대당 흙 값이 3만 원이라고 가정하면 60대이므로 약 180만 원이 추가된다. 180평 땅값이 평당 1만 원 원가 상승하는 격이다. 물론 중장비(굴삭기) 이용료는 별도다.

　　또한 내 땅의 경계를 다 확보하려면 옹벽 공사나 석축 공사비를 감안해야 된다. 그만큼 도로보다 낮은 땅은 주변 시세보다 흙 값이나 옹벽 공사비 등을 충분히 공제하고 매입해야 돈이 된다.

● 성토 시 보강토 공사 현장

전문적인 계산은 각종 인허가 업무를 대행해 주는 측량설계사무실을 이용하면 된다. 건축과 관련된 것은 건축사사무실을 이용하고, 토지의 건폐율, 용적률을 통한 수익성 분석이나 개발 가능성 등 땅의 최유효 이용을 위한 방안등은 현장의 중개업소를 통하면 된다.

▶ 예시) 1,000평 기준 성토 시

- 1,000×3.3058＝3,306㎥×0.7㎥ (매립 높이)＝2,314㎥

- 2,314㎥×120%＝2,777(침하량 보정)

- 2,777㎥+2,314㎥＝5,091㎥

- 5,091㎥/ 15㎥ (25톤 차량 기준)＝339대

- 339대×8만 원=2,712만 원/1,000평＝27,120원

* 평당가 27,120원 상승(중장비 및 기타 공사비 제외)

성토비용 산식

밭과 논을 합쳐 자연녹지인 2,000평 정도의 땅이 도로와의 깊이 차이가 4m 정도일 때 성토하는 비용과 절차 등을 알아 보자.

어떠한 목적으로 성토를 하는지에 따라 절차가 매우 상이하다. 성토 목적이 논을 매립해서 밭을 만든다든지 아니면 밭을 밭으로 만든다든지 하는 목적이 농사를 짓기 위함이면 허가절차 없이 성토해도 법적으로 문제가 없다.

예전에는 30cm 이상 성토하려면 허가를 득해야 했으나 완화되어 50cm로 되었다가 지금은 완전히 규제가 없어졌다. 단 농사 목적이어야 되고 옹벽이라든지 구조물이 수반되어서는 안 된다.

공장 부지 또는 주유소 부지, 음식점 부지 등을 조성하고자 한다면 토목설계사무실에 의뢰하여 형질변경 허가 절차를 거쳐야 한다. 형질변경 허가 비

용은 약간씩 차이는 있지만 약 700~800만 원 정도다.

성토량은 2,000평이면(1평은 3.3㎡이므로) 2,000×3.3=6,600㎡, 성토 높이가 4m이므로 6,600×4=26,400㎥의 흙이 필요하다. 15톤 덤프트럭이 약 8㎥의 흙을 실을 수 있으므로 26,400/8=3,300대의 흙이 필요하다.

마지막으로 비용은 주변조건에 따라 천차만별이다. 주변에 토사가 많이 발생되는 터 파기 현장(아파트 또는 상가)이 많고 흙을 버릴 곳이 마땅치 않다면 흙을 싣고 들어오는 차 한 대당 1만 원 내외의 돈을 받아가면서 성토할 수도 있다. 흙을 버리는 입장에서는 먼 거리로 운반하는 것보다 만 원을 주더라도 가까운 곳에 흙을 버리면 이익이 되기 때문이다.

3,300대×만 원=3,300만, 여기에서 흙을 정리하는 도자나 포클레인 비용 20일×40만 원=800만 원을 빼면, 3,300-800만 원=2,500만 원의 돈을 벌면서 소기의 목적을 달성할 수도 있다. 하지만 이것은 최상의 조건이었을 때 가능하다.

공사하는 데 시간적 여유가 있고 흙이 발생하는 곳이 없으면 장시간에 걸쳐 흙이 발생할 때마다 조금씩 조금씩 받는 방법도 있다. 최악의 조건은 주변에 흙은 없고 흙이 나올 기미도 안 보이는 경우다. 이때는 주변에 언덕이 있는 산 등을 매입해서 그 흙을 절토해서 운반하는 방법이 있는데 비용도 만만치 않고 허가를 받기도 쉽지는 않다.

어느 경우든 포클레인이 약 하루에 200대의 흙을 실어 주므로, 3,300/200대=16.5일, 16.5일×50만 원=825만 원, 덤프가 하루에 열 번을 운반할 수 있는 거리라면, 3,300대/10회=330대의 덤프가 필요하므로, 330대×30만 원=9,900만 원, 흙을 정리하는 비용(위에서 말한) 800만 원, 825만 원+9,900만 원+800만 원=1억 1,525만 원의 비용이 들 것으로 예상된다. 물론 토지 매입비라든지 각종 인허가 비용은 제외된 금액이다.

이것도 여의치 않다면 근처의 폐기물 처리장을 방문해서 쓰레기 분리 후 발생된 폐토를 받든지 재활용 골재를 받는 방법도 있다. 거리가 가까우면 대부분 폐기물 운반업체가 현장까지 운반해 준다. 거리가 멀면 어느 정도의 돈을 요구한다.

한 가지 확실한 건 흙을 깎아 내서 평지를 만드는 것보다는 흙을 성토해서 평지를 만드는 것이 비용을 훨씬 절감할 수 있는 방법이 많다.

참고로 1m³는 폭 1m × 길이 1m × 높이 1m의 양이다.

Tip 성토에 필요한 흙 값의 견적

넓이 3,000m²(길이 60m×폭 50m)인 길가 논을 1m 높이로 높일 때 소요되는 흙의 양(m³, 루베)은 다음과 같다.

① 소요되는 흙의 총량(m³) = 60m×50m×1m = 3,000m³

② 소요차량 대수 = 3,000m³/1차당 10m³ = 300대

③ 흙 운반비: 덤프 1차당 가격 13만 원×300대 = 3,900만 원

④ 흙 다지기: 롤러, 포클레인 대당 50만 원×10일 = 500만 원

⑤ 성토비용 합계: 4,500만 원(3.3m²당 49,600원)

토목공사로 토지원가를 계산하라

석축(옹벽, 보강토/법면) 공사 실무

경사진 부지에 건축을 하기 위해 절토 · 성토작업을 하는 경우 부지 위와 아래쪽에 경사면이 생긴다. 이 경사면을 어떻게 처리할까? 토목공사 경험이 부족한 일반인 입장에서는 자신의 집터이기에, 최소한의 공사비로, 가장 예쁘게, 가장 안전하게 공사하기를 희망한다. 내 집을 지을 터이기에 당연하다. 그래서 주변에 경사면 공사 관련 경험이 있는 지인들에게 문의하거나 지역 토목공사업체 몇 곳에서 견적을 받아 본다. 또는 집터의 전용허가나 개발허가 인허가를 담당한 토목측량회사에 상담을 한다.

어떤 토목공사방법이 자신의 터 경사면에 적합한 공사일까? 솔직히 말하면 필자의 기준에서는 정답이 없다. 현장에 맞는 최소의 공사비로 안전하면서도 터에 어울리는 경사면 처리 토목공사는 현장조건에 따라 비슷할 때도 있지만 터 주인에게 다른 방법을 권유할 때도 있기 때문이다. 집터로 쓸 터에 대한 토목공사 계획을 세울 때는 먼저 토목측량회사를 통해 대지전용을 위한 개발행위허가 도면에 문제가 없는지부터 확인한다. 이유는 터 주인이 원하는 용도에 맞지 않게 토지가 분할되어 있다면 첫 단추를 잘못 낀 지적 분할이기에 토목공사 전에 시간이 더 걸리더라도 변경하는 것이 맞기 때문이다.

토목공사 후에는 토목측량회사에서 토지 분할을 잘못했음을 인정하게 되는 것이며 결과적으로 전체 부지의 활용도와 부동산가치를 떨어뜨리는 문제가 있기 때문이다.

왜 이런 일이 발생하는 것일까? 의뢰인인 터 주인은 토목공사 결과물은 생각하지 않고 가장 좋은 위치에 집을 지을 생각만 하며, 토목측량회사는 200~300만 원 하는 인허가 용역비를 받기 위해 의뢰인이 원하는 대로 토지 분할 전용허가만 득해 주면 된다 생각하고, 의뢰를 받은 터가 망가지든 말든 의뢰인이 원하는 대로 인허가를 받아 주기 때문이다.

다음으로 의뢰인은 토목공사 자금계획을 솔직히 밝히고 토목공사 계획을 세워야 한다. 토목공사는 의뢰인의 자금운용 생각을 최대한 반영해야 한다. 그래야 토목공사업체가 진행 과정에서 의뢰인의 추가 토목공사 욕구를 억제 할 수 있다. 토목공사 목표만 알고, 터 주인의 보유자금 내용을 모르면 대출 을 받아오든 말든 공사만 하고 공사비만 받으면 된다는 생각으로 과다토목공 사로 흐르게 할 소지가 있기 때문이다.

그 다음 터의 위치에 따른 토지주변 시세를 감안하여 토목공사의 규모를 결정한다. 토지가 위치한 지역의 주변 평당 시세가 높지 않은데 과다한 토목 공사를 벌일 필요는 없다. 최소한의 공사비로 부지의 활용도를 조금 더 높이 는 수준이 좋다. 그 다음으로 터 주변 지형을 살핀다. 택지토목공사는 해당 부지만의 토목공사가 아니다. 주변 지형에 맞춰 조화를 이루는 토목공사를 계획해야 한다. 터로 들어오는 물과 터에서 나가는 물을 어떻게 조절하고 유 도할지 토목설계와 공사에 반영해야 하므로 주변 지형을 살펴 장마철, 집중 호우 시 물길이 어떻게 흐르는지도 검토해야 한다.

그 다음 부지의 토질을 확인한다. 소규모 토목공사에서 땅속 토지까지 확 인하고 토목공사를 하는 경우는 현실적으로 드물다. 그렇기 때문에 현장 주 변을 잘 살피고, 현장 겉 지표층이라도 확인해서 토목공사계획을 세운다.

여기까지가 토목공사가 시작되지 않은 현장에 대한 토목공사 전 기본 검토 사항이다.

집터의 조성과 경사면(법면)의 처리

현재 일반적인 택지조성 경사면 토목공사는 가장 저렴한 방법이 자연경사면처리로 풀씨를 뿌리는 방법이다. 이도 일종의 경사면 처리방식이다. 토목공사를 계획할 때 지역 토지 평당 시세가 낮았기 때문에 결정한 방법이다. 지금은 조경석 석축작업을 해도 되는 시세로 상승했지만 당시엔 토지 가격이 낮았다. 그리고 다음으로 돈 좀 투자해서 괜찮게 공사할 수 있는 방법이 조경석 석축공사, 면 쌓기 석축공사, 보강토 옹벽공사, 콘크리트 옹벽공사가 일반적이다.

● 조경석 석축공사

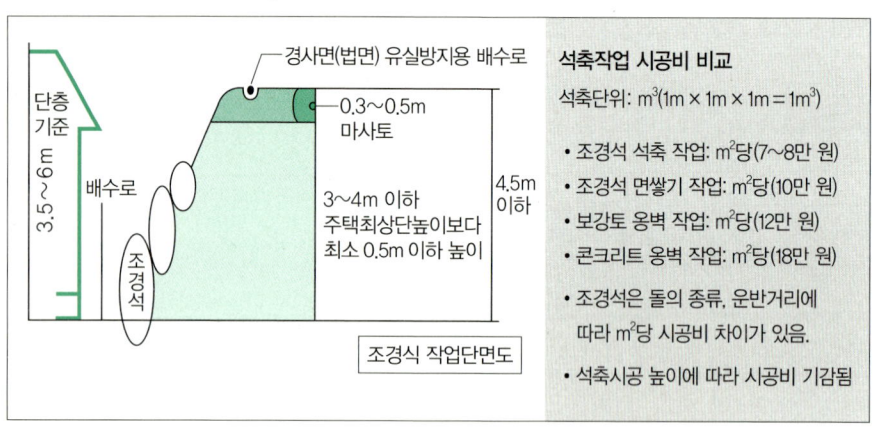

경사면(법면) 유실방지용 배수로

단층기준

3.5~6m

배수로

조경석

0.3~0.5m
마사토

3~4m 이하
주택최상단높이보다
최소 0.5m 이하 높이

4.5m
이하

조경식 작업단면도

석축작업 시공비 비교

석축단위: m^3(1m × 1m × 1m = $1m^3$)

• 조경석 석축 작업: m^2당(7~8만 원)
• 조경석 면쌓기 작업: m^2당(10만 원)
• 보강토 옹벽 작업: m^2당(12만 원)
• 콘크리트 옹벽 작업: m^2당(18만 원)
• 조경석은 돌의 종류, 운반거리에 따라 m^2당 시공비 차이가 있음.
• 석축시공 높이에 따라 시공비 기감됨

최소의 토목공사비로 경사면 처리를 하기 위해 자연경사면처리가 아닌 석축 쌓기로 결정했다면 다음으로 경사면을 조경석 쌓기를 할지 부지를 조금이라도 더 넓게 만들기 위해 면 쌓기를 할지 결정했는가?

다음 사진을 보면 조경석 쌓기와 면 쌓기 석축방식을 좀 더 쉽게 구분할 수 있을 것이다.

그림을 보니 면 쌓기의 부지활용도가 더 넓게 쓸 수 있으니 ㎡ 당 2만 원을

● 조경석 쌓기　　　　　● 면 쌓기

● 조경석 쌓기와 면 쌓기 단면도

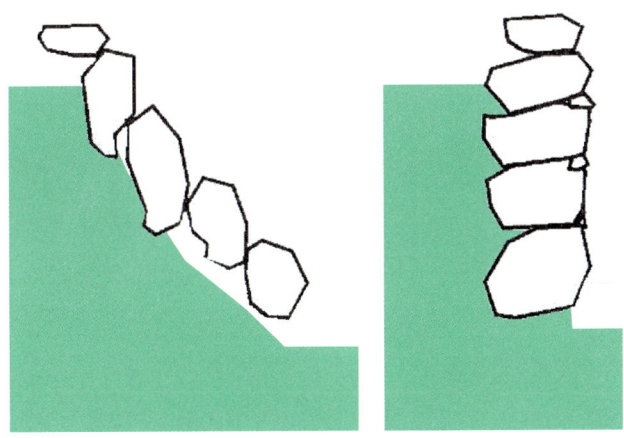

더 지불해서라도 면 쌓기를 하고 싶어진다. (왜냐하면 큰 부지일 경우라면 조경석 쌓기보다는 감보율면에 유리해서 부지활용률이 높아지기 때문이다.)

　그런데 면 쌓기를 하기 위해서는 전제조건이 있다. 석축 뒤의 토질이 배수가 잘 되는 흙이어야 한다. 배수가 잘 안 되는 산 흙이나 황토 흙이라면 면 쌓기 뒤쪽으로 재생골재나 파쇄석을 충분히 넣어서 배수층을 만들어 줘야 한다. 그렇지 않으면 큰 비가 온 후 석축이 무너지는 수가 있다. 그리고 석축작업을 하는 굴삭기 기사와 석축공사 기술자들의 실력이 좋아야 한다. 돌을 어떻게 쌓느냐에 따라 하자가 발생 확률이 다르게 나타나기 때문이다.

그럼, 안전하게 조경석 쌓기로 진행하는 것이 낫겠다고? 조경석 쌓기도 무너질 확률이 면 쌓기 석축방법보다 낮을 뿐이다. 돌 무게가 얼마나 무거운데 라고 생각할 수도 있지만, 석축 위에 배수로가 없어 석축으로 빗물이 흘러 들어간다면 돌의 무게를 감당하고 있는 돌 밑의 흙이 진흙이 되어 밀리는 현상이 조경석 쌓기에도 발생하기 때문이다.

석축공사 현장에 따라서 석축 뒤에 재생골재를 채우고도 유공관 설치를 하는 이유는 석축 뒤쪽을 석축을 쌓기 위해 굴삭기로 절개를 했는데 건수가 비치는 경우에는 특히 유공관 작업을 해서 돌의 잇몸인 흙이 물 먹은 진흙으로 뿌리가 흔들리지 않게 해줘야 한다는 것이다.

봄부터 여름 사이나 겨울철 좌우로 땅이 건조한 상태에서 토목공사를 하는 경우 땅속 건수를 놓치는 경우가 간혹 있기에 석축을 쌓을 때는 석축 뒤쪽의 땅속 사정은 토질을 가지고 짐작해서 그에 상응하는 석축 쌓기를 도모해야 한다.

토지의 상태를 보고 산 흙이나 진흙질 성분이 많은 토양이라면 석축 뒤의 물이 고일 수 있음을 염두에 두고 재생골재나 파쇄석을 넣는 것으로 토목공사 계약을 하고 그래도 걱정이 된다면 유공관까지 넣는 것으로 공사의뢰를 하면 된다.

배수가 잘 되는 토양이고 석축의 높이가 4m를 넘지 않는다면 석축 뒤 재생골재는 생략해도 된다. 대신 석축 위의 마당엔 PE 집수정을 몇 개 설치해서 석축 쪽으로 집중호우시기에 물길이 생기지 않도록 조치를 잘 하면 과다하게 토목공사를 할 필요가 없다.

토목공사에 관해서는 현장조건에 따라 다양한 변수들이 있기에 함부로 얘기할 수 없는 부분이지만, 위에서 언급한 사항을 점검한 후 현장조건과

● 석축과 보강토의 비교

자금사정에 맞춰 의견을 줘야 하는 것이 맞다.

석축공사 등 토목공사는 한두 푼 드는 공사도 아닌데 조심스러운 부분이 없지 않다. 사람들은 흔히 석축공사비가 얼마인지, 공사비의 견적을 받았는데 이 정도면 괜찮은가에 대한 빈약한 질문을 한다. 자신의 터 공사가 아닌 남의 집터 공사에 대한 질문처럼 말이다. 장마철이라면 석축공사 관련 걱정이 많아진다.

석축공사를 상식적인 것임에도 공사를 제대로 하지 않는 현장이라면 단, 한 가지 이유인 돈 때문이다. 공사비가 너무 적게 책정된 일괄 토목공사 현장이거나 토지주 직영공사로 현장에서 작업하는 굴삭기 기사가 석축공사를 하면서 땅을 팠을 때 토질에 맞는 추가공사가 발생했음에도 불구하고 경제적인 이유와 의뢰인의 시간단축의 요구로 인해 추가 자재비가 들어가는 공사변경 부분을 그냥 넘어가거나 (나중에 무너지면 또 돈 받고 쌓아주면 되니) 아니면 석축작업 토목공사 경험이 부족하여 그냥 시키는 대로 관성에 의해 석축을 쌓고 있는 것이다.

토목공사가 수익창출의
근원임을 꼭 명심하라

토목공사가 수익창출의 근원이다. 토목공사, 이제 시작이다. 지금까지는 집을 짓기 위한 정보수집과 허가에 대한 내용으로 조금 지루했는가? 그 지루함을 잘 견뎠다면 이제는 최소한의 돈으로 최고로 멋진 나만의 성을 만들 차례다.

자! 이제부터는 실전이다.

사람들은 허가를 마치면 먼저 집부터 짓기 시작한다. 전체적인 토목, 조경에 대한 구상 없이 주택을 지어서 곧바로 꿈꾸던 전원생활로 이어질 것이라 생각한다. 하지만 모든 일에는 순서가 있다. 절대 서둘러서는 안 된다.

먼저, 내 노트를 적극 활용하자!

그동안 모아두었던 주택과 조경 사진들, 현장을 다니며 눈으로 배웠던 인테리어 사진들, 그리고 전문가들에게 배운 지식을 총동원할 때다. 포클레인 기사와 공사 담당자를 불러다 전체적인 밑그림을 어떻게 그릴지 공유하는 것이 중요하다. 내 구상을 그들이 훤히 알고 있어야 한다. 그것이 바로 '마스터플랜'이다. 노트는 아무래도 현장감이 떨어질 수밖에 없다. 현장에서 노끈으로 줄을 쳐가며 위치와 동선 등을 만들며 전체적인 조화를 생각하는 것이 좋다. 이 과정을 부부와 자녀가 함께한다면 정말 재미있고 유익한 놀이가 될 것이다.

토목허가서대로 공사를 하지 마라

토목공사가 처음인 경우, 허가를 어기면 위법인 줄 알고 정확하게 시공을 하려 한다. 대개 660㎡(200평)의 땅에 허가를 받으면 정확히 그곳만 사용하려고 토지 둘레에 측량 깃대를 꽂아서 공사한다.

이론상으로는 맞다. 그러나 공사를 하다 보면 현실적으로 일이 더 어려워지고 기간도 늘어난다. 공사를 하다 보면 땅 밑에 큰 돌이 나와 허가부지에서 벗어나야 할 때도 있고, 허가가 난 곳보다 더 좋은 자리라고 생각되는 땅이 있을 수 있다. 또 측량 깃대를 꽂아서 공사를 하면 허가가 난 터의 형태에 얽매여 전원주택의 터를 아름답게 만들기도 어렵다.

법을 어기라는 것이 아니다. 허가서와 실제 공사를 한 곳의 위치가 달라지거나 660㎡를 허가를 받아 공사를 하다가 면적이 줄거나 늘어난 경우도 토목변경이 가능하다. 모든 공사를 마친 후 토목설계사에게 변경을 요구하면 처리해 준다. 여기서 가장 중요한 것은 내가 하고 싶은 대로, 내 그림대로 공사를 진행해야 한다는 점이다.

땅 밑 공사를 잊지 말자

전원주택을 지을 땅에는 보이지 않는 돈이 들어갈 곳이 의외로 많다. 집이 들어설 자리에 기초공사 전에 지하수, 오폐수 관로를 묻어야 하고, 조경공사 현장에는 지하수, 오폐수 외에 가로등, 외부용 전기선, 정원관리용 수도 등도 미리 묻어야 한다. 주택의 기초공사를 끝내고 정원에 잔디를 다 깐 다음에 '아차, 실수였구나.' 해도 소용없다. 잊어버리기 전에 내 노트에 '땅 밑 공사'를 반드시 적어놓자.

특급 포클레인 기사를 모셔라

토목공사에서 가장 중요한 것은 집터의 조경석 쌓기다. 내가 그린 토목과 조경이 그대로 재현되기를 바라는가? 그렇다면 특급 포클레인 기사를 모셔라. 포클레인 기사의 실력에 따라 전체 조경 연출과 비용이 좌우될 수 있다. 무너지거나 흉해서 다시 해야 하는 재공사를 방지하고, 조경 전문가가 하는 일인 돌을 척척 쌓는 것도 가능하다. 일반 기사가 3일에 할 일을 전문 포클레인 기사는 하루에 마칠 수 있을 만큼 실력 차이가 크다. 그래서 포클레인 기사는 공사 전부터 지역에서 소문난 특급을 찾는 게 좋다.

참고로 포클레인은 02, 06, 08, 10의 장비가 있으며 순서대로 크기가 다르다. 가령, 02(공투)는 아주 작은 일에 쓰이고, 10(공텐)은 억세거나 큰 돌이 많은 척박한 땅에서 주로 사용된다. 보통 집터를 만들 때는 06 정도의 포클레인을 사용한다. 흙으로 된 평지에서는 타이어 장비를 사용하면 이동속도가 좋고 돌이 많거나 경사진 곳에서는 궤도로 된 장비를 사용하는 게 일반적이다.

터를 분리할 때 곡선(라운딩 기법)의 아름다움을 살려라

집터와 정원, 텃밭, 유실수 터, 연못, 쉼터 등 멋지게 꾸미고 싶은 곳이 한두 곳이 아니다. 아름다운 조경은 곡선에서 연출된다. 이때 찾아오는 손님이나 소비자의 동선도 미리 고려하는 게 좋다. 테마 펜션을 하든, 가족이 사는 전원주택을 만들든, 사람들이 찾아올 것이다. 조경을 이용해 손님을 위한 독립 공간을 확보하는 방법도 생각해봄 직하다.

우리나라의 전원주택을 방문해 보면, 95%가 허가받은 부지(약 660㎡)를 평평하게 작업했다. 이유를 물어보면, '땅을 넓게 사용하기 위해서'와 '조경방법을 모르기 때문'이라고 대답한다. 하지만 실제 어떤 방식의 조경을 하든지 땅 크기가 달라지지는 않는다.

주변 산과의 조화, 바다와의 어울림을 생각하고 곡선을 기억하자. 평평한 조경기법은 자연과 부조화이고 밋밋하다. 나머지 5%의 전원주택지에 보고 느낀 점을 생각하면, 곡선과 직선의 차이를 극명하게 알 수 있을 것이다. 조경에 한 가지 팁을 더 주자면, 담을 아무렇게나 막 쌓으면 직선으로 올라가서 땅은 넓게 사용할 수 있지만 아름다움이 없다.

그래서 대개 조경석 쌓기를 한다. 하지만 조경석 쌓기는 땅을 많이 잡아먹는다는 단점이 있다. 이때 돌과 돌 사이의 좁은 틈에 야생화를 심으면 멋진 야생화단지가 된다. 지금 나의 노트에 '곡선의 아름다움'이라고 적어놓자.

임야 전원단지 개발비용 조성원가 산정식

토지개발의 시작은 그림 그리기에서부터

최근 토지개발로 많은 사람들이 찾아오기도 하고 유선상으로 상담을 요청하기도 한다. 경기가 불황이라 토지 처분도 여의치 않은데다가 막상 처분해봐야 이익도 별로 없는데 작은 이익마저 양도세를 납부하고 나면 별로 남는것도 없기 때문에 이런 저런 고민이 있는 사람들이 많다.

과연 토지의 개발은 무엇에서부터 시작하는 것이 최상의 접근일까?

이익창출을 목적으로 하는 토지개발은 자본력, 기획력, 판단력, 치밀한 홍보전략이 펼쳐져야 하는 멋진 한판의 씨름장이다. 실패하면 엄청난 타격을 입게 되므로 전쟁터라 해도 과언이 아닐 것이다. 그래서 토지개발을 시작하는 사람들에게 시작하기 전에 어떤 생각과 계획을 해야 하는지 가장 해 주고싶은 조언을 간략히 정리해 보겠다.

첫째, 개발자가 누구를 위하여 개발을 할 것인지에 대해 고민해야 한다.

둘째, 특정의 누구를 정했다면 특정인들이 필요로 하는, 원하는 것이 어떤것일지에 대해 수없이 고민해야 한다. 시설물을 비롯하여 구체적인 계획의좋은 그림이 그려져야 한다. 이 부분은 공사계획 단계가 절대 아니다. 특정인들에게 무엇을 줄 수 있는지에 대한 좋은 그림이다.

대부분의 사람들은 그림은 그리지만 그리 좋지 않은 그림을 그려 놓고 곧

바로 공사를 한다. 이러면 안 된다. 특정의 대상들이 가지고 싶은 그림이어야 한다. 꼭 좋은 그림을 그려야 한다. 자기 집에 액자로 만들어 걸어 놓고 싶을 만큼 좋은 그림을 그려야 한다. 아름다운 풍경화를 그리면 가장 좋은 그림이 될 것이다.

셋째, 그림을 그렸다면 위와 같은 계획이 실현되었을 때 과연 어떤 특정인들이 만족할지, 소유했을 때 구체적인 행복감의 정도는 어느 정도일지 고민을 또 해야 한다.

넷째, 다음으로 처분하려는 가격이 구입자들에게 합리적인지에 대한 고민과 검증이 필요하다. 개발자에게 합리적인 것이 아니라 구입자들에게 합리적이어야 한다. '많은 투자를 했으니 이 정도 가격은 받아야 하지 않는가?'라는 생각은 잘못된 생각이다.

다섯째, 어느 정도의 경제적 이익이 발생할 것인지에 대한 분석이 필요하다.

이러한 과정으로 결론을 맺고서 개발계획을 세운다면 좋은 토지개발에 착수할 수 있을 것이다.

토지개발은 자연을 파괴하는 것이 아닌 어울림이 되어야 한다. 그래서 더욱이 좋은 그림을 그려야 한다. 그림을 그리는 것은 단순하고 간단하다. 경사지의 산지 중턱에 자연과 어우러진 주택이 자리 잡고 있는 아름다운 풍경의 그림을 그려 보라고 많은 사람들에게 주문을 했다고 가정해 보자.

산을 깎아 내고, 여러 계단식 평면을 만들어 놓고 그 위에 집을 앉혀 놓는 그림을 그려 놓고서 '아름다운 풍경'이라고 주장하는 사람은 없을 것이다. 하지만 토지개발은 모두 그렇게 깎아대는 것부터 시작을 한다.

지구상에 살아가는 인간으로서 상식적으로도 이해가 가지 않는 부분이다. 아름다운 그림을 그리는 것은 그리 어렵지 않다. 그럼에도 불구하고 많은 사람들은 그림을 그리지 않고 공사계획을 개발의 시작으로 선택한다. 이 또한

● 임야 전원단지 개발비용 산정식 (코랜드연구소 P.M 사례)

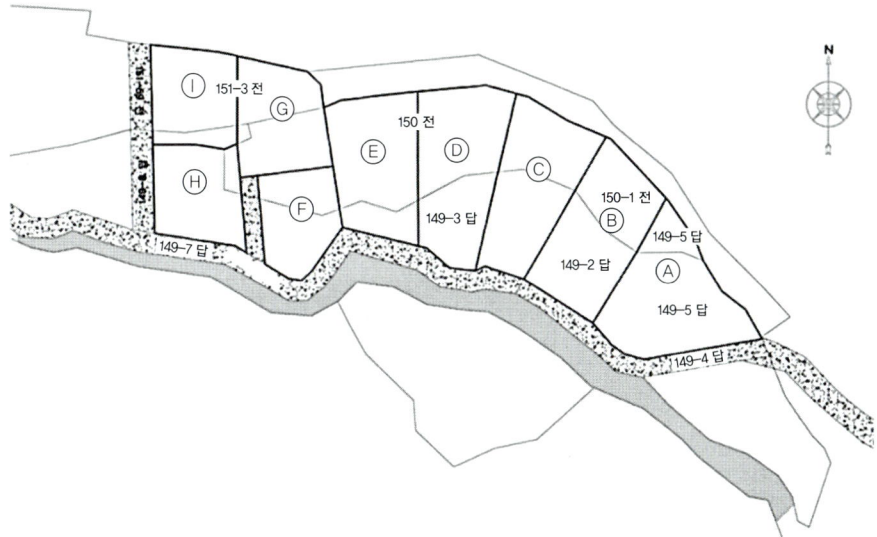

잘못된 시작일 것이다. 만약 그림이 그려지지 않는 토지라면 개발을 하지 않는 것이 당연하다.

이렇게 말하는 이유 또한 많은 사람들이 그림이 나올 수 없는 토지를 개발이라는 이름을 내세워 무작정 공사를 시작하기 때문이다. 멋진 그림이 나올 만한 토지를 찾아 나서는 것도 성공할 수 있는 방법 중 하나가 될 수 있다.

토지개발의 시작. 좋은 그림을 그리면서 그림 속의 내 집을 갖고 싶은 흥분된 마음과 사람들에게 선물로 주고 싶은 그림을 그리는 마음으로 시작해 보기 바란다.

임야 전원단지개발 수지분석

1. 필지 정보

소재지	동두천시 산 15-1, 15			매 입 가	₩ 2,549,750,000	매 입 평 단 가	₩	250,000
용도지역	자연녹지지역			공 시 지 가	15,000 원/㎡	인근대지공시지가	227,000 원/㎡	
면적	10,199	평	지목	임야	건 폐 율	20%	용 적 율	50%
	33,719	㎡	산지법	준보전산지	건폐율용적율조정	90%	시/군단위선택	시지역

2. 변수입력 (● 노란색셀만 입력 또는 선택가능함)

도로점용관련		토목공사관련		건축공사	
여 부	있음(사용승락)	토목공사비(평당)	₩100,000	건 축 평 단 가	₩4,000,000
기 간	0 개월	하 수 관 로 비용	₩15,000	유 형 선 택	단독주택
면 적	661.00 ㎡	총토목공사비	₩1,019,915,000	건 축 층 수	1(다락형 복층)

3. 분할개요

구분	총면적	1필지면적	공유면적	1필지면적합	분할필지수	비고
평	10,199.00 평	120.00 평	21.00 평	141.00 평	70	= 총면적 X 90% ÷ 1필외면적
㎡	33,719.00 ㎡	396.70 ㎡	69.42 ㎡	466.12 ㎡		※유보면적: 총부지의 0%

4. 분양계획

분양Concept	건축허가 + 토목공사 후 가분할상태 분양					
구 분	면적		실건축동수	분양가(평당)	소계	합계
1 필 지	141.00 평	466.12 ㎡		₩ 800,000	₩ 112,800,000	₩ 212,800,000
건 축 물	25.00 평	82.65 ㎡	1 동	₩ 4,000,000	₩ 100,000,000	
주택건축방식	① 건축은 하지 않고 조감도만 제작 ② 수분양자가 건축을 희망할 경우 분양필지의 분할 및 명의 변경후 수분양자의 명의로 건축물 준공시킴. ③ 개발부담금의 부담을 줄이고, 실사용자(수분양자)가 제세금 부담함.					

5. 지적 및 항공사진

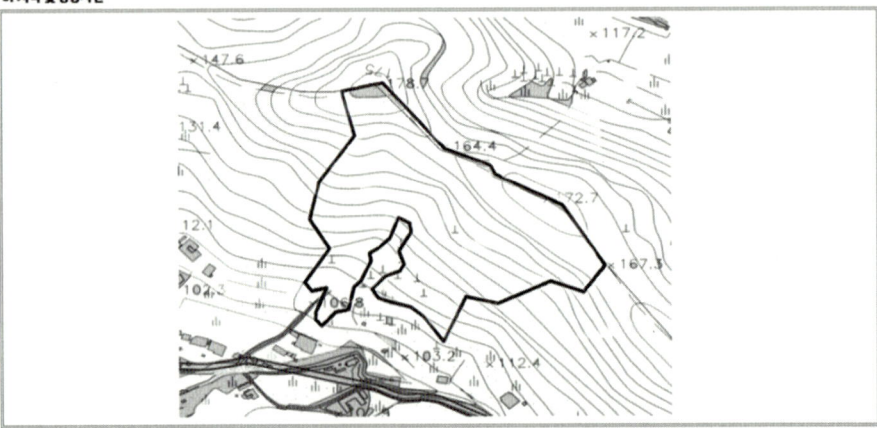

6. 수지분석

항 목		금 액	산출근거			비고
매출	토지분양대금	₩ 7,896,000,000	70필지 X @ 112,800,000원			
	주택분양대금	₩ 100,000,000	샘플동 1동 X @ 4,000,000원			
	매출 합계	**₩ 7,996,000,000**				
비용	토지비	토지매입비	₩ 2,549,750,000	토지면적(10200평) X 토지평단가 (@ 250,000원)		
		취등록세	₩ 80,572,100	토지매입비의	3.16%	
		법무수수료	₩ 5,099,500	토지매입비의	0.20%	
		중개수수료	₩ 22,947,750	토지매입비의	0.90%	
		토지비소계	**₩ 2,658,369,350**		63.34%	
	직접공사비	건축공사비	₩ -	건축면적(25평) X 평당건축비 (@4,000천원)		
		토목공사비	₩ 1,021,700,000	전체면적 X 평당토목공사비(@ 100,000원)+설계비180만원		허가수수료포함
		인입비	₩ -	(전기인입비@70만원 + 수도인입 기본 @70만원) x 세대수		
		직접공사비소계	**₩ 1,021,700,000**		24.34%	
	용역비	설계비	₩ 1,500,000	1동 주택당 일식150만원 적용		
		감리비	₩ -	건축면적(25평) X 평당감리비 (30천원) X 세대수		
		인허가비		설계비에 포함		
		분양대행수수료	₩ 350,000,000	필지당	₩ 5,000,000	
		광고선전비	₩ -	일식	₩	
		용역비소계	**₩ 351,500,000**		8.38%	
	금융비	대출이자	₩ 3,000,000	대출 150,000,000 이자율 4.00% 사용기간:6개월		
		취급수수료	₩ 1,500,000	대출금액의 1%		
		근저당설정비용	₩ 600,000	대출금액의 0.4%		
		금융비소계	**₩ 5,100,000**			
	제세공과금	농지보전 부담금	해당없음	공시지가의 30 % 원/㎡ ※ 한도액 50,000(원/㎡)		
		대체산림 자원조성비	₩ 112,958,650	준보전산지(1,639원) 보전산지(2,130원) 제한지역(3,278원)		
		대체초지 조성비	해당없음	초지전용 : 808.8원/㎡		
		도로점용료	₩ -	공시지가 x 점용면적 x 5/100 x 점용기간		
		하수도 원인자 부담금	해당없음	㎡당 원인자부담금(원/㎡) x 하수발생량(㎡/일)		
		기반시설설치비용	해당없음	[{기반시설표준시설비용 + (용지환산계수 x 기반시설유발계수 x 지역평균지가)}] x {건축허가면적 - 기초공제면적} x 20%		
		개발부담금	해당없음	(개시시점지가-개발비용-정상지가상승분) x 25 %		
		지역개발공채	₩ 15,173,550	지자체 조례		
		국민주택채권할인	₩ -	면적에 따라 매입(할인율1.5%적용)- 준공시 건축주에 부과		
		경계측량비	₩ 37,100,000	군/시지역, 면적에 따라 부과 (70필지)		
		현황측량비	해당없음	군/시지역, 면적에 따라 부과 (1동)- 준공시 건축주에 부과		
		취득세	해당없음	건물분/토지분 합산 약3.2%적용 - 준공시 소유자에 부과		
		건축허가(수입증지)	₩ 4,000	면적에 따라 부과		
		면허세	₩ 30,000	면적에 따라 부과		
		예비비	₩			
		제세공과금소계	**₩ 165,266,200**		3.94%	
		매입총계	**₩ 4,196,835,550**			
세전순이익		3,799,164,450	매출액대비 수익률	47.51%	자기자본대비 수익률	93.88%
사업소득세		1,419,782,491	8~38% 누진세율적용			
세후순이익		2,379,381,959	매출액대비 수익률	29.76%	자기자본대비 수익률	30.33%

68 부지조성과 기초토목공사로 원가를 계산한다

토목실무(부지조성과 기초공사) 매뉴얼

집을 짓는 것은 결코 쉬운 일이 아니다. 부지가 있다고 하루아침에 집이 뚝딱 생겨나는 것이 아니므로 집 짓는 과정이 순탄하고 문제가 생기지 않도록 미리 점검하고 챙겨야 할 제반사항들이 많다.

부지조성과 기초공사에 대해 알아보자.

토지를 구입할 때 먼저 점검하고 확인해야 할 사항들 중 우선 농지전용허가 또는 개발행위 허가, 산림형질변경 허가를 받았을 경우 허가 조건을 꼼꼼히 체크해야 한다.

건축공사 착공 전 해당 면소재지에 착공계를 제출해야 하는지(시군에 따라 개발행위 허가일 경우 면소재지가 아니라 시군에 착공계를 제출해야 하며, 토목준공 절차를 선행한 후 건축 준공을 받도록 시행령이 변경됨), 건축물기재대장신청서만 제출하면 되는 것인지 확인해야 한다.

공사 차량 진입 시 현행 도로 사용이 용이하다면 문제가 없다. 하지만 도로 폭이 좁거나 개인 소유의 비포장도로를 사용하게 될 경우 사전에 점검하여 양해를 구해야 한다. 미리 동네 이장이나 어른들에게 인사를 해 두는 것이 민원발생 소지를 줄이는 일이다.

마지막으로 공사 착공 전 허가 부지의 경계 측량은 반드시 해야 한다. 일부를 분할하여 택지로 전용한 것이라면 건축공사 전에 분할(측량)이 가능한지, 건축 준공 때 분할 및 지목변경을 동시에 해야 하는지도 확인할 필요가 있다.

준비가 다 되었으면 이제 가설공사에 들어간다. 건축 공사를 할 때 필요한 전기 사용을 위해 임시 전기를 설치하는 것으로 건축주의 인감 증명서 등 필요서류와 보증보험 증권 또는 보증금을 납부해야 한다. 가능하면 전기 업체에게 일임하는 것이 편하다. 가설 공사 외에도 현장 관리를 위한 임시 사무실과 창고가 필요하다. 요즘은 휴대폰이 있기 때문에 별도의 임시 전화는 가설하지 않기도 하지만 휴대폰 통화가 불가능한 지역은 사전에 임시 전화를 설치하는 것이 원활한 공사 진행에 도움이 된다.

임시 수도 설치도 필요하다. 주변에서 물을 공급받을 수 있을 때는 건축 공사와 병행하여 시공하기도 하나, 토목 공사 시 지하수 시공 등 물이 공급될 수 있도록 사전 조치해야 한다. 자칫 잊고 지나칠 수 있는 화장실 설치도 꼼꼼히 챙기도록 한다. 토목 공사를 할 때 현장 주변에 구덩이를 파고 임시 화장실을 설치하면 된다. 이는 현장 주변의 청결과 민원 소지를 줄이는 일이다.

부지조성공사

▶ 진입로 및 경계에 따른 공사 계획 수립

일반적으로 전원주택 부지는 동네와 떨어져 있거나 산자락 또는 계곡 주변에 자리하고 있기 때문에 진입로 문제는 공사 전체의 기간과 비용을 좌우하게 된다. 비포장도로라면 우기를 대비한 도로정지작업을 선행하는 것이 좋다. 자재를 수급하기 위한 화물 트럭이 원활하게 진출입할 수 있어야 하며, 자재를 야적할 공간이 있어야 한다. 만약 택지 조건상 원활하지 않다면 주변의 토지를 공사 기간 동안 임대하거나 사용허가를 받아 사용할 필요가 있다.

▶ 자연 지형을 고려한 공사 계획 수립

택지를 조성할 때 가장 중요한 일은 지반의 안정성이다. 가장 좋은 방법은 겉흙만을 걷어내고 건축물 기초공사를 하는 경우이고, 절토와 성토가 필요한 경우 돌쌓기 및 옹벽공사, 잡석 지정 등 보강공사를 통해 택지의 안정성을 높여야 한다. 흔히 보듯 주변의 자연지형과 환경을 고려하지 않은 돌출된 전원주택단지들은 미관상 얼굴을 찌푸리게 한다. 산사태나 홍수의 피해를 막을 수 있는 최소의 조건만을 유지한 채 자연과 어깨를 나란히 하는 편안한 택지 조성을 기본 원칙으로 한다.

▶ 전기 인입 및 오배수 배관 공사를 고려한 공사 계획 수립

전원주택단지 조성이나 대단위 시설들은 기반시설공사를 완료한 후 건축 행위가 이루어진다. 하지만 단독주택은 건축공사를 중심으로 필요한 기반시설만 갖추게 된다.

건물의 좌향에 따라 건축물의 배치가 정해진 상태에서 지하수 위치 및 수도 인입 배관, 오수, 하수 배관 및 정화조 위치, 심야전기, 보일러 설치 시 보일러실 위치와 지중 매설 라인 등을 고려한 공사계획이 수립되어야 한다.

가장 신경을 써야 할 부분은 집이 완공된 상태에서 홍수와 장마철에 대비한 우수처리 시설이다. 자연배수를 통한 물의 흐름이 가장 좋고, 필요 시 고인 물을 배출할 수 있는 집수정과 우수 관로를 오배수 배관 공사와 병행하여 시공토록 한다.

토목공사

▶ 절토, 성토, 옹벽공사 및 자연석 쌓기 공사

경사지의 땅이라면 택지의 뒷면은 절토를 해야 하고 앞면은 성토를 해야 한다. 앞면의 성토한 지반에 건축물의 구조물이 서지 않도록 하는 것이 좋으며 불가피한 경우 성토한 부분은 잡석 지정과 다짐이 필요하다.

대지의 효율성을 높이기 위해 구조물을 설치할 경우 경사면이 1.5m 이하일 경우 자연석(조경석) 쌓기나 돌담 쌓기 형태의 구조물이 좋다. 그 이상의 구조물은 1.2~5m 정도를 옹벽으로 처리하고 약 1m 정도는 경사 처리하여 꽃나무나 잔디로 마감하는 것이 미관상 좋다.

지대가 낮은 논이나 밭을 택지로 조성할 경우 성토가 불가피하다. 이때 성토하는 흙은 마사토 성질과 진흙 성질이 적당하게 혼합된 흙이 가장 좋다. 논일 경우는 겉흙을 한 번 걷어낸 후 성토해야 배수에 문제가 없다. 돌들이 섞여 있는 흙은 지반 침하가 예상된다. 성토한 부지는 최소한 겨울과 장마 기간을 경과한 후 신축하는 것이 좋다.

▶ 우수 관로 및 오수, 하수 배관공사

택지 내의 건축공사와 병행하여 시공하는 것이 좋다. 다만 흄관공사 등 진입로를 따라 관로공사가 필요할 경우 건축공사 전 시공하는 것이 좋다. 건축물의 기초공사 시 정화조 옹벽공사와 정화조 설치, 오수, 하수 배관공사를 끝내 놓으면 건축공사 때 마감공사가 용이하다.

건축물이 완성되었을 경우 대지 경계선과 지붕 처마 사이의 공간이 협소해 장비 작업이 불가능한 경우가 많다. 집수정을 통한 우수 라인 작업이 필요할 경우 기초공사와 병행하여 작업을 끝내 두어야 나중에 수작업으로 땅을 파야하는 우를 피할 수 있다.

▶ 지하수관정공사 및 수도인입공사

마을 공동 지하수를 이용하는 경우라면 건축공사 전 마을의 동의를 구하여 수도인입공사를 완료하는 것이 좋다. 지하수를 파야 한다면 건축공사 전 수맥을 확인한 후 시공하는 것이 좋다. 특히 물이 귀한 지역도 있어 건축 후 물

공급이 원활하지 않은 경우도 있으니 시공은 조금 늦출지라도 미리 전문가의 조언을 받을 필요가 있다.

건축물이 앉혀질 부지에 수맥이 흐를 경우 건축물의 배치를 벗어나 수맥과 가장 가까운 곳에 관정을 팔 경우 수맥이 관정으로 몰리게 함으로써 수맥파의 피해를 줄일 수 있다. 청정 지역은 중공(깊이 60~80m) 정도로도 만족하나 수질과 물의 양, 주변의 개발을 예상하여 대공(100~150m) 관정으로 하는 것이 유리하다.

지하수 이용 개발 허가를 사전에 취득해야 하고, 지하수 준공과 취득세를 납부해야 한다.

▶ 기초공사

전통 방식의 주추 방식을 선호하는 경향이 많으나 석유나 가스, 전기보일러 등 일반 난방(엑셀 배관 형태)이 필수인 현대에 있어 콘크리트 기초는 피하기 어려운 선택이다.

시공 회사가 전문적으로 짓는 집이라면 하중을 고려한 각각의 공법이 정해져 있기 마련인데 단독주택 기초공법으로 일반적인 형태는 줄기초 방식이다. 건수가 많은 지형은 기초공사 시 한 곳을 깊게 파 건수를 모으고 구멍이 난 유공관을 부직포로 감싸 건수의 배수 관로를 별도로 만들어 주어야 한다. 이것은 기초의 안정성과 습기 방지에 반드시 필요하다.

간혹 논으로 사용하던 땅이나 건수가 많은 곳, 지반이 약해 보이는 땅은 기둥 및 건물의 하중을 받는 곳은 별도의 방석(줄기초 옹벽을 기준점으로 할 때 가운데 위치에 줄기초 면보다 약 40~50cm 정도의 깊이에 사방 1m 폭으로 자리를 만들고 철근으로 배근)을 앉히고 줄기초 옹벽과 결합하여 콘크리트 타설을 하는 것이 안전하다. 또는 확대기초 방식으로 건물의 안정성을 도모하는 것이 좋다. 구들방을 만들고자 할 경우 줄기초 옹벽시공 시 아궁이와 굴

뚝의 위치를 지정하여 구멍을 만들어 놓아야 하며, 되 메우기와 메트 콘크리트 타설은 하지 않는다.

우선 기초공사 전에는 터파기를 하고 난 후 일반적으로는 버림 콘크리트만 치고, 줄기초 옹벽을 시공하는 데 약 20cm 정도 잡석 지정을 해 주면 기초 콘크리트 내부의 습기를 배출하게 되고 외부의 건수를 차단하는 물 끊기 역할을 할 수 있다.

규모가 작은 건물일 경우 터파기 후 버림 콘크리트를 한 후 시멘트 벽돌 조적 기초(노출되는 부분은 치장벽돌 결합)나 돌담 방식의 기초도 가능하다. 구들방과 마루만이 있는 일반 난방이 필요 없는 경우라면 주추 방식의 기초공사도 가능하다.

줄기초와 시스템 옹벽 블록기초, 확대기초

▶ 줄기초

규준틀을 설치한 후 줄치기를 하고 터파기를 한다. 1~1.5m 폭으로 지표면에서 약 80cm~1m 정도를 파내려 간다. 건물의 가운데가 주저앉지 않도록 칸막이 벽 위치에도 옹벽을 세우도록 한다. 약 20cm 정도 잡석 지정을 한 후 버림 콘크리트를 치고 철근 배근을 결합하기 위한 철근 토막을 꽂는다.

하루 정도 지난 후 설계 도면을 따라 먹 선을 정확히 놓은 후 거푸집 설치 및 철근을 배근토록 한다. 옹벽은 지표면으로부터 60cm 이상이 묻혀야 하고, 지상으로 노출되는 부분은 건축물의 설계와 기능에 따라 조정하면 된다. 보통은 50~60cm 정도 노출한다. 철근은 보통 10mm와 13mm를 사용하고, 16mm 철근으로 보강하기도 한다. 옹벽의 두께는 20cm 내외로 한다.

레미콘은 버림 콘크리트일 경우 180-12, 옹벽과 메트 콘크리트는 210-12 정도의 강도를 사용한다. 전문 시공자들과 협의하여 시공하는 것이 좋다. 콘크리트 타설 후에는 그 다음 날 거푸집을 철거하고 약 4~5일 정도 양생 기간을 거쳐 되 메우기 작업을 한다. 되 메우기 다짐을 한 후 잡석 다짐으로 마감한 후 비닐 막을 치고 바닥면 철근 배근과 콘크리트 타설을 하면 된다.

줄기초 옹벽에서 빼 놓은 철근과 바닥 철근을 중간 중간 결속해 주어야 한다. 바닥 배근은 10mm, 13mm 철근으로 20cm 간격이 되도록 복 배근(아래 위 이중 배근)한다. 레미콘 타설 두께는 약 20cm 정도로 한다. 가운데를 약간 두껍게 레미콘 타설을 하여 누수 발생 시 누수가 건물 외벽으로 배출될 수 있도록 할 필요가 있다. 화장실 등 물 쓰는 공간은 칸막이로 막아 콘크리트 타설을 하지 않고 오수, 하수, 배관 후 별도로 방수 미장토록 하여야 누수와 습기를 차단할 수 있다.

▶ 시스템 옹벽 블록기초

전체의 공정 진행은 줄기초 방식과 같다. 다만 줄기초 옹벽을 설치하는 방법이 거푸집을 설치하고 현장에서 조립하는 형태가 아니라 조립식 형태의 제작된 줄기초 옹벽을 설치 고정하는 차이가 있다.

고속도로 중앙 분리대처럼 생긴 시스템 옹벽 블록은 하단부의 삼각형 폭이 약 80cm, 내부 콘크리트 채움 공간이 약 50cm가 된다. 지표면으로 묻히는 삼각형 옹벽이 약 55cm, 지상 노출 옹벽이 50cm 정도이다.

버림 콘크리트 후 시스템 옹벽 삼각형 하단부에 건물 외곽 전체가 연결되도록 철근으로 배근하고 그 중심으로 시스템 옹벽을 설치한다. 블록과 블록은 약 20cm 간격으로 벌려 놓아 콘크리트 타설 시 삼각형 하단부 레미콘과 옹벽, 바닥 콘크리트가 일체형이 되도록 결속한다.

블록과 블록 사이는 합판으로 막아 고정하고 되 메우기 한다. 잡석 지정과 비닐막을 설치한 후 철근 배근을 한다. 줄기초 방식과 동일하고 시스템 옹벽 블록의 철근과 중간중간 결속토록 한다. 블록 옹벽 위의 흙들은 잘 붙어 내어 옹벽과 바닥 면의 결속이 잘 되도록 해야 한다.

옹벽 공사를 조립형 옹벽이 대신하기 때문에 공사 기간이 짧고 비용을 절감할 수 있는 장점이 있으나 누구나 할 수 있는 대중화된 단계는 아닌 것이 흠이다.

▶ 확대기초

줄기초 방식은 옹벽이 서는 건물 외곽선과 칸막이 옹벽만 터파기를 하지만 확대 기초는 건물이 앉혀질 부지 외곽으로 1m 정도를 더하여 모두 파 낸다. 건물 외곽 1m를 포함하여 전체를 20cm 정도 잡석 지정하고 그 위에 약 20cm 정도 철근을 복 배근한 후 레미콘을 타설한다. 건물 외곽선과 칸막이 벽 옹벽선에 철근을 박아 놓고, 거푸집 설치와 철근 배근 타설을 한다.

줄기초 옹벽을 세운 후 되 메우기를 하고 방바닥 메트 콘크리트를 친다. 이는 지반이 약한 곳에 하단부 메트 콘크리트와 상단부 메트 콘크리트를 줄기초 옹벽이 한 덩어리로 만들어 주는 방식이다. 기초 방식에서 기간과 비용이 가장 많이 드는 방식이다.

기초공사할 때 함께 해야 할 공정들

▶ 전기 인입 및 콘센트 바닥 배선

기초공사 시 전기 계량기 설치함과 배전판 설치 위치에 따른 전기 배선을 사전에 해야 한다. 심야전기, 보일러 설치 시 보일러실 바닥 타설 전에 배선을 해 두어야 하고, 지중 매설 라인으로 전기배선 인입선을 뽑아 두어야 한다.

바닥 콘크리트 면 위로 전기 배선을 바닥 배선할 수 있으나 콘센트 및 통신, 유선 등 필요한 배선을 바닥 철근 배근 시 미리 결속하여 두면 방바닥 공사 시 이리저리 선을 피해야 하는 번거로움을 줄일 수 있다. 이때는 미리 전기공사 시공 도면을 확정해 두어야 한다.

▶ 수도 인입 및 오배수 배관공사

화장실이나 다용도실에 외부에서 수도관이 인입될 수 있는 배관을 해 두어야 한다. 특히 겨울을 대비한 동결선 원칙(지표면에서 60cm 이상 묻히도록)을 지켜야 한다. 오수 배관, 하수 배관의 위치는 벽체를 쌓고 나면 차이가 발생할 수 있기 때문에 근접한 부분에 배관작업만 하도록 한다.

방바닥 면보다 약 20cm 정도 낮추어 공간을 구분해 두면 자유롭게 배관을 변경할 수 있다. 정화조 위치는 오수, 하수 배관과 가능한 한 근접한 장소에 설치해야 하자를 줄일 수 있다. 기초공사 시 정화조 옹벽 공사는 병행하고, 정화조 설치와 배관 공사를 동시에 끝내는 것이 두 번 작업을 피하는 일이다. 하지만 보통은 외부 배관작업과 외부 전기작업을 공사 마무리 작업으로 진행하기도 한다.

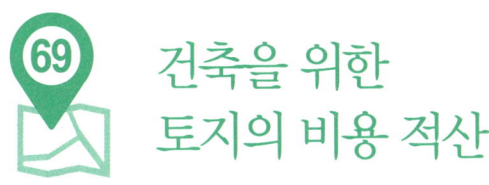

건축을 위한 토지의 비용 적산 실무

건축을 위한 토지의 기본 전제조건

건축을 위한 토지의 기본 조건은 다음과 같아야 한다. 먼저, 건축 개발행위에 필요한 도로에 접해 있는 부지여야 한다. 이러한 토지에는 지적도상 도로이며 현황도로 지적도상 도로는 아니지만 지자체에서 토지소유자의 토지사용승낙서를 교부받아 포장하였고 다수의 도로 사용자가 있는 현황도로, 진입로 확보를 위한 토지사용승낙서를 교부받은 부지, 5인 이상 관습도로로서 관할 지역 지자체에서 도로로 인정한 경우 등이 해당된다. 또한 지적도상 구거, 하천이나 지자체에서 설치한 하수관로에 생활 오폐수배관을 연결할 수 있는 부지이면 된다. 위의 전제조건을 충족한 토지라면 건축을 위한 개발행위신청을 도모할 수 있다. 지금부터 개발행위신청을 진행하면서 발생하는 비용에 대해 알아보자. 농지 660㎡(약 200평), 건축면적 25평을 기준으로 단순화해서 설명하겠다.

실전 건축에 따른 예상 비용 및 기간

1. 건축하고자 하는 집에 대한 스케치도면 및 배치도면 작성

위의 전제조건을 충족한 토지라면 건축을 위한 개발행위신청을 도모할 수 있다. 지금부터 개발행위신청을 진행하면서 발생하는 비용에 대해 알아보자.

농지 660m²(약 200평), 건축면적 25평을 기준으로 단순화해서 설명하겠다.

2. 농지전용허가를 담당할 토목측량회사와 인허가용역 계약

농지전용인허가를 직접 시도할 수 있으나 낯선 일을 처리하고 토목공사 관련 실제도면 작성에 어려움이 있기 때문에 현실적으로 시간과 경비를 따져봤을 때 토목측량회사를 통해 진행하는 편이 낫다. 농지전용인허가 기간은 보완이 없으면 1~1.5개월 소요되는데 이는 토목측량회사 현황측량 후 인허가 관련 서류 작성하고 관공서에서 서류를 처리하는 데 걸리는 시간이다.

A : 200평 농지전용인허가 비용 약 200만 원 내외

- 산지전용인허가 비용은 약 250만 원 내외 + 임목조사비 약 50만 원 내외 = 약 300만 원 내외

3. 농지전용 개발행위허가를 득한 후 세금

B : 공시지가의 30% 농지전용비 및 면허세 등 세금 납부

- 전용허가를 득하려고 하는 농지의 공시지가가 ㎡당 2만 원이라 가정하면 2만 원/㎡ × 660㎡ × 30% = 396만 원, 면허세 등을 포함하면 약 400만 원
- 산지전용비는 평당 1만 원 이하이며 매년 산림청에서 고시
- 전용비를 감면받는 농업인주택은 별도사항이다.

그리고 전용허가에 따른 복구비 관련 보험료가 있다. 농지, 산지허가 취소 시 복구 관련 비용을 예치해야 하는데 이 비용을 보험으로 대체하는 것이 일반적이며 비용은 토목공사비용에 따라 결정되며 적게는 몇 만 원에서 몇 십만 원 선으로 보험료가 나온다.

4. 건축신고(허가)

건축신고(허가)는 건축법상 건축설계사무소를 통해 진행해야 한다. 건축인허가 기간은 보완이 요구되지 않는다면 15일 내외이다. 따라서 의뢰인 토지의 지목이 대지가 아닌 농지나 임야인 경우 전용허가를 득하고 건축허가까지 완료되는 통상적인 기간은 약 2개월 남짓으로 예상하고 건축계획을 세워야

한다. 또한, 보완이 요구되는 경우 3~4개월까지도 허가기간이 소요될 수 있다는 점도 알아두면 좋다.

C : 25평 건축에 따른 인허가 건축설계사무소 용역비용은 약 200~250만 원

- 건축설계도면은 인허가목적 설계도면이 아닌 세부도면을 희망하는 경우 건축설계사무소의 지명도에 따라 500~3,000만 원까지 협의계약 사항임.

5. 건축허가를 득하면 착공계 제출 및 산재보험료 납부

착공계란 건축을 진행하기 위해서 공사에 들어간다고 신고하는 서류이며 건축설계사무소에서 대행한다. 그리고 건축업체에서 건축주 대행으로 산재보험료를 납부하거나 건축주가 직접 산재보험료를 납부해야 한다. 산재보험료는 해당 현장에서 발생할 수 있는 사고에 대비하는 보험이며 공사비 2,000만 원 또는 건축면적 30평 이상 두 조건 중 하나에 해당되면 대상이 된다.

D : 보험료는 50~150만 원 내외

6. 지적측량

건축을 진행하기 전에 앞서 지적공사를 통한 지적측량을 실시한다. 한 필지 토지라면 경계측량 1건으로 끝나겠지만 큰 부지에서 일부 토지를 분할해서 농지전용허가를 득한 경우 분할측량 후 전용허가를 득한 필지에 대한 경계측량을 해야 한다. 지적측량을 해야만 토목공사와 건축공사를 진행할 때 경계선을 침범하는 실수를 미연에 방지할 수 있기 때문에 건축 준공 전까지 한 번은 해야 하는 과정이므로 토목공사 및 건축시작 전에 지적측량을 실시한다.

E : 지적측량비 50~200만 원

- 지적측량비는 필지, 면적, 공시지가, 지목에 따라 측량비가 결정된다.

7. 택지 조성을 위한 토목공사

바로 건축 가능한 나대지 상태의 토지가 아닌 경우 어쩔 수 없이 토목공사가

필요하다. 대부분의 기초공사는 평지를 기준으로 진행되기 때문이다. 경사지 부지인 경우는 절·성토를 해서 나대지 상태를 만들고, 성토를 해야 하는 땅인 경우 흙을 받아야 하며 과다 성토인 경우 성토 높이를 감안하여 기초공사를 계획해야 한다. 성토 후 바로 건축은 지반침하를 대비해야 하기 때문이다.

> F : 택지 조성을 위한 토목공사 비용은 부지의 조건에 따라 천차만별이기 때문에 각자 토목공사 비용을 계산해 보기 바란다.
>
> ● 200평 부지의 석축 또는 보강토 옹벽 및 성토작업이 포함되면 보통 1,000만 원 이상 토목공사비 발생
> ● 구옥이 있는 대지의 경우 철거비용은 별도

1~7항의 순서는 현장조건이나 지자체별 처리방식에 따라 융통성 있게 순서를 바꿔 진행할 수도 있다.

8. 생활용수 확보에 따른 비용

주변 주택의 생활용수 확보 방법을 조사해 보면 대략적인 상수원 확보 공사비가 산출된다. 마을상수도 및 광역상수도를 연결할 경우 비용은 지역기반시설 정도(이용부담요소로 작용)에 따라 달라지므로 조사해서 확인해야 한다.

지하수 개발을 해야 하는 경우 지하수 개발업자에게 건축허가서를 교부해서 접수하도록 해야 하며 지하수개발 허가를 받는 기간은 통상적으로 15일 내외이므로 지하수개발 완료까지 약 15일을 예상해야 한다. (준공기간은 별도)

> G : 지하수 소공 250만 원 / 중공 500만 원 / 대공 800만 원 내외

9. 전기인입

건축에 따른 전기인입은 임시 전기인입과 본 전기인입이 있으며 전기인입 공사는 한전에 등록된 허가업체를 통해 진행해야 한다. 임시전기는 건축공사 시 필요한 전기를 확보하기 위한 신청이며 본 전기는 건축완료 후 계량기를 설치하는 비용이므로 각각 전기업체로부터 청구받는다.

H : 임시전기 50~60만 원(보증금 포함), 본 전기 설치 50~60만 원(건축
에 따른 전기배설 및 시설물 설치공사비 별도)

부지 옆에 전봇대가 없는 경우 현장에 전기설치를 할 때까지의 기간은 통
상적으로 15일 내외가 소요된다. 전기업체에 건축허가서와 필요서류를 제출
해서 임시전기를 의뢰하면 신청 후 한전의 외주업체에서 현장에 전봇대를 설
치하고 전기를 연결하기까지 걸리는 기간이다.

따라서 현장에 필요한 전기와 지하수개발 기간은 건축허가서를 첨부해야
허가신청을 할 수 있다는 점을 감안하면 최소 15일이 필요하기에 이에 준하
여 공사일정을 계획해야 한다. 물론, 현장 인근에 주택 등이 있어 전기와 물
을 얻을 수 있다면 이 기간은 융통성 있게 조정하면 된다.

10. 건축 부대공사 정화조 및 생활하수 오폐수 배관공사

대부분의 건축업체는 정화조 및 오폐수 배관공사, 택지 마무리공사는 별도
공사비로 책정한다. 건축업체에서의 건축비라는 개념은 기초공사부터 출발
하기 때문이다.

I : 정화조공사 및 오폐수 배관공사 등: 약 150~ 300만 원
● 오폐수 배관공사가 난공사인 경우는 현장에 따라 협의해야 한다.

11. 건축비

기초공사부터 건축본체 건축에 대한 공사비이다. 건축비는 건축주의 취향
에 따라 변수가 다양하게 결정된다. 좀 더 좋은 자재와 기술력을 요구하면 당
연히 건축비는 상승하기 때문이다. 건축업체에서 건축주에게 제시하는 견적
은 일반적으로 순수 건축비이다. 20평 이상 건축의 경우 조립식 주택은 평당
250만 원, 경량목구조, 스틸하우스, 업체진행 황토주택은 평당 350만 원을
기준으로 증감내역을 협의하면 된다.

J : 이 글 서두에서 25평 건축을 한다고 했으니,
　　조립식 주택: 25평×250만 원/평당=6,250만 원(추가공사 예비비까지
　　　　약 7,000만 원 예상)
　　경량목구조 등 주택: 25평×350만 원/평당=8,750만 원(예비비까지 약
　　　　9,500만 원 예상)

건축업체의 착공계가 통과된 후 현장에 투입되면 순수 공사기간은 1~2개월이지만, 기상조건, 현장조건, 공사 자체적인 양생기간 등에 따라 실제 공사기간은 약 2~3개월이 걸린다.

12. 건축 준공 후 세금

건축 준공 후 납부해야 하는 세금은 토지 공시지가 증가분에 대한 취득세, 신축 건축물에 대한 취득세 등이 있다. 토지공시지가는 농지에서 대지로 지목이 변경되면서 주변 대지에 준하여 공시지가가 증가되고 이 증가분에 대한 세금이 결정된다. 그리고 신축주택에 대해서 취득세 등을 납부해야 하는데 개인의 신축주택인 경우에는 세금계산서를 첨부하지 않는 한 해당 지자체 재산세과에서 설계도면을 감안하여 과세표준액을 일괄 결정하고 과세표준액을 기준으로 취득세를 부과한다.

K : 건축 준공에 따른 세금은 토지공시지가 상승분과 신축건축에 따른 취득세 등 약 4.5%. 지방에서는 약 150~500만 원 정도 예상

13. 준공 후 조경작업 등

데크 설치 등 주변 조경 마무리 공사비

L : 데크 공사는 평당 50만 원 내외이고 조경은 건축주의 요구사항에 따라 결정된다.

1~13항까지의 과정, A~L항까지 대략적인 건축 진행과정과 비용 그리고 기간에 대해 간략하게 정리해 보았다.

● 건축인허가 행정 절차도

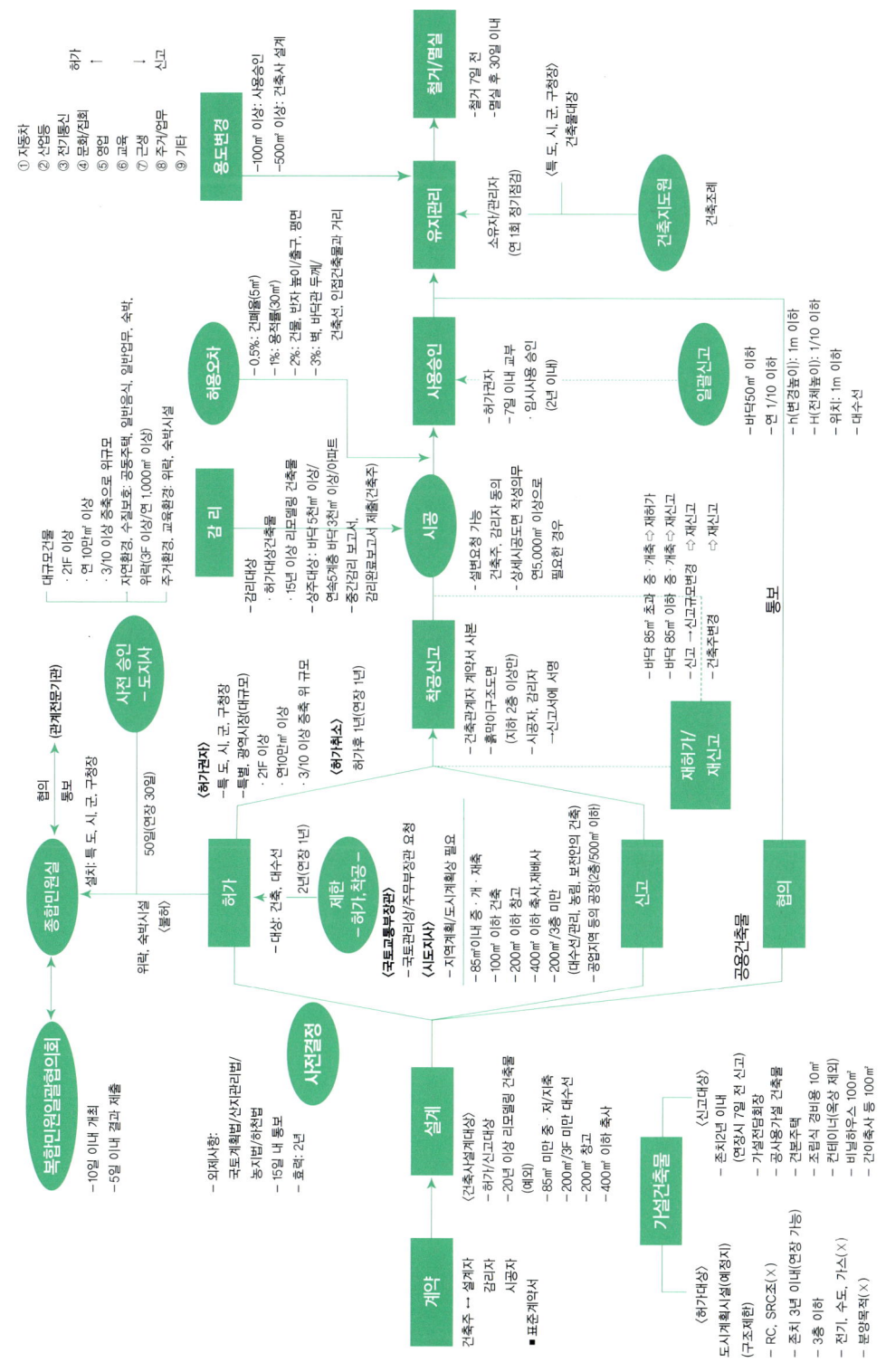

토지 구입후 주택건축까지 소요비용 예시

(※토목공사비는 별도. 토목공사는 토목공사마다 현장여건을 참고하여 별도로 계산하여야 함, 임야의 경우 ○○, 보상○○ 평당 15만원~18만원을 별도로 계산하여야 한다.)

기초데이터	토지매입면적		평	매입평당가격 & 총금액	평당	원	용도 : 주택
	전용허가면적		평	건축연면적	평	만평	원

항목	항목		적요	계산식설명	비용계 계산식	계	비고
취득비용	부지매입비1		토목공사포함	구입면적 X 평당	( )평 X ( )원	(고정가) 3,000,000	토지
	부지매입비2		토목공사미포함	구입면적 X 평당	( )평 X ( )원	(고정가) 1,500,000	토목
	소유권이전비용		취득+등록세의 농지=4.5%/ 임야=5%	금액( )X %	금액( )평X( )원 %		
소계:							
	개발위험예비		선지농지전용(토목측량합설계사무소)	1건당 300만원(준공까지)		(고정가)3,000,000	토지
			건축허가대행비(건축사사무소)	용역비:1건당=150만원(준공까지)지 건축설계비: 별도		(고정가)1,500,000	토목
	대체산림조성비	임야	허가신청면적 X 준보전산지=12,132/평 / 허가신청면적 X 보전산지=15,768/평	준보전임지 3,670/m² / 보전임지 4,770/m²	( )평 X ( )원 / ( )평 X ( )원		산림청 매년고시 (2015 고시가격)
	농지전용부담금	농지	공사시가 X 0.3 X 면적(/m²)	단공시가의 30%가 5만원을 초과할경우 5만원 X (/m²)	금액( )원		농업기반공사
허가비용	기타		선지전용복구비	2015년 평당 40,000원	( )평 X 40,000원		보증보험등증권대체
허가면적안 계산			국민주택채권	건축연면적X3,000/m²	( )평 X 9,917원		보증보험등증권대체
			지역개발기금(채권매입)	선지전용면적 X 2,000/m² / 농지전용면적 X 1,000/m²	( )평 X 6,611원 / ( )평 X 3,305원		보증보험등증권대체
		연면적	산림	1건당 9,000		9,200원	
			농지	1건당 9,000		9,200원	
			주택	1건당 9,000		9,200원	
소계:							
개발비용	토목공사비		절·성토, 토사반출, 석축(옹벽,보강토), 우수배출시설(흄관, 맨홀 등) 기타	조성면적( ) X 180,000원			
	지하수개발비		중공(지하 80m 이상)				
	주택건축비		건축면적X 평당 450만원(단열 시공/단 싱크대/신발장포함(몰딩/벽이장/벽난로 별도)	주택~50평까지		(고정가) 7,000,000	세부디자인 제품사 주거별
	전화설치비		200평 기준	1식	허가기준의 정화조 고정가격	(고정가) 4,000,000	
	조경공사비			1식	간단한 조경공사 고정가격	10,000,000	
소계:							
기타	건축디자인설계		(설계/3D조감도/모형도)/예제별 가격상이	1식	인·허가에 물요한 실제 도서	6,000,000	
	조경설계비		조경설계 포요시	1식	대지 200평 전후의 설계비	(고정가) 1,500,000	
	폐기물처리		주택건축후 폐기물 처리비	1식		(고정가) 3,000,000	
	정화비		입주전 청소비	1식		(고정가)2,00C.00	
	주차박스		주차박스가 필요할 경우	자랑 1대 주차		(고정가) 18,500,000	
총계:							

세후 수익으로 보는
원가 판독법

세후 수익률로 계산한 적정 토지 가격

투자수익, 세후 수익률로 말하라!

주택, 상가 등의 일반적인 부동산에서 관련된 세금은 취득 시, 보유 시, 처분 시에 발생하지만, 토지에 관련된 세금(준조세)은 '개발비용'이라는 것이 추가된다. 사실, 개발이라는 것이 보다 나은 조건으로 매도하고 환금성 측면에서 유리하도록 하는 행위다.

과거 묻지마 투자의 상징인 토지 시장이 급속도로 냉각된 이유는 매수자 입장에서는 '토지거래허가제' 때문이고, 매도자 입장에서는 부재지주 관련 양도세 등의 세금 때문이다. 세금 부과의 기준이 되는 과세기준금액이 현실화되고, 양도소득세율이 높아졌기 때문에 가히 폭탄세금이라 부를 만하다.

여기서는 농지(전, 답, 과수원, 목장용지)와 관련된 세금을 종합적으로 검토한다.

취득 단계

농지를 취득하고 등기할 때 취득세(농어촌특별세), 등록세(지방교육세), 매매계약서 작성 시 인지세가 있다. 또한 상속 및 증여 시 상속가액에 따른 상속세와 증여가액에 따른 증여세가 있다.

농지나 임야를 취득한 자는 취득가액의 2%를 취득세로 납부해야 하고, 매매 시는 잔금지급일에, 지목변경 시는 사실상 변경된 날에 납세의무가 성립된다. 부가적으로 취득세액의 10%를 납부하는 농어촌특별세가 있다.

등록세의 경우, 일반매매는 1%, 상속의 경우 0.3%, 상속 이외의 무상취득은 1.5%를 납부해야 하고 부가적으로 지방교육세가 있어 등록세액의 20%를 납부한다. 인지세는 2만 원(1천만 원 초과~3천만 원 이하)에서 35만 원 선(10억 원 초과)으로 인지를 증서에 첨부한다.

농지 투자에서, 고려해야 할 사항은 자경농지에 대한 감면규정이다. 취득자의 주소지가 농지 소재지로부터 30km 이내이면 감면대상으로 감면세액은 취득세와 등록세액의 50%다. 일반적인 매매에서, 취득가액의 2.2%는 취득세, 1.2%는 등록세로 3.4%의 세금과 함께 인지세를 염두에 두면 된다.

보유 단계

종합합산토지와 별도합산토지를 보유 시에는 재산세, 종합부동산세, 도시계획세, 지방교육세, 농어촌특별세가 있고, 분리과세대상 토지는 재산세, 도시계획세, 지방교육세가 있다.

재산세는 과세기준일(매년 6월 1일) 현재 농지를 사실상 소유하는 자를 납부대상으로, 분리과세인 농지의 경우 시가표준액(개별공시지가)의 0.07%가 부과된다. 부과세목으로 지방교육세가 재산세액의 20%가 있다. 참고로, 공장용 토지는 0.2%, 골프장 및 오락장용 토지는 4%의 재산세를 납부해야 한다.

종합부동산세는 종합합산과세대상(나대지, 잡종지 등 비사업용 토지)은 세대별로 공시지가 3억 원 이상, 별도합산과세대상(인허가받은 사업용 토지)은 공시지가 40억 원 이상인 토지에 부과한다. 농지의 경우, 분리과세대상 토지로 종합부동산세는 없고 재산세는 0.07% 부과된다는 사실로 보아, 보유세 부담은 크지 않다.

개발 단계

농지를 개발하면 농지보전부담금을 내야 한다. 건축허가를 받으면 원상회복이행보증금과 면허세를 내야 하고, 지역개발공채도 사야 한다. 또한, 개발부담금과 기반시설부담금이 2006년에 도입되었다. 농지보전부담금의 상한선은 ㎡당 5만 원으로, 공시지가의 30%를 부담하면 되기에 농어촌 지역의 농지는 부담이 줄어들었다. 개발부담금은 「개발이익환수법」에 근거하여 2006년 1월에 시행되어 개발이익의 25%를 납부해야 한다.

2006년 7월부터 부과된 기반시설부담금은 연면적 200㎡ 이상의 건물을 신축, 증축 시 공시지가를 기준으로 부담하게 된다. 지목 변경에 따라, 공시지가 차액의 2%의 취득세가 발생한다. 하지만 개발행위 시는 지자체의 조례 등에 따라 다르게 적용될 수 있으므로 투입금액 대비 지가상승이 예견되는 토지는 설계사무소나 컨설팅 업체 등 전문가의 도움을 받는 것이 좋다.

양도 단계

처분 시에는 국세인 양도소득세와 주민세(소득세)가 있다. 실현수익 내지 투자수익률의 결정판은 양도소득세에 달려 있다고 보아도 과언이 아니다. 부재지주로 인한 60% 중과세로 인해 거래 성사 단계에서 매도인이 고민할 수밖에 없는 상황을 심심치 않게 볼 수 있다.

농지에 대한 양도소득세 중과 여부는 재촌(농지가 있는 시군이나 연접한 시군에 거주), 자경(농사일의 1/2 이상을 자신의 노동력으로 해결), 직접 사용기간을 가지고 판단하게 된다.

재촌, 자경과 함께 다음의 세 가지 요건 중 하나를 갖추면 된다.

1. 양도일 직전 3년 중에 2년 이상을 직접 사업에 사용
2. 양도일 직전 5년 중에 3년 이상을 직접 사업에 사용
3. 보유기간 중 80% 이상을 직접 사업에 사용

농지 중에서는 중과세대상에서 배제되는 부분이 많다. 주말농장(1,000㎡ 이하), 상속받은 농지(상속일로부터 5년 이내 양도 시), 20년 이상 보유한 농지로서 2009년 말까지 매각한 경우, 농사를 짓다가 이농하면서 보유하고 있는 농지(이농일로부터 5년 내 양도), 전용목적으로 사용하는 농지, 종중에서 소유하는 농지(2005년 이전에 취득한 농지), 농지개발사업지구 내 농지(1,500㎡ 미만), 한계농지 정비사업으로 조성토지(1,500㎡ 미만) 등이 있다.

모든 부동산 상품이 그러하겠지만, 세금을 고려하지 않는 투자는 실패로 귀결될 수밖에 없다. 현재의 시세가 높다고 하여도, 실현수익률은 다를 수밖에 없기 때문이다. 은행의 금리는 0.1%도 아끼고자 노력하는 투자자들이 많다. 하지만 의외로 절세로 인한 몇 만 원은 경시되는 측면이 있다. 거래대금이 커서 후덕한 마음이 있는지는 모르나, 투자시대에 살아가는 이상 수익률 극대화에 최선을 다해야 한다.

땅 투자의 시작은 취득 단계부터 시작되어 보유, 개발, 양도 단계까지 최선의 절세로 이끌어야 성공하는 투자자로 자리 잡는다는 것, 이제는 진리로서 받아들여야 할 것이다.

세후 수익률로 계산한 적정 매도(매수)가의 산출

특정 지역에서 부동산 중개를 하다 보면 정말 수많은 매물을 접하게 된다. 농지, 임야, 원룸, 농가주택, 전원주택 또는 부지, 별장부지, 공장 및 공장부지, 나대지 등 무수히 많은 매물이 있지만 매물의 수에 비례해서 정작 거래되는 매물은 많지 않다.

중개업을 하는 사람은 매도인과 매수인의 중간 입장에서 양쪽의 희망사항을 다 듣고 있으니 매매가 되는 것과 안 되는 것의 차이를 정확히 알고 있다. 그 이유를 나열하자면 먼저 토지의 용도(용도지역)와 입지 여건, 면적, 도로, 개발허용범위, 주변 환경 등등 여러 가지 요소가 있지만 가장 중요한 것은 역시 매도가(가격)이다. 파는 사람은 최대한 많이 받으려 하고, 사는 사람은 최대한 싸게 사려고 흥정을 하는 것은 당연하다.

중간 매개자의 입장에서 보면 팔릴 물건과 그렇지 않은 물건은 명확하게 구분된다. 현 시장의 투자수요의 니즈를 잘 알고 있기 때문이다. 굳이 팔지 않아도 되는 사람이라면 모르겠지만 꼭 팔아야 되는 소유주라면 보다 쉽게 매매될 수 있는 조건을 제시해야 하는데 많은 매도인들은 그렇게 하지 않는다.

만약 비거주지에 평당 시세가 20만 원 하는 1,000평의 임야를 매도한다고 하자. 토지주는 평당 1만 원을 깎아주면 1천만 원, 2만 원을 깎아주면 2천만 원을 손해 본다고 눈앞의 이익만 생각한다. 과연 그럴까? 평당 20만 원에 1천 평이면 2억 원이다. 이 매매가 2억 원이 다 내 돈인가?

세금을 계산해 보아야 한다. 과중한 양도소득세 말이다. 내가 산 금액이 1억이라면 필요경비를 제외하고 남은 양도차익과 보유기간을 적용해 세율로 과세된다. 2년이 경과된 임야가 필요경비를 제외하고 남은 차액이 8,800만 원이 넘는다면 현행 세율은 35%이며 다시 여기에 주민세 10%가 추가되니 총 양도소득세율은 38.5%가 된다.

양도소득세 = 양도가액 − 취득가액 − 필요경비 × 세율

2억 − 1억 − 500만 원(취득세 4.6%+등기비 약 40만 원) × 38.5%=3,657만 5,000원이 양도소득세이다.

9,500만 원의 차익이 발생했는데 양도세를 내고 나면 5,840만 원의 소득으로 만 2년이 경과되었다면 투자금(1억 5백만) 대비 약 55.6%의 순수익이 발생해서 연간 27.8% 수익률이다. 토지투자에서 썩 만족스러운 결과는 아니지만 어쨌든 다른 종목에 비하면 안정된 성적이라고 안위할 만하다.

그러나 문제는 이 가격에 팔린다면 다행이지만 매도가를 고집하다가 오랫동안 묶이는 상황이 발생한다면 오히려 손실을 불러올 수 있다는 말이다.

만약 2만 원이 낮은 평당 18만 원에 쉽게 매도했다고 가정하면 양도차익은 7,500만 원이 되니 양도소득세율은 24%로 떨어져서 주민세 포함 26.4%로 계산하면 1,980만 원이 양도소득세가 된다. 7,500 - 1,980=5,520만 원이 순수익이 되는 것으로 수익률은 52.5%(년 26.2%)이다.

20만 원으로 매도했을 경우의 양도세 3,657만 원과의 차이는 1,677만 원의 차이이며 이는 평당 2만 원의 83.8%에 해당하는 금액이고 수익률의 차이는 1.6%(168만 원)에 불과하다.

2만 원을 더 받겠다고 고집을 부리다 시기를 놓쳐 양도세를 과중하게 두들겨 맞겠는가, 아니면 적기에 매도해 현금을 쥐고 더 낳은 투자를 모색하겠는가. 더군다나 이는 2017년 비사업용토지에 대한 중과세가 없는 현 시점일 때 가능한 것이며 만일 중과제도라면 도저히 팔 수 없는 상황이 올 수도 있다는 점을 염두에 둬야 한다.

위의 예는 이러한 가격과 면적일 때 적용되는 하나의 사례지만 호재가 많은 지역은 땅값이 올라 동일 면적에 가격이 상당하다면 적용될 수 없는 것이긴 하다. 그러나 중요한 건 세후 수익을 따져보고 매도호가를 정하는 사람이 거의 없다는 것이다.

매물로 내놓았다가 계약 직전에 세금을 따져보고 화들짝 놀라서 회수하는 사례를 심심찮게 본다. 내 땅과 유사한 토지의 시세를 파악한 뒤 양도세를 해당 지역 세무사에 약식으로 의뢰하라. 그리고 해당 지역의 중개업자의 조언을 듣고 매도 희망가를 결정해야 한다. 현금이 필요한 시기에 손쉬운 매매를 원한다면 세무 상식은 필수라고 생각한다.

● 2017년 양도소득세

	과세표준	세율	누진공제
2년 이상 보유 · 주택 1년 이상 보유	1,200만 원 이하	6%	0원
	4,600만 원 이하	15%	−108만 원
	8,800만 원 이하	24%	−522만 원
	1억 5천만 원 이하	35%	−1,490만 원
	5억 이하	38%	−1,940만 원
	5억 초과	40%	−2,940만 원
단기 매매	1년 미만	2년 미만	미등기
	주택: 40%	주택: 6~40%	70%
	일반: 50%	일반: 40%	−
추가 과세	비사업용토지 투기지역3주택	10% 추가 과세	

부록

수도권
전원주택지(지가)
분석 리포트

수도권 전원주택지(지가) 분석 리포트

수도권의 전원주택지는 서울을 중심으로 동부권, 남부권, 북부권으로 나누어 설명할 수 있다. 동부권은 양평, 광주, 남양주, 가평 등의 지역을 들 수 있으며 남부권은 용인을 비롯해 서쪽으로는 화성, 여주, 이천, 안성 등의 지역이 있다. 또 북부권에는 고양, 김포, 파주, 포천 등의 지역이 있다.

이들 지역 중 전원주택 수요자들로부터 인기를 끌고 있는 지역은 영동고속도로 주변 지역과 경부고속도로를 중심으로 하는 동쪽 지역 등이다. 가장 인기 있는 지역으로는 남부권의 용인을 들 수 있고 그 외 동부권의 양평, 광주 등의 지역과 북부권의 포천 지역을 들 수 있다.

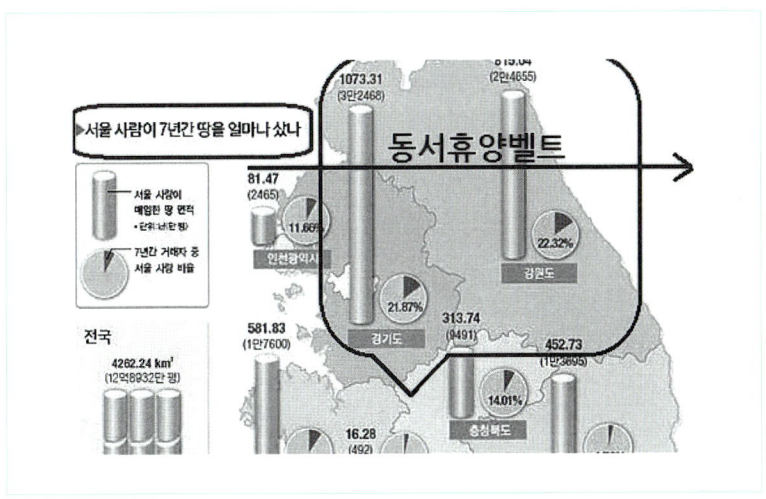

● 수도권 인기 전원주택지

순위	지역	지역 특징
1	남양주	서울에 인접해 있고 한강변에 위치한 도농복합 전원도시로서 산세가 수려한 명산, 청정한 북한강과 광릉수목원 등 천혜의 자연 경관을 자랑한다. 30분이면 서울 진입이 가능하다.
2	가평	유명산, 명지산 등 수려한 산들이 있고 북한강을 끼고 있어 자연환경이 수려하다. 땅값이 싸기 때문에 출퇴근에 구애받지 않는 사람이 많이 찾는다.
3	포천	강원도에 인접해 있어 산세가 강원도 산세와 많이 닮아 있다. 산정호수의 맑은 기운, 산들의 자연경관이 좋다.
4	양평	수도권 그린벨트 경계선인 이곳은 한강을 모두 끼고 있어 상수원 보호구역인 청정 지역이다. 산이 높고 물이 맑아 수많은 계곡과 비경들이 있다. 서울에서 1시간 거리이다.
5	광주	팔당호 인접 지역 대부분이 개발제한구역이고, 산수가 아름답고 청정한 계곡이 좋다.
6	용인	높은 산이나 큰 강을 끼고 있지는 않지만 산세가 아기자기해 아늑한 분위기를 자아내고 계곡이 널려 있다. 저수지가 많아 산과 물을 동시에 끼고 있는 형세라서 인기가 좋다. 풍수지리적으로 명당이 많은 곳이다.
7	이천/여주	서울로부터 50km에 위치해 있으며 경기도 광주시에 비하여 땅값이 싸다. 교통이 해결되면 내륙의 교통중심지가 될 것이다.
8	파주	산들이 많고 북쪽으로는 임진강이 흐르고 조선시대에는 도읍지로 거론되었을 정도로 명당이다. 자유로 덕분에 전원주택지로 인기가 좋다. 군사적으로 민감한 지역으로 건축 시 군부대 동의가 필요하다.
9	고양	전원주거환경도시인 일산 신도시의 각종 생활 편의시설을 이용할 수 있다
10	김포	넓은 평야와 구릉지가 많아 쾌적한 입지 여건을 갖추고 있다. 서울시와 김포시를 연결하는 김포지하철이 2018년 말 개통 예정이고, 김포-강화-서울 고속도로가 신설, 오는 2020년까지 건설 목표로 추진 예정이다.

● 수도권 전원주택 분포 범위도

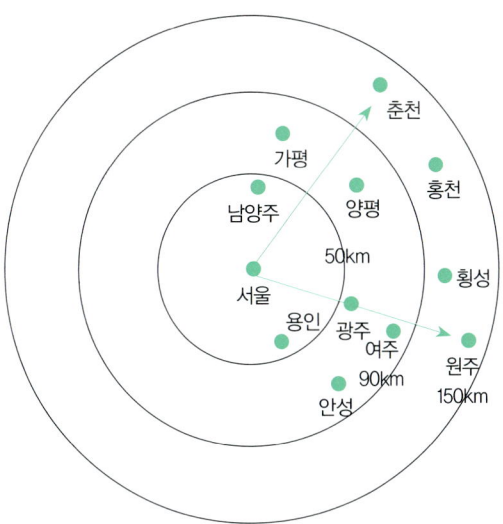

● 서울로부터 거리와 지가 대비

위치	서울로부터의 거리(km)	평균지가(만 원)	소요시간
남양주	48	60	40분
용인	50	117	50분
광주	57	50	40분
양평	65	62	50분
청평	72	50	1시간 10분
가평	80	48.5	1시간 20분
이천	84	45	1시간 10분
여주	90	39	1시간 20분
안성	90	40	1시간 10분
원주	120	36	1시간 50분
춘천	96	28	1시간 50분
횡성	140	20	2시간
홍천	135	16	1시간 50분

* 주: 거리는 서울시청을 기점으로 각 시군청을 기준으로 측정한 결과이며, 소요시간은 자동차로 소요되는 시간임. 전원부지의 실제
  거리와 소요시간은 오차(신설도로개통 등으로 시점상)가 있을 수도 있음.

가장 대표적인 지역은 양평인데 양평은 전원주택 붐이 일면서 가장 주목을 받았던 곳이다. 양평이 인기를 끌었던 이유는 북한강과 남한강을 끼고 있으면서 청계산, 중미산, 유명산, 용문산 등이 배후가 되고 있어 자연경관이 매우 좋으면서도 가격은 인근 광주나 용인에 비해 저렴했기 때문이다. 10년 전까지는 그야말로 발디딜 틈이 없을 정도로 개발되는 단지들이 많았다.

아직도 수도권의 다른 지역과 비교해 가격이 저렴한 편이고, 또 상습 정체로 악명이 높았던 서울–양평–홍천–속초를 잇는 6번 국도가 몇 년 전 확장되면서 정체도 많이 풀리고 서울–춘천고속도로가 개통되면서 앞으로 인기가 계속 상승할 것으로 보이는 지역이다. 단점은 수질대책 1권역 지역으로 개발과 건축에 규제가 많다는 점이다.

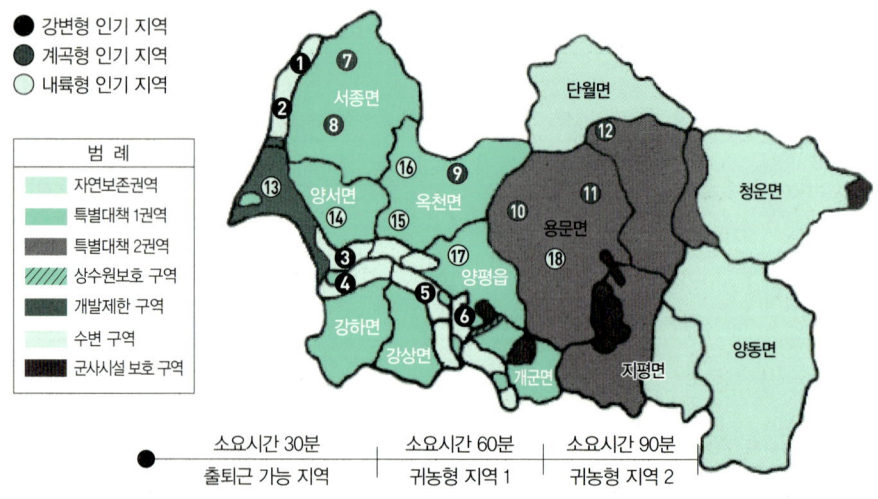

- ● 강변형 인기 지역
- ● 계곡형 인기 지역
- ○ 내륙형 인기 지역

범례
- 자연보존권역
- 특별대책 1권역
- 특별대책 2권역
- 상수원보호 구역
- 개발제한 구역
- 수변 구역
- 군사시설 보호 구역

소요시간 30분	소요시간 60분	소요시간 90분
출퇴근 가능 지역	귀농형 지역 1	귀농형 지역 2

1) 수입리, 2) 문호리, 3) 대심리, 4) 전수, 운심리, 5) 교평리, 6) 회현리, 7) 노문, 명달리, 8) 정배리, 9) 용천리, 10) 연수리, 11) 중원리, 12) 산음, 석산리, 13) 부용, 목왕리, 14) 국수, 증동, 청계리, 15) 옥천리, 16) 신복리, 17) 백안리, 18) 덕촌리

양평에서 손꼽히는 지역은 대심리 지역인데 이곳은 남한강변의 남향 지역으로 대지가격이 평당 100만 원 이상을 호가할 정도로 매우 높다. 또 전원주택개발이 완료 단계에 있어 새로운 부지를 찾기 힘들다.

또 인기 있는 곳이 서종면 일대인데 북한강변에 높은 산들이 주변에 많아 경관이 좋다. 단 배산임수의 땅은 서향 혹은 북향인 경우가 많은 것이 단점이나 가격은 저렴해 대지 기준으로 평당 150~200만 원 선에서 구입할 수 있다.

경기도 양평군 서종면

1년 중 가장 많은 문의가 있는 지역이 서종면이다. 서종면 시세는 면소재지인 문호리 일대와 그 외 지역(도장리, 수입리, 수능리)으로 나눌 수 있다.

문호리는 강을 조망할 수 있는 토지와 조망할 수 없는 토지로 구분된다. 강을 조망할 수 있는 토지는 평균 150만 원에서 250만 원대이다. (최고가 지역은 500만 원 이상이다.) 강을 조망할 수 없는 일반 토지는 100만 원에서 150만 원 정도이다. 앞에서 말한 가격은 문호리 면소재 지역을 제외한 지역의 토지를 말한다. 문호리는 서울 사람들이 말하는 바로 그 '서종면 전원주택지'이다. 기타 지역은 예외적이라고 할 수 있다.

서울 사람들이 가장 선호하는 지역은 바로 '서종면 문호리'라는 특정 지역으로 광역의 의미로 모든 지역이 서종면 문호리 지역으로 구분되는 것은 잘못된 것이다. 예를 들어 문호리가 아닌 지역 노문리, 정배리, 명달리 지역으로 들어간다고 하면 서종면 지역의 가장 큰 장점인 '접근성'이 양서면과 옥천면보다 못할 수 있다. 인터넷에서 흔히들 말하는 '일반화의 오류' 라고 할 수 있다.

부동산 중개업자들에게 서종면 문호리 외 지역과 서종면은 지가 차이가 많다. 문호리 외의 지역은 70만 원에서 150만 원 내외가 적당하다고 할 수 있다. 그 이하 가격으로 주택을 건축할 수 있는 하자 없는 부동산은 좋은 물건이라고 할 수 있다.

전원생활, 전원주택, 별장을 제외하고 보자면 서울에서 가장 인지도 있는 지역은 양서면 지역이다. 양서면이 아니라 '양수리'라는 이름으로 불리기도 한다. 영화 및 드라마 촬영 세트장과 드라이브 코스로 유명하다. 양서면의 큰 구분은 양서면 면소재 지역인 양수리와 용담리, 국수리 지역, 대심리 강조망 지역이다.

▶양수리와 용담리 지역

면소재지인 만큼 시내를 조금 벗어난다고 해도 평균 150만 원 이상 250만 원이다. 이 지역은 서울 사람들도 한두 번 가 봤을 만한 두물머리 공원 지역이고 면소재지로 아름다운 풍광을 자랑하는 지역이다.

▶국수리 지역

'중부내륙고속도로' 개통으로 IC가 인접하고 전철역사와 양서면 기타 지역보다 국도 접근성이 좋고 수월하다는 점에서 각광받고 있다. 하지만 이 지역은 일명 '고가 다리 밑 지역(중부내륙고속도로가 지나는 교각 하부)' 가능성이 있는 지역은 피해서 구매하는 지혜가 필요하다. 국수리 지역이라 함은 국수리, 청계리, 증동리 지역의 통칭이다. 역세권과 역세권이 아닌 지역으로 구분할 수 있다. 도보 역세권 토지는 100만 원대에 구매한다고 하면 좋은 가격이지만 실제로는 100만~200만 원대에 전원주택 택지가 나오는 상황이다. 그 외 청계리와 증동리는 일부 지역은 도보 역세권이고 그 외 지역은 도보 역세권에서 벗어난다고 할 수 있다. 도보 역세권은 100만 원에서 120만 원대 정도에 거래되고 있다.

▶대심리 지역

가장 높은 가격대에 거래되는 고급 별장 지역이다. 강이 접한 지역과 강을 잘 조망할 수 있는 지역으로 구분된다.

강이 접하거나 그에 준한 지역은 평균 최소 500만 원에서 1000만 원에 거래되고 '분양'되고 있다. 강을 넓게 잘 조망할 수 있는 지역은 평균 250만~350만 원 정도에 거래된다. 강이 보이기는 하나 지형이 쑥 꺼져 있어 2~3층 건물을 건축하여 2층 거실에서나 강이 조금 보이는 지역은 150만 원에서 200만 원대이다. 이 이하의 가격대 주택지는 고급 별장 지역으로 가치가 떨어지기 때문에 설명하지 않겠다.

경기도 양평군 옥천면

옥천면은 가장 큰 줄기로 옥천리와 아신리, 용천리, 신복리로 구분할 수 있다. 옥천면이라는 지역은 최근에 많이 주목받고 있는 지역이고 강조망과 반대되는 산쪽으로 전원주택 지역 중 가장 비싼 토지시세를 형성하고 있다.

한화그룹의 '테마 휴양단지 계획', '중부내륙고속도로 옥천IC', '중앙선 아신역사', '6번국도와 37번국도 이용편리' 등으로 여러 가지 호재로 각광받는 지역이기도 하다. 결정적으로 기타 읍면 지역보다 개발할 수 있는 토지 면적이 작다는 점이 '희소성의 원칙' 등으로 높은 지가를 형성하게 되었다.

▶옥천리와 아신리 지역

옥천면 소재지와 역세권이라는 지역과 국도 접근성, 고속도로 접근성이 우수하다는 점 때문에 많이 선호한다. 하지만 남향 전원주택지의 희소성과 주변 풍광 등의 문제로 전원생활의 편리성을 생각하는 소비자들만이 선호한다는 한계도 있다. 이 지역은 최소 100만 원에서 150만 원대에 거래되고 있다. 향과 토목공사의 질, 접근성에 따라 가격 차이가 있다.

▶용천리 지역

옥천면을 대표하는 지역으로 시세가 가장 높은 지역이다. 용천리 지역은 용천3리 지역(포레스트/쏠비알)과 용천1, 2리(사나사 계곡) 지역으로 구분된다. 용천3리 지역이 가장 지가가 비싼 지역이라고 할 수 있다. 많이들 아는 '쏠비알 펜션'과 고급 전원주택단지 '포레스트-힐' 단지 지역이다. 평균적인 토지 지가는 위치와 향에 따라 차이는 있겠으나 최소 90만 원에서 최대 350만 원으로 다소 지가 차이가 많이 나는 지역이다. 그 외 용천1, 2리 지역은 원주민 주거 지역으로 평균 70만 원에서 최대 100만 원 정도 선에서 거래되고 있다.

▶신복리 지역

최근 '한화그룹 국내 휴양단지' 계획과 함께 지가가 들썩거리는 지역으로 부동산중개업 종사자들 중 10명 중 9명이 공사 완료시점인 2014년에서 2017년 사이에 용천3리 지가를 넘어서 옥천면 지역 중 가장 높은 지가를 형성하게 될 것이라고 말한다. 그렇다고 현재 지가가 용천3리보다 그렇게 저렴하지도 않다. 이유는 신복리 전 지역을 37번국도가 통과하기 때문에 접근성 면에서는 용천리보다는 우수하다고 할 수 있다. 현재는 평균 100만 원에서 최대 150만 원이다.

경기도 양평군 양평읍

양평군 유일의 읍소재지인 만큼 설명할 내용이 많다. 양평군 양평읍 소재지를 제외한 지역은 크게 오빈리 강조망 지역과 역세권 지역, 신애리 지역과 덕평리 지역, 도곡리 지역, 봉성리 원덕 역세권 지역, 공흥리 백안리 지역으로 나눌 수 있다.

▶오빈리 강조망 지역과 역세권 지역

오빈리 지역 중에서도 강을 조망할 수 있는 지역과 그 산 너머 단독주택 밀집 지역으로 구분된다. 오빈리라는 지역은 중앙선 전철사업으로 철저하게 '유린(?)'된 지역이라고 말할 수 있다. 전철사업과 함께 오빈리 지역에 토지의 최대 혐오시설로 꼽히는 철탑이 오빈리 전체 지역을 가로지르게 되었다. 남향으로 넓은 강조망 각도를 자랑하는 지역이라서 이 철탑만 없으면 '양서면 대심리' 지역 정도는 아니라고 해도 그에 준하는 가격대까지 올랐을 지역이다. 이런 이유로 철탑에서 가까운 곳에서 최대 300m까지 강조망이 가능한데 철탑에서 가까운 곳이 가장 저렴하고 멀수록 가격대가 높아진다고 할 수 있다. 역설적으로 철탑에 가장 가까운 곳이 '가장 멋진' 강조망이 나온다. 최소 80만 원~최대 200만 원 정도로 거래되고 있다.

산 반대쪽인 역세권 주택 지역은 도보 역세권 지역으로 평균 100만 원 이상에서 150만 원대로 거래된다. 2011년 오빈역사 개통과 이후 시승격 시 군청사 이전 등의 호재로 계속해서 지가 상승이 있는 지역이다.

▶신애리와 덕평리 지역

오빈역사에서 용문산 방향, 즉 북쪽으로 위치하고 있는 지역으로 일부 지역은 풍수지리상 좋은 위치라 평당 100만 원 이하 가격으로는 토지가 나오지 않고 있다. 평균 80만 원에서 최대 120만 원대로 거래되고 있다. 매물이 그리 많이 나오지 않는 지역이라 가격은 평균 100만 원 내외로 거래되고 가격이 안정적인 것이 특징이다.

▶도곡리 지역

양평읍에서 가장 저렴한 지역으로 꼽는다. 양평 시내 외곽으로 높은 산이 둘러싸고 있는데 도곡리 지역은 그 산 너머에 위치하고 특별한 점이 없으며 지형적으로 남향 지역이 적다는 것도 단점이다. 지가는 80만 원에서 최대 100만 원이다.

▶봉성리 원덕역세권 지역

양평군 전체 지역 역세권 지역 중 가장 저평가되는 곳으로, 구 6번국도와 마을 토지가 표고 차이가 많이 나서 상대적으로 낮은 지역으로 보인다. 하지만 원덕역에서 1km 내외로 전체적으로 모두 도보 역세권 지역으로 평균 80만 원~100만 원 가격대는 역세권 토지 중에서는 저렴하고 저평가되고 있다고 할 수 있다. 마을 전체적으로 북고 남저 지역으로 남향을 바라고 있어 따뜻하고 포근한 지형이다.

▶공흥리와 백안리 지역

양평군을 통틀어서 가장 비싼 별장이 있는 지역이다. 공흥리와 백안리의 가장 높은 곳에 올라가면 양평군뿐만 아니라 여주와 이천까지 조망할 수 있다. 하지만 토지지가는 상대적으로 저렴한 편으로 60만 원~최대 120만 원대에 거래되고 있다. 이는 호화 별장으로는 가치가 있을지 모르겠으나 보편적인 세컨드하우스 개념의 주택을 건축하기에는 접근성이 좋지 않기 때문이다. 이 지역의 호화주택 가격은 50억에서 90억에 이른다. 최근 백안리 지역의 백운테마파크 공원 공사를 진행하고 있는데 어느 정도 지가에 변동이 있을지는 미지수이다.

경기도 양평군 용문면

양평군 중 양동면과 함께 가장 넓은 면적의 면으로 최근 5년 내 가장 높은 지가 상승을 기록한 지역이다. 지가상승의 가장 큰 요인은 '경의중앙선' 전철 용문역사 개통과 신 노선인 '수서~용문 복선전철'이다. 그 외의 요인으로는 2020 양평군 시 승격 프로젝트로 인해 용문면은 '용문읍'으로 승격 가능성이 가장 높기 때문이다. 전문가들의 분석을 종합하면, 지가에 영향을 가장 많이 주는 것이 전철사업인데 용문면은 앞으로 양평군 전 지역을 통틀어 최고의 전철교통망을 갖춘 지역으로 발전할 것이기 때문에 용문면의 지가가 상승했다고 본다.

하지만 현재 지가의 상승폭이 정상적이라고 할 사람은 별로 없다. 첫 번째로는 용문면이 아무리 전철노선이 확충된다고 해도 거리상 전철을 이용해 서울로 출퇴근을 할 수 있는 거리가 아니기에 이런 전철노선에 의한 지가 상승은 정상적이지 못하고 투기성 투자에 의한 거품이 있을 수 있다. 두 번째로는 현재 용문면 일부 지역을 서종면과 옥천면 등 지가가 높은 지역 못지않은 토지 가격으로 매도 의뢰를 하는데, 아무리 용문면이 많은 발전을 하더라도 '전원주택, 전원생활' 방향으로 수요가 몰리는 측면에서는 서울 인접 지역보다 지가가 높을 수는 없다는 것이다.

세 번째로는 전철사업이 용문면 지가상승에 가장 큰 요소로 작용했으나 '신 전철노선(KTX 용문역 정차)과 수서~용문 간 복선전철'은 양평역으로 결정되었으며, 수서~용문선 예산(예타보고) 배정 등 신 전철노선의 불확실성 때문에 지나치게 오른 지가는 2017년 예산배제와 정치적 변동에 의해 언제든지 가장 큰 함정으로 바뀔 수 있다는 점이다. 그야말로 '만약' 신 전철노선이 폐지되거나 유야무야 된다면 현재까지 용문면 지가 상승의 주도적 역할을 했던 가장 큰 요소가 없어지게 되는 것이다. 이는 용문면뿐 아니라 양평군 전체적으로 악영향임은 두말 할 것이 없다. 그러므로 용문면 투자에 있어서는 적정선에서 구매해야 하고 타 지역보다 신중하게 접근해야 한다. 용문면은 최근 수요가 몰리는 곳으로 구분해 보면 삼성리와 화전리 지역, 조현리와 덕촌리 지역, 연수리 지역, 마룡리와 다문리 시내권 지역, 광탄리 지역을 들 수 있다.

▶삼성리와 화전리 지역

양평군 소재지에서 강원도 방향으로 진행 시 첫 번째로 만나는 지역으로 지방도로 342번 도로로 진행하면 삼성리를 지나서 화전리로 그리고 고개를 넘어가면 용문면 소재지로 연결된다. 삼성리는 용문면 소재지에 인접한 도시 지역으로 단독주택 지역이 있다. 용문면 소재지에 인접한 삼성리는 평균 70만 원~100만 원 내외로 거래되고 용문면 소재지에 인접한 화전리는 60만 원~80만 원으로 거래된다. 그 외 342번 지방도로 들어가는 삼성리 지역은 면적에 따라 차이는 있지만 50만 ~80만 원으로 거래되고 안쪽으로 들어간 화전리는 50만 원~ 80만 원 정도이다.

▶조현리와 덕촌리(망능리) 지역

용문면 중 가장 문의가 많은 지역으로 '조현초등학교' 학군으로 최근 들어 지명도가 가장 높다. 초등학교 학군 지역 중 조현리의 일부 지역 도보 통학권은 최고가 80만 원~120만 원 이상으로 거래되고 덕촌리 지역 스쿨버스 정차장 도보거리는 60만 원~100만 원 내외로 거래되고 있다. 조현초등학교 학군 지역 중 가장 저렴한 곳은 망능리로 최저가 40만 원에서 60만 원 선이 가장 적정 수준이라고 할 수 있다.

▶연수리 지역

높은 용문면 지가의 정점을 찍는 지역으로 평균 100만 원~180만 원 이상으로 거래되는 지역이다. 동네 주민 10명 중 9명은 최소 100만 원을 평균 시세라고 생각하고 있다. 그 이하로 나오는 토지는 분양토지이거나 급매성 매물이다. 필자 개인적으로도 연수리 지역을 높게 평가하는데 그 이유는 북고 남저 지형에 북쪽으로는 용문산이 전체적으로 내려다보는 형태이고 연수리 지역 전체를 감싸고 있는 양 날개 산맥과 연수리 전체를 가로질러 흐르는 천의 형태는 '장풍득수' 바로 그 지형이기 때문이다.

연수리 지역은 전체적으로 혐오시설이 없고 깨끗한 지역으로 옥천면 용천3리 지역을 조금 더 넓게 확장한 느낌이 드는 완벽한 지역이다. 이런 완벽한 지역이지만 높은 지가인 것은 확실하다. 서종면, 옥천면 지역에서도 100만 원 이하 토지를 쉽게 찾아볼 수 있지만 연수리 지역에서는 거의 없다. 이 두 지역보다 거리가 가까운 것도 아니고 어떤 특별한 호재가 있는 것도 아니다. 이미 진행되지 않은 사업으로 SOC 사업 3단계 상승원칙의 세 번째 상승까지 올랐다는 게 다수의 의견이다.

▶마룡리와 다문리 지역

용문면 시내 지역과 인근 외곽 지역이다. 현재와 미래에 용문면이 확장하고 발전할 수 있는 지역으로 용문면 중 가장 투자할 만한 지역이라고 할 수 있다. 물론 적정한 지가로 나온 물건에 한정된 얘기이다. 다문리 지역은 용문면 소재지이다. 시내 도심 지역을 제외하고 외곽 혹은 전철노선 반대쪽 전, 답 지역은 평균 80만 원에서 최고 200만 원이다. 용문역사를 중심으로 1km를 벗어나지 않는 범위에서 150만 원 이하 토지를 매매한다면 장기적으로 좋은 투자라고 할 수 있다.

마룡리 지역은 용문면 소재지 지역과 광탄리(문화마을/고바우 설렁탕) 지역의 중간으로 주로 농림 지역이 면적의 많은 비중을 차지하고 있는데 지방도 인근으로 관리지역 토지를 80만 원~100만 원 이내로 구입한다면 좋은 토지이다.

▶광탄리 지역

국도와 용문면을 가로지르는 흑천 유원지가 있고, 개천에도 백사장이 있어 여름이면 휴양객들이 넘쳐나는 지역이다. 최소 50만 원에서 100만 원 내외로 거래되고 있다. 하나의 작은 시가지를 형성하고 있는데 이후 용문읍으로 승격할 시 또 하나의 도심 지역으로 주목받고 있다. 시가지 안쪽으로 100만 원 이하로 투자한다고 하면 좋은 투자이다.

경기도 양평군 개군면

양평군 전체 지역 중 가장 저평가받고 있는 지역을 말하자면 대부분의 부동산 종사자들은 개군면을 꼽을 것이다. 가장 큰 이유는 양평군 정책에 있다. 친환경·친환경농축산물이라는 콘셉트로 군에서 많이 지원하는 분야가 '개군면 거세 한우'이다. 양평군에서 물 맑은 양평 개군 거세 한우 브랜드를 홍보하고 보이는 곳, 보이지 않는 곳에서 많은 지원을 하다 보니 어느 샌가 개군면 하면 한우축사, 축사가 많은 지역이라는 이미지가 생기고 개군면 전역에 축산분료 냄새가 진동한다는 인식이 퍼졌다. 이는 어느 정도는 사실이지만 너무 과장된 측면이 있다. 축사는 개군면 전역이 아니라 내리, 자연리, 계전리 등에 집중적으로 있고 그 외 지역은 기타 다른 면과 비슷한 비중으로 분포하고 있다. (이런 원리라면 횡성군은 전체 지역이 축사로 둘러싸인 지역이 되어야 맞다.) 이런 양평군 개군면 '거세 한우' 브랜드 만들기 지원이 반쪽짜리인 것은 횡성한우와 경쟁에서 이기기 위한 고급 한우 브랜드 만들기가 목적이었다고 하면 개군면도 고급 한우 브랜드에 맞게 청정 지역과 축사 청결에 들어가는 비용을 전폭적으로 지원할 필요가 있었지만 그렇지 않았기 때문이다.

용문면보다 양평읍에 인접한 지역인 개군면이 용문보다 발전하지 못하고 낙후되는 것은 군의 정책 문제라고 보는 게 정확할 것이다. 앙덕리와 하자포리, 상자포리, 구미리 등은 한강에 접해 있음에도 불구하고 기타 지역보다 평가받지 못하고 큰 거래가 없는 이유는 '개군면의 부정적 이미지'가 가장 크다. 부정적 이미지를 탈피하기 위해서는 먼저 영세한 축사운영업체를 지원하고 대형축사 밀집 환경을 개선해야 한다. 그래야만 '거세 한우' 브랜드와 함께 개군면 마을인 '산수유 마을' 브랜드도 성공할 수 있을 것이다.

▶구미리, 하자포리, 앙덕리 지역

어느 지역이나 마찬가지로 강조망이 가능하고 강이 접한 지역은 가격이 만만치 않다. 하자포리 지역 자체는 경사도가 세고 면적이 작아 비교하기 힘들지만 대형토지 가격에 비추어 볼 때 강조망 토지는 80만 원에서 100만 원 선에서 거래된다. 구미리 지역은 하자포리와 앙덕리 사이에 쑥 내려앉아 있어 일부 지역 외에는 강을 조망할 수 없다. 강조망 지역은 100만 원 안쪽으로 거래된다고 보면 된다. 앙덕리 지역은 세 지역 중 면적이 가장 크고 강이 접한 지역은 100만 원에서 120만 원에 거래된다고 보면 된다.

▶계전리, 내리, 부리, 자연리 지역

실거래가 그리 많이 되지 않는 지역이지만 가격 경쟁력에 있어서 가장 좋은 지역으로 평균적으로 60~80만 원 선에서 거래된다고 보면 된다. 인근 축사로부터 얼마나 떨어져 있는지에 따라 가격 차가 있다.

▶주읍리와 향리 지역

개군면 중 외부 손님들이 가장 선호하는 지역으로 향리 지역 일대는 저수지 인근 특별법으로 축사와 임야개발이 불가능하기에 아는 사람들은 특별히 이들 지역 전, 답을 매입한다. 북쪽은 주읍산, 남쪽은 향리 저수지가 있는 전형적인 배산임수, 장풍득수 지형으로 포근하고 배경이 되는 주읍산이 아름답기에 강조망 이외 지역 중 가장 비싸게 거래된다. 70만~90만 원 선에서 거래된다.

▶상자포리 지역

이포보 인근 상자포리는 이포보 인근에 '기획부동산'들이 친수구역 개발제한을 해제하는 특별법 제정을 빌미로 많은 하천부지를 팔았고 그런 소문의 영향으로 관심을 받는 지역이다. 과거 4대강 사업 당시 PD수첩에 특별 방영될 정도로 사회적으로 파장을 준「친수구역 특별법」이 개인부동산 투자자에게 그렇게 큰 영향을 끼칠 줄은 상상도 못했다. 거의 100만 원대에 건축도 허가도 힘든 토지거래가 한때 성행한 적이 있다. 상자포리 지역은 이런 영향을 살짝 비껴간 지역으로 평당 80만 원에서 100만 원에 거래된다. 이포보와 상관없이 2층 건축 시 강조망 가능 여부에 따라 가격 차이가 난다고 할 수 있다. 다시 정리하면 개군면이라는 지역은 양평에서 여주와 이천에 가장 접근성이 좋고, 고속도로와 국도 이용 등 전철을 제외한 교통망이 양평 내에서 가장 수월한 지역에 속한다고 할 수 있다.

경기도 광주시

퇴촌으로 유명한 경기도 광주시는 중부고속도로가 관통하고 있어 교통이 좋아 찾는 사람들이 많다. 가격도 비싸고 특히 팔당호 주변으로는 규제가 매우 까다롭다. 최근엔 송파~양평 민자도로 발표로 지가가 급등하는 지역이다. 팔당호 주변 지역인 퇴촌은 환경이 매우 좋고 그린벨트로 둘러싸여 있어서 이미 전원주택들이 많이 들어서 있기 때문에 전원주택지를 구하기가 쉽지 않으며 가격도 높다. 광주시에서 쉽게 접근할 수 있는 지역은 실촌면 일대로 매물도 풍부하고 가격도 150~200만 원 선으로 다소 비싼 편이다. 눈여겨볼 만한 곳은 분당을 배후도시로 한 오포읍과 목동 일대다.

태재고개만 넘으면 바로 분당과 연계되는 오포읍 신현리 일대는 대지가격이 평당 300만 원 이상 될 정도로 비싸고 주변에 카페와 음식점들이 많아 전원주택을 지을 만한 부지를 찾기 힘들다. 분당, 성남 시내와 연계가 좋은 목리는 전원주택지들이 많고 신현리보다 가격이 저렴하지만 그래도 평당 100~150만 원 선이다.

경기도 남양주시 · 가평군

남양주와 가평은 경춘도로를 주 도로로 하고 있는데 정체가 매우 심하다. 남양주의 경우에는 이미 아파트 단지들이 많이 들어서 있어 전원주택지로는 적당하지 않지만 남양주 수동면 일대는 인기가 매우 높다. 축령산 줄기를 따라 펼쳐진 수동 계곡 일대는 많은 전원주택들이 들어가 있으며 찾는 사람들도 많다. 그러나 교통이 불편한 관계로 가격대는 매우 낮다. 평당 80~100만 원 정도에서 가격이 형성돼 있어 출퇴근에 구애받지 않는 사람이라면 가장 좋은 지역이라 할 수 있다. 특히 실버 전원주택으로 좋은 곳이다. 가평은 동서고속전철의 첫 종착역이 들어설 지역인데 아직까지는 서울과 연계된 교통이 매우 불편하다. 가격이 아직 저렴해 앞으로 투자가치가 있다고 할 수 있다. 가평에서 인기 있는 지역은 상면, 현리 등이다.

수도권 전원주택지 중 동부 지역을 문답식으로 풀어본다.

동부권은 우선 대표적인 지역으로 양평을 들 수 있고 양평을 중심으로 아래로 광주 지역 그리고 위로는 남양주와 가평 지역을 들 수 있다.

Q 동부권 지역은 어떤 특징을 갖고 있는지?

A 가장 큰 특징은 남한강과 북한강이 지나고 있어 경관이 수려한 지역이 많다. 경관이 좋다는 이야기는 전원주택지로서 그만큼 조건이 좋다는 이야기다. 또한 남부권과 비교해 개발에서 벗어나 있어 지가가 저렴한 편이다. 단점이라면 수질보전대책권역, 수변구역 등 수질보전 지역으로 묶인 곳들이 많아 규제가 많다는 점이다.

Q 동부권 지역에서 전원주택지로 입지가 가장 좋은 지역은 어디인지?

A 양평을 들 수 있다. 양평은 전원주택 붐이 일면서 가장 주목을 받았던 곳이다. 양평이 인기를 끌었던 것은 북한강과 남한강을 끼고 있고 청계산, 중미산, 유명산, 용문산 등이 배후가 되고 있어 자연경관이 매우 좋으면서도 가격은 인근 광주나 용인에 비해 저렴했기 때문이다. IMF 직전에는 그야말로 발 디딜 틈이 없을 정도로 단지개발을 하는 곳이 많았지만 IMF를 겪으면서 큰 타격을 입었다.

현재 수도권의 다른 지역과 비교해 상대적으로 가격이 저렴한 편이고 또한 상습 정체로 악명이 높았던 서울−양평−홍천−속초를 잇는 6번국도가 확장되면서 정체도 많이 풀려 앞으로 인기가 계속 상승할 것으로 보이는 지역이다.

양평에서 손꼽히는 지역은 대심리 지역인데 이 지역은 남한강변의 남향 지역으로 대지가격이 평당 300만 원 이상을 호가할 정도로 높고 거의 모든 부지가 전원주택이 개발돼 있어 부지를 찾기 힘들다. 또 인기 있는 지역은 서종면 일대다. 북한강변으로 높은 산들이 주변에 많아 경관이 좋다. 단 배산임수의 땅은 서향이나 북향인 경우가 많은 것이 단점인데 가격은 강변과 맞닿아 있는 대지의 경우는 대심리와 거의 비슷한 수준을 보이지만 그렇지 않으면 평당 250~300만 원 선이다.

Q 그 외 전원주택지로 괜찮은 지역은 어디인지?

A 경기도 광주를 들 수 있다. 광주는 중부고속도로가 관통하고 있어 교통이 좋아 찾는 사람들이 많지만 가격이 비싸고 특히 팔당호 주변으로 규제가 많고 까다롭다. 팔당호 지역인 퇴촌의 경우 환경이 매우 좋고 그린벨트로 둘러싸여 있어 전원주택들이 많이 들어서 있어 전원주택지를 구하기 힘들며 가격도 매우 높다.

광주시에서 쉽게 접근할 수 있는 지역은 실촌면과 곤지암읍 일대로 매물도 풍부하고 가격은 200~250만 원 선으로 상대적으로 저렴하다.

또 눈여겨볼 만한 곳이 분당을 배후도시로 한 오포읍과 목동 일대인데 태재고개만 넘으면 바로 분당과 연계되는 오포읍 신현리 일대는 가격이 평당 300만 원 이상 될 정도로 비싸다. 분당, 성남 시내와 연계가 좋은 목동은 신현리보다 저렴하지만 그래도 250만 원 선이다.

남양주에서는 수동면 일대의 인기가 매우 좋다. 축령산 줄기를 따라 펼쳐진 수동계곡 일대는 많은 전원주택들이 들어서 있지만 서울과 거리가 멀고 교통이 불편해 가격대는 매우 낮다. 대지가 기준 평당 300~350만 원 정도에서 가격이 형성돼 있어 출퇴근에 구애받지 않는 사람이라면 가장 좋은 지역이라 할 수 있다.

남부권

수도권 전원주택지에서 남부권이라 하면 쉽게 경부고속도로 주변 지역과 영동고속도로 주변 지역을 말할 수 있다. 대표적인 지역으로 용인을 꼽을 수 있고 그 외 여주, 이천, 화성, 안성 등이 있다.

남부권의 특징은 크게 두 지역으로 나누어 설명할 수 있다. 우선 경부고속도로 주변 지역을 들 수 있는데 이들 지역은 아파트와 공장시설들이 많이 들어서 있는 개발지역이라 자연환경이 많이 훼손돼 있고 땅값은 비교적 비싸 전원주택지로는 어울리지 않는다.

영동고속도로 주변 지역, 특히 영동고속도로 남단 지역은 미개발된 지역이 많아 자연환경이 잘 보존돼 있고 가격은 상대적으로 저렴해 전원주택지로 권할 만하다.

경기도 용인시

남부권에서 대표 지역은 단연 용인이다. 용인은 수도권 최고의 전원주택지로 각광받고 있다. 서울 강남의 배후도시로 아파트들이 많이 들어서고 있지만 아파트를 벗어나면 거의 모든 지역이 전원주택지로 손색이 없다. 특히 영동고속도로 남쪽, 경부고속도로 동쪽 지역이 좋은데 분당과 가까운 지역은 가격대가 평당 100만 원을 훨씬 넘기 때문에 쉽게 접근하기 힘들다. 대표적인 지역이 고기리, 신봉리, 성복리, 동천리 일대로 대지가격은 평당 300~350만 원 선이다. 분당권을 벗어난 대표적인 지역이 양지면 일대로 영동고속도로가 지나고 있는 양지 나들목 주변 지역이다. 용인의 다른 지역과 비교해 교통이 좋고 양지리조트, 지산리조트 등이 있어 환경도 좋다. 양지 나들목 주변으로 많은 전원주택단지들이 개발돼 있다. 이곳은 용인의 다른 지역과 비교해 가격도 저렴해 평당 100~120만 원 정도면 부지를 구입할 수 있다. 양지를 벗어나 원삼, 백암 등지로 더 들어가면 매우 싸다.

경기도 안성시

용인과 연계된 지역이면서도 제대로 된 대접을 받지 못하고 있는 곳이 안성이다. 용인 원삼과 경계를 하고 있는 안성시 보개면의 경우 단지 안성이란 이유만으로 가격은 용인의 반밖에 안 된다. 용인 원삼의 경우 평당 70~80만 원 정도 생각해야 하지만 안성 보개면은 평당 50만 원에도 전원주택지를 구할 수 있다.

이렇게 용인에 자격지심을 갖고 있는 안성이지만 그래도 용인 주변 지역이 인기가 있고 그 외 지역은 공장들이 많아 전원주택지로서는 좋은 조건을 갖추었다 할 수 없다. 특히 안성의 고삼면, 금광면, 양성면, 일죽면 일대는 산세도 좋고 크고 작은 저수지를 끼고 있어 전원주택지로 좋은 환경을 갖추고 있지만 용인에 비해 거품이 없고 가격도 50~60만 원 정도로 싸다. 서울 출퇴근에서 자유로운 사람이라면 용인보다는 안성 지역을 권할 만하다.

경기도 여주시 · 이천시

여주, 이천은 도농복합도시 형태를 띤 지역으로 수도권의 다른 지역과 비교해 전원주택을 찾는 수요자들의 발걸음이 한산한 편이다. 산이 없고 들판이 넓어 경관이 단조로우며 크고 작은 도자기 공장 등이 많은 것이 인기를 끌지 못하는 원인으로 분석된다. 이들 지역에서 눈여겨볼 만한 곳이 강원도 경계지인 여주 강천면 일대인데 서울과는 멀지만 경관이 매우 좋다. 특히 남한강을 끼고 있는 가야리, 적금리, 굴암리, 강천리 일대는 강변을 바라볼 수 있는 전망 좋은 전원주택지를 쉽게 찾을 수 있다. 강을 볼 수 있는 지역은 평당 80~100만 원 선에서 거래되고 있는데 여주, 이천의 일반적인 시세가 80만 원 이하인 것과 비교하면 매우 높다.

경기도 화성시

남서부에 위치한 화성 지역은 공장과 축사가 많아 서서울 지역과 연계돼 있으면서도 인기가 적다. 공장들이 많아 가격은 높은 편인데 대지가 기준으로 평당 150~200만 원 선이다. 서해안 고속도로 주변, 제부도 주변으로 관심을 끌고는 있지만 전원주택지로 활성화되지는 않고 있는 지역이다.

문답식으로 수도권 남부권 전원주택지를 분석해 본다.

Q 남부권에서 유망한 지역은?

A 남부권에서 전원주택지로 손꼽히는 곳은 용인 지역이며 용인에서도 수지 인근지역을 우선 들 수 있다. 이 지역은 아파트단지들이 많은데 아파트단지 주변, 즉 고기리, 신봉리, 성복리 등이 전원주택지로 좋고 실제로 전원주택들이 많이 들어서고 있다. 단점이라면 아파트 개발로 전원 분위기를 많이 해치고 있으며 가격도 대지가를 기준으로 평당 300만 원이 넘어 상당히 비싼 지역이라 쉽게 접근할 수 없다는 점이다.

용인에서 이러한 단점들을 극복할 수 있는 곳이 용인 양지면 일대다. 양지IC 주변으로 많은 전원주택단지들이 들어서고 있는데 영동고속도로가 지나고 있어 교통이 좋고 양지리조트와 지산리조트가 있어 레저시설도 매우 발달한 곳이다. 또 개발과는 거리가 멀어 자연환경이 매우 좋은데 가격은 수지 일대와 비교해 반 가격 정도로 싸다. 용인을 벗어나면 안성시가 된다.

안성시에서 서쪽, 즉 경부고속도로 주변 지역은 공장이 많아 환경이 좋지 않지만 동쪽 지역은 산세도 좋고 크고 작은 호수들도 많아 자연환경이 매우 좋다. 서울로의 출퇴근에 구애받지 않는다면 이들 지역도 권할 만하다. 특히 안성은 용인과 접하고 있고 용인문화권에 있으면서도 단지 안성이란 이유만으로 지가가 용인의 절반인 지역들이 많다. 용인과 경계를 이루고 있는 보개면이 대표적인데 산세도 좋고 서울과의 연계도 좋아 전원주택지로 권할 만하다. 영동고속도로가 관통하는 여주, 이천 지역에서는 남한강을 끼고 있는 지역과 서울에서는 좀 멀지만 강원도와 경계 지역이 전원주택지로 권할 만하다.

Q 각 지역별 시세는 어떠한가?

A 우선 용인 지역은 좀 비싼 편이다. 특히 아파트 개발이 한창인 수지 일대는

전원주택지 가격이 대지가 기준으로 평당 120만~130만 원 정도 한다. 그 외 서울과 연계되는 교통이 좋고 자연환경이 잘 보존돼 있는 곳, 대표적인 곳이 양지IC 주변인데 이곳은 평당 80~100만 원 정도면 전원주택지를 구할 수 있다. 서울에서 좀 멀어지면 평당 80만 원 정도에서도 충분하다.

안성에서는 호수 주변으로 가격이 비싼데 평당 60만 원 정도면 구할 수 있고 그 외 지역은 평당 50만 원 정도에서도 전원주택지를 구입할 수 있다.

여주, 이천 지역에서는 남한강을 바라보는 지역이 좀 비싼 편인데 강변 지역으로는 평당 120~150만 원 정도, 그렇지 않으면 평당 80만 원 내외다.

Q 이들 지역의 향후 전망은?

A 남부 지역 전원주택지는 크게 둘로 나누어 생각해 볼 수 있다. 우선 용인, 수지 일대와 같이 개발이 계속 진행되고 있어 가격상승이 기대돼 투자적인 측면에서 접근할 수 있는 지역과 그렇지 않은 지역이다. 수지 일대는 현재의 지가도 매우 높지만 앞으로 개발과 함께 가격상승이 기대되는, 투자가치가 있는 지역이라 볼 수 있다. 그러나 전원주택지로서 환경은 많이 훼손되고 있어 전원주택의 실수요자라면 투자가치와 환경가치를 놓고 저울질해 볼 필요가 있다.

영동고속도로 양지IC 주변은 현재도 전원주택단지들이 많이 개발되고 있다. 앞으로도 전원주택들이 많이 들어설 것으로 보이는 지역이다. 아직은 크게 투자가치가 없지만 장기적으로 보았을 때 기대되는 지역이다. 특히 서울로 출퇴근이 가능하고 가격도 저렴한 편이어서 향후 전원주택지로 각광받을 수 있는 지역이다. 또 안성의 동쪽 지역과 강원도를 경계로 하는 여주 지역은 실버전원주택지로 권할 만하다.

수도권의 북부 지역이라 하면 일산 주변 지역을 대표적으로 꼽을 수 있고 그 외 김포와 고양, 파주 그리고 좀 멀리는 강화, 포천 등의 지역을 들 수 있다.

경기도 고양시 · 파주시

이곳에서 전원주택지로 눈여겨볼 만한 지역은 단연 일산신도시 주변이다. 대표적인 지역이 고양인데 영종도 신공항고속도로, 도시순환고속도로, 외곽순환고속도로 등이 완성 혹은 계획 중에 있어 교통이 매우 좋고 일산을 배후로 하여 편의, 문화시설을 충분히 이용할 수 있다. 이렇게 좋은 여건으로 인해 일산 신도시와 접한 지역의 가격은 평당 300~350만 원까지 하고 그 외곽으로는 평당 250만 원 선으로 매우 높지만 매물은 귀하다. 일산에서 벗어난 지역이 파주인데 문산읍과 파평면 일대는 수해가 잦은 지역이다. 과거 일산신도시와 접한 교하 지역이 택지개발지구로 지정되면서 관심을 끌었는데 지가도 1급지가 평당 300만 원 정도로 일산과 엇비슷하게 높다. 자유로를 따라 통일동산과 통일로 사이에 위치한 탄현면, 월롱면 일대는 관광지가 많아 지가가 많이 상승하였다. 파주에서 자연환경이 가장 좋은 곳은 광탄면, 법원읍 일대인데 이들 지역은 개발과 거리가 멀어 가격도 아직은 낮다. 평당 60~80만 원 선이면 전원주택지를 구입할 수 있다. 산이 많아 교통은 불편하지만 실버전원주택지로는 권할 만한 지역이다.

경기도 포천시

포천 지역에서는 주금산, 죽엽산 자락인 내촌면 지역으로 전원주택들이 많이 들어서고 있다. 베어스타운 스키장이 있는 지역으로 도로변은 평당 80~100만 원까지 호가할 정도로 지가가 높다. 죽엽산 자락인 진목리, 마명리 주변이 비교적 저렴한 시세를 형성하고 있다. 그 외 화현면, 이동면, 일동면 등지가 괜찮다.

포천은 출퇴근 전원주택보다는 레저휴양형, 실버형 전원주택지로 좋다. 특히 유명한 산과 온천 등 레저타운들이 많아 레저형을 권할 만하다. 평당 80~100만 원 정도면 포천군에서 괜찮은 전원주택지를 구할 수 있다.

경기도 김포시 · 인천광역시 강화군

서울에서 자유로를 이용해 북상하다 김포대교를 건너면 김포 시내가 나오는데 각종 개발계획과 개발에 대한 기대로 다른 지역이 외환위기로 땅값이 곤두박질칠 때 기존의 땅값을 고스란히 유지해 지조를 보인 지역이다.

김포읍을 중심으로 아파트와 공장들이 많이 있지만 대곶면, 월곶면 일대는 경관이 좋다. 특히 대곶면 쇄암리 일대는 가격도 알맞고 바다와 인접해 경치도 좋다. 평당 150~200만 원에 좋은 전원주택지를 구할 수 있다. 눈썰매장, 조각공원, 산림욕장 등 관광휴양지들이 많은 월곶면은 자연경관이 좋아 전원주택단지들이 많이 들어서고 있는 지역이다. 이곳 땅값도 단지분양가 기준으로 평당 120~150만 원 선이다.

김포에서 서쪽으로 연계된 지역이 강화다. 강화는 서울과 가깝고 자연환경도 좋지만 그동안 전원주택지로 크게 주목을 받지 못했다. 그러다 영종도 신공항이 건설되고 나서 찾는 사람들이 많아 지가가 상승할 조짐을 보이고 있다. 시내에서 가까운 곳은 평당 300만 원 정도의 대지도 있지만 좀 떨어진 곳은 150~180만 원 선에서도 전원주택지를 구할 수 있다.

수도권 북부 지역의 전원주택지를 문답식으로 풀어보았다.

A 서울을 중심으로 전원주택지를 이야기할 때 다른 지역과 비교해 상대적으로 홀대를 받아왔던 지역이라 할 수 있다. 교통이나 환경, 생활 여건이 수도권의 다른 지역과 비교해 뒤지지 않지만 전원주택지로서 인기는 좀 떨어지는 지역이다. 그 이유는 우선 심리적으로 서울과 휴전선의 중간 지역으로 갇혀 있다는 인상을 주기 때문에 전원주택 수요자들이 꺼리고 있다는 생각이 든다.

또 서울에서 가까운 김포나 고양 등은 아파트 개발로 환경이 많이 훼손되어 있고 땅값이 비싸 일반인들이 쉽게 접근하지 못한다는 이유도 있다. 특히 김포 지역은 외환위기를 겪으면서 다른 지역의 땅값이 곤두박질칠 때도 가격이 하락하지 않은 유일한 지역이었는데 그것은 개발에 대한 기대심리 때문이었다.

앞으로 급변 사태에 따라 대북사업이 본격화된다면 땅값 상승도 기대돼 한마디로 투자가치도 있는 지역이라 할 수 있다.

Q 북부 지역에서 전원주택지로 유망한 곳은 어디인지?

A 전원주택지로 가장 좋은 지역은 일산신도시 주변인 고양시 일대다. 그러나 이들 지역의 가격이 만만치 않아 소액대로는 엄두도 못 낼 지역이다. 일산신도시와 연계성이 좋고 환경이 좋은 지역은 대지가 평당 300~350만 원을 호가하고 있으며 관리지역도 평균 180만 원 정도 한다. 또 그린벨트로 묶여 있는 지역이 많아 전원주택지를 찾기도 쉽지 않다.

일산 주변에서 마음에 드는 전원주택지를 구하지 못했다면 파주 지역으로 눈을 돌려보는 것이 좋다. 서울로 출퇴근도 가능하며 교하 등 일부 택지개발지를 제외하고는 지가도 저렴하고 자연경관도 매우 좋다. 관리지역 기준으로 평당 120만 원 정도 예상하면 좋은 전원주택지를 구할 수 있다.

Q 그 외 전원주택지로 추천할 만한 곳은?

A 우선 김포를 들 수 있다. 김포읍 주변은 아파트 개발지역들이 많아 대지가 평당 300만 원 이상으로 매우 높다. 그러나 읍을 벗어나면 자연경관도 좋고 가격도 저렴한 곳이 많은데 대표적인 곳이 대곶면과 월곶면 지역이다. 특히 대곶면 쇄암리는 전원주택지로 단연 돋보이는데 바다와 인접해 있고 개발과는 거리가 먼 지역이라 자연경관이 좋다. 현재 이곳에 전원주택들이 많이 들어서고 있다. 지가는 관리지역이 평당 120~150만 원 선이고 대지는 180~200만 원 정도 한다.

월곶면은 조각공원, 삼림욕장 등이 있는 지역으로 용강리 주변으로 전원주택들이 많이 들어가고 있다. 이곳도 대지는 평당 150만 원 선이다.

인천공항 개항 이후 찾는 사람이 많아진 강화도 눈여겨볼 만한 곳이다. 이 지역에서 최고의 입지라면 대지가 평당 180만 원 선이고 관리지역의 경우에는 평당 120만 원 정도 내외에서 좋은 매물을 구할 수 있다.

포천 지역에서는 광릉수목원 인근지역이 전원주택지로 인기가 좋다. 이곳 관리지역 토지는 평당 100~120만 원 선, 대지는 150~180만 원 선이다. 포천의 내촌면, 일동면 지역이 인기가 있는데, 특히 실버전원주택지를 구한다면 온천이나 산, 골프장 등이 잘 갖추어져 있는 일동면 지역을 추천할 만하다. 가격은 관리지역 지가가 평당 80~100만 원, 대지도 150~180만 원 선이면 구할 수 있다.

이들 지역에서 특히 주의할 것은 이들 지역은 군부대들이 많아 건축규제를 받을 수 있으므로 사전에 확인해 봐야 한다는 점이다.

「알면 부자되는」
땅값의 비밀

초판 1쇄 인쇄 2018년 4월 16일
초판 1쇄 발행 2018년 4월 20일

—

지은이 이인수

—

펴낸이 김호석
펴낸곳 도서출판 린
디자인 케이엔북스
편집부 박은주
교 정 양정우
마케팅 오중환
관리부 김소영

—

주소 경기도 고양시 일산동구 장항동 776-1 로데오메탈릭타워 405호
전화 02) 305-0210
팩스 031) 905-0221
전자우편 dga1023@hanmail.net
홈페이지 www.bookdaega.com

—

ISBN 979-11-87265-32-0 13320